大学生讲党史丛书

时代青年说

主　编◎胡徽
副主编◎萧萧　马鸣　郑帅　邓丛芳

湘潭大学出版社

在学党史中汲取青春奋进力量（代序）

习近平总书记在党史学习教育动员大会上强调，要“抓好青少年学习教育，让红色基因、革命薪火代代传承”。在中国共产党成立100周年这一重大历史时刻，深入开展党史学习教育，讲好党史故事，可以更好地落实立德树人根本任务，在青年学生心底打上鲜明的红色烙印。

在中国共产党百年伟大征程中，涌现了一大批视死如归的革命烈士、一大批顽强奋斗的英雄人物、一大批无私奉献的先进模范，以及千千万万平凡而又伟大的建设者。百年党史这部厚重的教科书里，蕴藏着最为丰富生动的教育素材，一个又一个可歌可泣的感人故事，铸就了一座又一座永不褪色的精神丰碑，更承载着中国共产党人的精神谱系。学习党史，是一门赓续红色基因、坚定理想信念的必修课；学好党史，是一门传承革命精神、凝聚奋进力量的实践课。

湘潭大学是毛泽东同志亲自倡办、亲笔题写校名、亲切嘱托一定要办好的大学，是习近平总书记寄予殷切期望、特别指示要办得更好、更有特色的大学，具有独特的政治优势，充盈着鲜亮的红色基因。把党史故事宣讲好、传承好、发扬好，让广大青年学生厚植爱党爱国爱社会主义情感，是我们义不容辞的使命担当。

如何深读党史这本教科书，点燃青年学生学习党史热情？湘大学子用自己的言行给出了响亮的回答。他们把自己的爱国之情、报国之志和强国之行，倾注在笔端，绽放在舞台，流淌在心间，通过自己的述说，传入耳朵，打动心灵，扎根头脑。湘潭大学将其中优美的文字、感人的场景、励志的故事汇编成册，结集出版《大学生讲党史丛书》。这是湘潭大学深入学习贯彻习近平新时代中国特色社会主义思想，扎实开展党史学习教育，着力打造“三全育人”体系，构建“大思政”格局，推动马克思主义理论研究学科优势转化为育人优势的有益探索，也充分展现了湘大学子政治可靠、能力过硬、作风优良的良好精神风貌。

这些文字，或抒写青春感悟，或聚焦家国情怀，或触摸时代脉搏，是湘大学子放飞青春梦想、抒写青春华章的立体展示。丛书突破“强制灌输”“反复说教”的传统模式，通过“讲一讲”“写一写”“演一演”等青年学生喜闻乐见的形式，让党史学习走“新”更走“心”。同时，以大学生的视角和语言形态，将不同时期党史人物的感人故事、先进事迹，融入大学生讲述党史故事、撰写党史学习心得、排演爱国主义剧目的全过程，镌刻成一个个让人津津乐道的“时代符号”。这些创新做法，凸显内容的思想性，营造传播的共鸣感，以德育德，感同身受，有力推进了党史学习往深里走、往心里走、往实里走。

让广大青年学子了解党的历史，从心底认同党、热爱党、感恩党，是立德树人的题中应有之义，也是一项长期的光荣事业。希望全校广大教师充分利用校内外红色育人资源，创新教育形式和载体，进一步讲好党的故事，讲清党的贡献，讲透党的理论，教育引导青年学子从党史学习中树牢信仰、汲取力量，为培养担当民族复兴大任的时代新人作出新的贡献！

湘潭大学党委书记　黄云清

2021 年 12 月 15 日

目　录

第二篇　湘逢甲子岁 笃志开新局

第三篇　向祖国告白 展赤子情怀

第一篇
筑梦新时代
奋斗新青年

2017年10月18日，党的十九大胜利开幕。习近平总书记在十九大报告中强调："广大青年要坚定理想信念，志存高远，脚踏实地，勇做时代的弄潮儿，在实现中国梦的生动实践中放飞青春梦想，在为人民利益的不懈奋斗中书写人生华章！"青年人要积极担当时代使命，勇做走在时代前列的奋进者、开拓者、奉献者。

灼灼初心，代代向党

唐　琦

山上芃芃的草木间是否还有映山红在开放？村口打闹的孩子们是否听过一位老爷爷讲过去的故事？绿底红字的旧布包被藏在了哪里？唱着红歌的小姑娘如今长成了什么模样？她又是否还记得躺在老桃木抽屉里那本红红的小册子？

五月时节的映山红还是漫山遍野地红着呀，村里那位年逾古稀的老爷爷还是乐此不疲地与别人说着故事，那个磨旧了的绿布包带着新的皂香被放置在床头柜，小姑娘成了满含红色情怀的湘大人，已有崭新的小红册子在她的桌头。

历史如滚滚江水，涛声依旧，烈士忠魂总是让人心生敬重。无论多少年过去，天安门城楼上的那句宣言总是让人心潮澎湃，举国上下的欢呼也总是让人热泪盈眶。我们不能忘记这一切，因为它会顺着血缘融入一代又一代的骨血之中。

他曾经少不更事，不顾一切地步行六十多公里坐上去北京的火车，只是为了到天安门真切去感受那天毛主席在城楼上宣告中华人民共和国成立的场景，想象着他就站在下面与所有人一起欢呼跳舞。他曾经节衣缩食地坚持住在小胡同里，只是为了能见上毛主席一面。他曾经因为与毛主席握了手，而不肯去洗手，还兴奋了好几天睡不着觉。他曾经一改肆意懒散，跑平了通往学校的土路，熬尽了煤油灯里的油。他这一生和他那一颗赤诚心都奉献给了党，没有人能在他面前说党的不好，他的口中永远是那些峥嵘的革命故事和激昂的爱党宣言。

而这一个他，则自小承载着家人的期望，刻苦勤奋、努力上进。自小的家庭教育和成长环境让他立志成了一名基层干部，此后二十多年都在践行党的宗旨——全心全意为人民服务。一副身躯许了国、许了党、许了人民、许了大家，就再难许给小家了。曾经因为救火过程中的意外，他被困在了熊熊大火的包围里，被烟呛到晕过去的前一秒，才想到对不起家人。他也经历过群众的不理解，曾被生生咬下过一块肉，直到女儿哭着出现在病房里他才红了眼眶。尽管有那么多次的惊心动魄，但每一次的抗洪救灾、调解纠纷他还是会冲在前面，他也心疼母亲的泪水，心疼妻子的等待，可是当他成为党员的那一刻起，人民的利益就成了他无论如何都要前进的理由。

吃过井冈山的红米饭，摸过秋收广场的纪念碑，赏过毛主席故居前池塘里的湘芙蓉，在毛主席的故乡长大，在毛主席嘱托一定要办好的大学里求学。成长，成人，成才，她的人生历程可以说都有一笔红色。小时候听着爷爷讲的红色故事睡去，后来又将这些故事说给朋友们听；小时候在爷爷那里学会了唱红歌，有了机会又在舞台上唱给台下所有人听；小时候因为爸爸的忙碌而与他生疏，长大后才懂得他是多么值得被敬爱；小时候因为爸爸受伤哭哑了嗓子，长大后却决定要成为和他一样的人；小时候不懂党是什么，以为与自己并无关系，长大了却对党生出无限的向往与崇敬。懂得它的无私，懂得它的伟大，懂得它的崇高，懂得它的包容，因为懂得，所以追求。

南湖的画船、雪山的蹒跚、草地的雨雪，我们的革命先辈从最艰难的环境中走来，到如今，我们已做到仓廪实而知礼节，衣食足而知荣辱。中国的腾飞就是党正确领导的结果，十九大的召开更是坚定了所有国人的信心，让我们对更好的未来满怀期待。也许党内也存在积弊，但是中国共产党的可贵也正在于自省自查，如今党的风气与格局更加焕然一新。党的领导仍将得到拥戴，党的决策仍将被坚决执行，党的精神也仍将光芒万丈。我们的祖辈父辈已经做好了榜样，用了一辈子的时间书写敬党、爱党之作。薪火相传，作为湘大的学子，身处在极具红色情怀的环境里，已是我们之幸我们之福，以后，我们应当：不患位之不尊，而患德之不崇；不耻禄之不伙，而耻智之不博；不患利之不腴，而恐心之不诚。

映山红一直都在盛放，过去的故事也一直被口口传唱，绿底红字一直都是能使情怀荡漾的配色，那些歌儿也将一直唱进每个人的心里。一直以来，党不曾变，我们的初心也不曾变，就这样热烈地、赤诚地向往，就这样坚定地、骄傲地传承。

（本文作者为湘潭大学法学院·知识产权学院2016级本科生，现工作单位为湖南正龙律师事务所）

当谈到十九大，我们谈些什么

唐澳怡

从十月十八日到十月二十四日为期七天的，让全中国乃至世界都瞩目的“中国共产党第十九次全国代表大会”，虽已落下帷幕，但党的十九大精神却正扬帆起航，引领我们走好下一个五年。

我们当代青年中可能有部分人对于十九大的感受会犹如隔雾看花，只是浅显的感受到十九大的轰轰烈烈，在一片有关十九大新闻浪潮的裹挟中觉得它很有影响力，很重大，但并没有真正揭开过十九大的面纱。我们去认真看看十九大到底说了什么，又为我们做了什么。

当谈到十九大，我们应该明白，作为中国的当代青年，我们有责任与义务去解读它。我们今天的幸福生活是来之不易的，不要说高数太难、琐事太多就觉得自己不幸福，放眼于我们正生活着的这个时代，我们不用再担心温饱，甚至会想怎么吃得更有品质乃至更有意义。是的，无数的青年已站在物质满足的基础上开始追求精神世界的富足，但莫要忘是先辈们冲锋陷阵，艰苦革新才给了我们一个可以去做梦、追梦、造梦，满足我们基本物质需求的安定时代。这样的安稳我们当作呼吸一般习以为常，但过去被别人掐住咽喉挨打难熬的历史却不能忘却，我们应该对这个带我们走出贫穷弱小，走向富足强大，迈向更好未来的政党怀有一份敬畏，我们应该重视这个承载着中国亿万人嘱托的十九大。

我们与党走过数个五年，看到了她的艰辛以及在她领导下的中国所迸发出的光芒，下一个五年，会是怎样的日新月异？又会是怎样的辉煌？党为下一个五年又做出了怎样的决定？这些都是与我们的生活所息息相关的，我们没有理由不去认真的解读。因而希望，当谈到十九大时，你所说的不仅仅是微博空间里几篇诸如“十九大已到，政治大题新鲜出炉，教你如何作答”或“十九大里你不得不掌握的四六级翻译词汇”的文章，而是可以带着作为新青年的骄傲与自豪，和身边好友一起谈谈你对它的认识与看法。我花了很多时间再次回顾了十九大，与大家分享一二。

十九大的开幕式中，习近平总书记强调“不忘初心，方得始终”，这不仅与十九大的主题“不忘初心、牢记使命”相呼应，亦是对广大中国人民的号召。党的初心与使命不是长篇大论而是非常简短且十分有分量的两句话：为中国人民谋幸福，为中华民族谋复兴。这颗初心，党坚持了近百年，成就是我们有目共睹的。而对于我们青年呢，十九大报告中对青年的希望，明确指出“青年兴则国家兴，青年强则国家强”“广大青年要坚定理想信念，志存高远，脚踏实地，勇做时代的弄潮儿，在实现中国梦的生动实践中放飞青春梦想，在为人民利益的不懈奋斗中书写人生华章”，瞩望殷殷，其心拳拳，这激励我们青年人再次审视自己的人生目标。也许现在的你觉得成为国家栋梁是一件遥不可及的事情，你是否还记得小时候系着红领巾时所哼唱的歌谣——“长大要为祖国立功劳”，但其实我们不一定要做多么巨大的贡献、取得多大的成就、成为多么伟大的人，只要我们能够有自己的理想抱负，不忘初心，砥砺前行。当我们实现梦想的时候，那份荣光就不仅是属于我们自己的，更是属于祖国的，也许有的人的光芒微弱，有的人的光芒明亮，但汇聚起来，我们看到的便是耀眼的中国。一国固然大，但终究是由无数人民组成的，而我们青年正是其中朝气蓬勃的一部分，我们应当携梦前行，正如那句“你所站立的地方，正是你的中国；你怎么样，中国便怎么样；你是什么，中国便是什么；你若光明，中国便不再黑暗。”

接下来的五年，比起以往都要更非同寻常些。我们不仅要陆续迎来改革开放四十周年、建国七十周年、建党一百周年的纪念周年，更是要在2020年实现我们的第一个百年奋斗目标——全面建成小康社会。如习近平总书记说的那样“中华民族伟大复兴，绝不是轻轻松松、敲锣打鼓就能实现的”，“从现在到二〇二〇年，是全面建成小康社会决胜期”。而最让我动容的便是那句“全面建成小康社会，一个都不能少；共同富裕的路上，一个都不能掉队”。在“全面”之后，是落实到个人的精准扶贫，过去的五年里，六千多万人稳定脱贫，而未来不到五年的时间里，党定下的目标是：“确保到二〇二〇年我国现行标准下农村贫困人口实现脱贫，贫困县全部摘帽。”这是党和我们的伟大梦想，为此我们要同这路上的一切困难险阻做伟大斗争，为实现梦想而做伟大工程。说到这里，不知你们是否会同我一样有些许感动，党为我们许下的承诺，要带我们奔小康，这些都不是喊喊口号而已，更不只是印在课本上，而是要真真切切落实到位的，这些任务艰巨而紧迫，但是我们看到，党正为实现它而上下求索、艰苦奋斗着。如果党是一位长者，那么这个世界上还有谁，同他一般背负如此巨大的使命，将一个民族一个国家的重担扛在肩上。如果党是一位长者，那么我不得不说，他以身作则地教会了我许多许多，他教我在集体中要团结一心，有“一个都不能少”的担当；教我要敢想敢做，为梦想不惧险阻、不懈努力；教我要勇于创新、登高望远；教我“不要人夸好颜色，只留清气满乾坤”。

二〇二一年，党便一百岁了。对于人生来说，一百年很长很长，可是对于我们的党，主席说“中国共产党立志于中华民族千秋伟业，百年恰是风华正茂”。多巧，我们青年不也正“恰同学少年，风华正茂”，何不追随着党的脚步，奋力前行，一起追梦！

（本文作者为湘潭大学公共管理学院2017级本科生）

不忘初心跟党走 砥砺奋进再扬帆

熊　英

“青年兴则国家兴，青年强则国家强。”习近平总书记十九大报告落脚青年，让每个新时代的青年都热血澎湃。党的十九大宣告中国特色社会主义进入新时代，开启新征程。这是对全民族的召唤，也是对青年人的邀约。“芳林新叶催陈叶，流水前波让后波。”我们的先辈们用汗水甚至生命为我们创造了光明而美好的生活，我们有责任和义务去努力守护成果，发扬伟大精神。

不忘初心，砥砺前行。在这信息爆炸的时代，碎片化的文字、图片如大雪般覆盖了整个世界，人们在雪地里奔走，尝试抓住更多的雪花，然而握在手里的雪，终究还是会融化。想要波澜不惊，还是搏击长风？是在严峻现实下选择放弃，还是义无反顾地勇往直前？决定做愤世嫉俗者，还是做脚踏实地仰望星空的建设者？我们的每一个选择，都是新时代青年的答案！正如习近平总书记所指出：“行百里者半九十。中华民族伟大复兴，绝不是轻轻松松、敲锣打鼓就能实现的。全党必须准备付出更为艰巨、更为艰苦的努力。”这种思想与理念应该渗入我们工作、学习、生活的方方面面。这些话语掷地有声，新时代、新青年、新征程！

青年成长，与国家进步共频率；青春时光，与民族命运相辉映。

我们求学的这片广袤的土地承载着我们的理想，也见证着我们的誓言，未来也将守望着我们的成长。我们作为中国特色社会主义建设的生力军，理应担负起责任，积极投入科研工作当中，克服困难，拿出成果，勇做时代的弄潮儿。

新时代的青年，心中时时燃有一团火，哪怕过往的人只看到一缕烟；新时代的青年，即便有更多的退路，更多的安稳和依仗，也依然拒绝妥协；新时代的青年，能像苏轼“竹杖芒鞋轻胜马”似的认真生活不失风骨，也能像赵慕鹤“吾生也有涯，而知也无涯”似的去追求知识。

青年们，你们生而有翼，无须匍匐前行。

青年们，空中翱翔的雄鹰是不会在乎脚下是泥泞的。

当你坚定地承担新时代的责任，为了中国梦、青年梦义无反顾的时候，天地万物好像听到了一个指令，会齐心协力地帮助你、鼓励你。

历史车轮滚滚向前，新时代扑面而来。我们有幸生活在一个和平的国家、一个强大的国家，心中怎可不装满对祖国的骄傲与自豪。当我们的青春遇见新时代，机遇与挑战并存，困难与希望同在。时代召唤我们走上前去，让我们挑起属于自己的责任，勇敢地昭示自己的存在。九百六十多万平方公里的广袤土地上，时代舞台无比广阔。今天，让我们不忘初心，扬起风帆，为自己加油！

（本文作者为湘潭大学公共管理学院2017级硕士研究生，现工作单位为湖南湘科控股集团有限公司）

不忘初心　逐梦前行

陈云鹤

繁霜尽是心头血，洒向千峰秋叶丹。

——戚继光

这句诗词出自《塑阙台》，是戚继光在福建福清抗倭时写的诗。表达了他保家卫国，甘洒一腔热血，誓死消灭倭寇的决心和豪情壮志。当初背诵时便觉得心头热血，当下写来也是豪情万丈。国家国家，没有国哪来的家！

随着经济的高速发展，科技的不断进步，中国从建国初期的孱弱到如今的强大。曾经，5000 年的灿烂文明在一场场西方的侵略战争中被消耗，是否有人还记得？从建于北宋 1034 年的南京夫子庙到上海著名的元代古建筑颐浩禅寺，再到建于 1372 年的靖江王府，又或是美轮美奂的圆明园，那些凝结了多少人心血与念想的古老回忆在炮火声中顷刻灰飞的样子？

落后就要挨打，是我们的前辈们在一次次惨烈的血的教训里不得不明白的道理。幸而，还有一批批仁人志士站了起来，为中华民族之崛起做出了不可磨灭的贡献。他们在国家大义面前牺牲了小我，有的牺牲了家庭，有的放弃了梦想，有的甚至舍弃了生命，换来了我们如今生活的安和。细细想来，什么是真正的立国之本，又是谁容忍我们这样不谙世事，不闻忧愁的天真？是我们的父母，是科技前线的工作者，是保卫边疆的军人们。

我们从小被称为“祖国的花朵”，当我们这一代也长大成人，父辈们渐渐老去。我们是时候担负起时代的责任了，也是时候成为一棵大树，用自己的枝叶去庇佑幼小的生命，为他们撑起一片蓝天了。

党的十九大主题是：不忘初心、牢记使命，高举中国特色社会主义伟大旗帜，决胜全面建成小康社会，夺取新时代中国特色社会主义伟大胜利，为实现中华民族伟大复兴的中国梦不懈奋斗。

中国梦是我们每一个中国人的梦。生于忧患，死于安乐。别让和平的美好悠闲磨灭了我们的斗志，在时代发展之时的停留都是倒退。当我们都不惧困难、砥砺前行时，国家才能不断向前，在一代代前人的基础上变得更好、更强。如今的我们不必为了存亡而忧心，我们的生活不必担心是否见得到明天的太阳，这样好的条件，又有什么理由不奋斗，不努力呢！不需要做多么伟大的大事，只需要做好自己的分内之事，关心国事，关注时事，时刻做好准备，在祖国需要之时挺身而出。

不忘初心，方得始终。初心易得，始终难守。身为大学生的我们虽然还都是一个个孱弱的书生，但须时刻记住“天下非一人之天下也，乃天下人之天下也”，“两耳不闻窗外事，一心只读圣贤书”式的读书方式是读不好书的。牢记初心，并为之时刻奋斗着，这样为梦想而前行，连汗水都是甜的。

（本文作者为湘潭大学公共管理学院2017级政治学与行政学专业本科生，现工作单位为湘潭市委政法委政治部）

青年之梦　不忘初心

李玥璐

青年有梦，不忘初心，一路前行。

——题记

“红日初升，其道大光；河出伏流，一泻汪洋；潜龙腾渊，鳞爪飞扬；乳虎啸谷，百兽震惶；鹰隼试翼，风尘翕张。”青年人应是这般模样，宛若春前小草，好似初升之阳，承载着无尽梦想，紧随时代脚步，逐梦前方。

我们是青年人，是满怀信心与期待、敢于奋勇奋斗的青年人。我们踏遍千山，探寻前人的足迹，以穿透千年的目光；我们行遍大陆，承担时代的重任，以年轻一代的力量。走一圈古代先秦，游一番唐宋明清，追忆不平凡的近代，回到新开始的现在，去寻找青年人的愿景，去探寻青年人的梦想。

青年之梦伊始

“士不可以不弘毅，任重而道远。”草堂、地野、奔波路上，孔夫子的课堂书声琅琅，夫子教诲难忘，从此中华文化绵延千年，还将延续前方。青年们随着孔夫子学习，如饥似渴地汲取文化知识，成器立人，为家国献身。弟子三千，桃李天下，孔夫子的谆谆教诲希冀着青年人敢于承担家国重任的愿景，在历史长河中熠熠发光。

青年之梦仍在，犹记夫子言语，是青年之梦开始的地方。

青年之梦延续

无数青年人寄予着繁华大唐的梦想，与子同袍，修我矛戈，守我封疆。是的，我青年之辈当有不惧风浪的勇气，披荆斩棘，直挂云帆济沧海；当有艰苦奋斗的毅力，发奋图强，晓窗分与读书灯。一批又一批青年志士以豪情壮志、以满腔才情构筑了文化盛唐，宋朝辉煌。于是，青年之梦延续，得以继续前行。

青年之梦惊醒

历史年轮缓缓转动，弹指间千百年尽过。青年人在近代舞台上演绎了更重要的角色，发挥了更重要的作用。此时的中国，江南水乡温柔不再，塞外大漠风沙更为肆虐，东北平原的黑泥更是浸透了千千万同胞的泪与血，敌寇蹂躏下的祖国已经奄奄一息。青年人选择的不是坐以待毙，你看，“五四”思潮的涌动中，中国青年觉醒了；“一二·九”运动聚起青年抗日队伍，联合工农群众，中国青年铸造了抗敌新防；前方战场，抗敌后方，目之所及，尽是青年人奋力抗敌模样。

青年之梦在侵略中惊醒，而青年精神与梦想，早已合成中华民族的筋骨血肉，承载着保家护国的梦想，支撑起民族复兴的希望。

青年之梦新生

“三十功名尘与土，八千里路云和月。莫等闲，白了少年头，空悲切。”岳飞之语言犹在耳，矗立在新时代潮头，立足于中国梦现实，青年人更应当坚定理想信念，志存高远，脚踏实地，以修身、齐家、治国、平天下为最高信仰，勇做时代的弄潮儿。

“风流总被雨打风吹去。”每一位青年人承载着众多梦想，历经时代更迭仍然发出璀璨光芒。如今，青年之梦重焕新生，我们不忘初心，依然铸造着青年之梦，依然高唱时代之歌一路前行！

（本文作者为湘潭大学哲学系 2017 级本科生）

三代人的长征路

张永红

一

我是1995年出生的，相比起“40后”的奶奶，“70后”的父亲，我这个“90后”可谓是幸福之至了。曾经的战乱和逃难经历，于我而言只是书本中的记述、电视中的演绎；曾经的挨饿受冻记忆，也只是长辈口中偶尔提及的只言片语，实在有些遥远。

我小时候，家中光景虽然不是很理想，但是吃饱饭穿暖衣却是能满足的。过年是我的期盼，但我盼望的不是年夜饭，而是有鞭炮供我玩耍，对我来说，“噼里啪啦”炸裂的声音的魅力是远远大于我一年中多少也能吃上几次的鸡鸭鱼肉的滋味的。

我上小学是在村里，后来高中来到县城。身边同学优渥的家境也曾让我羡慕不已，我那稍旧的衣服比起那些漂亮的服饰，的确也曾让我没有自信，不敢见人。但也一直激励着我，让大山深处的我，渴望起了山那边的世界。

比起前两代人，我身上多了一种变化，和他们一样，这种变化源自经历。这种变化应该叫渴望，叫梦想。虽然梦想不是特别大，但已激励着我走出了大山，来到了大学。

二

习近平总书记有一句话用在这里很贴切："每一代人有每一代人的长征路。"这条长征路，我奶奶走过，然后我父亲接着走，再然后慢慢到了我。

如果把视线回到当初，回到新的时空坐标上，从我家的视角出发，可以定位到 1949 年，那一年新中国成立了，战争的烽火狼烟终于远离奶奶的生活。再往前推一段时间，则是抗日战争、解放战争。战火纷飞的年代，奶奶和我那个折身回去的太爷爷的唯一盼望便是好好活着，只不过，只有少数人是幸运的。

奶奶六十岁时，我曾陪她故地重游一番，回到阔别多年的家乡，她热切地把老家房屋旧址指给我看，我顺着她所指望去，早已建起了别人的居所，旧日痕迹难觅。见到故土亲人的那一刻，众人相拥而泣，当她把我介绍给大家时，欣喜之余，又满是感慨。后来，奶奶因为身体条件不再允许，也没能再去一趟了。

我曾试着想过，假如没有新中国，无论奶奶逃难走得多远，多么肯吃苦耐劳，日子是断然不会好过现在的。这是属于奶奶的 1949 年，也是属于全中国人的 1949 年。

到了我父亲时，1978 年，这一年召开了党的十一届三中全会，成为后来人们所说的中国改革开放的元年。日子从这之后，慢慢好了起来，就我记忆而言，有两件大事值得一说。第一件就是我上小学、上初中，学费由最初减除部分，到全部免除，再然后就是国家的各种补助。第二件大事是国家免收农业税，虽然年纪小，但还了解些在此之前每年收税时父亲的犯难处境。后来，我们家种地不仅不用交税，国家还会补贴我们，再后来，因为家住在长江上游，紧邻三峡大坝，国家根据退耕还林的政策也给我们家补了钱。这两件大事解了父亲的大难，帮了大忙，可以这么说，这不仅是属于我父亲的 1978 年，也是属于大家的 1978 年。

轮到我的时候，转眼就到了千禧年，这之后虽然仅二十多年的时间，但变化可不少。90 年代的最后几年我们家有了第一台缝纫机；新世纪的头几年我们家有了第一台录音机、第一台电视机；新世纪的第一个十年快过完的时候，我们家有了第一台洗衣机、第一部手机。然后再到 2014 年，我考上了大学，终于有了我自己的第一部手机、第一台笔记本电脑。这每一个第一次都是我们家的一个小突破，也是带给我们家平常生活的小惊喜，这些无数的小惊喜方便了我们家生活的同时，也让家变得更温馨更幸福。

属于我们这一代人的序幕才刚刚开始，还会有更多的小惊喜在等着我们。习近平总书记说“每一代人有每一代人的长征路”，后面紧接着还有一句话：“每一代人都要走好自己的长征路。”我们家奶奶那代人走的是求生存、留有生命的长征；我父亲走的是为家人吃饱穿暖、为家庭立业的长征路。我这一代，我想除了延续前两代人的长征路，为了家庭的幸福、为了个人的发展而努力外，更应该追求我们这一代的长征路。

三

有句话讲“我们来时的路，决定我们未来的路”，我深以为然。我们家在湖北的鄂西山区，属于湖北省重点贫困地区，崇山峻岭中，进山出山都只有一条路，每次回家看着家乡的面貌，我自己也真切地感受到家乡的落后，大家生活的不易。比起年长者，我不用为生命和生计担忧；比起家乡的同龄人，我很幸运地走了出来，多读了四年书。我是时代的幸运儿，也是家乡的幸运儿。单靠我自己，又怎能做到这些呢?

作为从家乡走出来的人，我想我有义务去为我的家乡做些什么。经历使然，我很希望那里的孩子不再经历我曾经历过的，那些诸如贫穷因素所带来的艰难生活。这样等到四年五年，十年二十年后回忆起来，才算是走好了我自己的长征路。

党的十九大报告指出："广大青年要坚定理想信念，志存高远，脚踏实地，勇做时代的弄潮儿，在实现中国梦的生动实践中放飞青春梦想，在为人民利益的不懈奋斗中书写人生华章!"那么在我的理解中，这是说给所有年轻人听的。

我们国家和民族的复兴的长征路，恰好对应了我们家三代人的长征路，奶奶那一代人赶上了求独立求解放的时代；父亲那一代人遇上了改革开放求富裕的时代；到了我这一代人，到了求发展求强大的时代。而对我的家乡来说，就是实现全体脱贫、全面小康。这个新时代让我赶上了、遇上了。我也愿意，以这个新时代为起点，作为我长征路途的起点，为中华民族伟大复兴而奋斗。

（本文作者为湘潭大学商学院2014级本科生）

织锦·筑梦

陶　也

为有牺牲多壮志，敢教日月换新天。

而今更笃凌云志，莫教冰鉴负初心。

——题记

时光荏苒，岁月如梭。转眼间，2017 年即将落幕。回望一道走过的这一年，是什么最长久地驻留在你的心间？哪一刻最深切地打动过你的心灵？

2017 年，我们迎来了一个具有里程碑式意义的日子，那便是：10 月 18 日，这个值得永久纪念的日子——中国共产党第十九次全国代表大会在北京召开。

曾记否，习近平总书记“不忘初心，方得始终”的谆谆教诲？

曾响应，十九大“牢记使命，高举中国特色社会主义伟大旗帜”的强烈感召？

曾践行，新时代所倡导的新精神、新使命？

习近平总书记提出“共商共筑人类命运共同体”，建设一个共同繁荣、开放包容的世界。我们探索“命运共同体”这一词的深刻含义，转眼于当下巨变的时代，青年与国家的关系何尝不是紧密相连、休戚相关呢？

“青年兴则国家兴，青年强则国家强。”“青年一代有梦想、有本领、有担当，国家就有前途。”时代似乎总是垂爱青年，尤其是进入新时代，对广大青年学子更是寄予深情和厚望。作为当代青年，聆听此次十九大报告足以触摸未来。可以说，很多方面都和青年有着千丝万缕的联系。站在十九大的新起点，迎着全面建成小康社会的曙光，我们肩负着坚持和发展中国特色社会主义的重任，肩负着实现“两个一百年”的奋斗目标，肩负着实现中华民族伟大复兴中国梦的历史使命。

锦绣潇湘，伟人故里。还看湘大学子，意气风发。

有一种学风叫“湘大图书馆”，有一种情怀叫拼搏奋斗。考研路漫漫，青岩道巉巉。每日清晨，总会看见那两条长长的队伍。一条在外，那是图书馆的方向；一条在里，那是梦想的方向。书桌前，一支笔，一本书，一张桌，一个个专注的面庞，轻嗅书的气息，眉间凝深思。累吗？累！困吗？困！但是没有奋斗的人生，就像没有黎明的黑夜。生命一刻不止，必将奋斗不息！那些年奋斗过的青春，势必会在心头留下一道记忆的痕。

中国梦包含个人梦，有国才有家。个人梦基于中国梦，有家才为国。紧握梦想，抓住那一抹心头的微光，这光足以充塞天地，照耀人间！细细想来，站在2017年的终点，我们似乎比任何时候都更接近这个梦想，这个由我们共同编织构筑的中国梦。

《南方周末》历年新年献词中有段文字至今让我难以忘怀：

你要敢于向往，敢于生活，敢于争取，敢于改变！

你也要有条件向往，有条件劳动，有条件进步，有条件幸福！

你还要坚持向往，坚持自我，坚持真理，坚持善良！

是的，相信吧，世界本应如此。一切的一切，都应从你出发，又归于你。归于你的生活，归于你的生命，归于你的历史，归于你的意义。

希望之光照亮历史斑驳的暗影，历经60年的沧桑，湘大风姿犹存。是因为一代代湘大人的拼搏，也是因为，刚好遇见你。这是千载一遇的时刻，面对如此多重大事件，相信湘大的青年才俊们势必不会忘记使命，不会放弃。

因为我们从未放弃，必须前行。

因为我们对党，对祖国，对湘大爱得深沉。

是因为我们，爱得深沉啊！

（本文作者为湘潭大学外国语学院2016级研究生）

叩法学朱门，逐青春之梦

邱桂花

听十九大报告，悟十九大精神。十九大报告强调“坚持全面依法治国”，作为一名法科学子，我想浅谈自己的体会。

青年兴则国家兴，青年强则国家强。习近平总书记在报告中指出：“广大青年要坚定理想信念，志存高远，脚踏实地，勇做时代的弄潮儿，在实现中国梦的生动实践中放飞青春梦想，在为人民利益的不懈奋斗中书写人生华章！”

身处在“全面依法治国”的伟大时代潮流中，我感到无比幸运。这既是时代给法律人的广阔舞台，也是给法律人的巨大挑战。

在湘大已有半个学期的学习时光了，我深深感受到当初选择来湘大读法学是多么明智的选择。我是幸运的，从一个普通的高中生到一名法学生，是湘大法学院领我入法学之门。湘大法学院院训“养浩然正气，铸法治精魂”，这是一个有气魄，有情怀的院训，培养出来的也是有气魄、有情怀的法学学子。

中国梦是历史的、现实的，也是未来的；是父辈的，更是我们这青年一代的。我们是国家的未来，肩负着重大的责任。

哈佛大学法学院名言：“当你走出哈佛大学法学院时，你眼里再没有男人和女人，而只有原告和被告。”从受生活世界支配的芸芸众生到规制社会的法律人，这是一个漫长的过程，更是一个蜕变的过程。不久的将来就要成为一名法律人的我，在蜕变的过程中要将“依法治国”作为自己的信念与追求的目标。

不同于文史哲追寻的真善美，法学是经世致用之学，它是治国安邦之道，定分止争之术。

古罗马法学家乌尔比安说：“法学是神人之事，公正非公正之艺术。”指的是人们不拘泥于教条的辨析和创新能力，它具有因时而异的历史流变性，因为世界上没有两个相同的案例，正如人不能两次踏入同一条河流。所以，追逐青春梦的征途中，我要牢记先辈教诲，培养自己的思辨与创新能力。作为法律人，也要有严谨胜于标新，守谨慎超于自信的品性，因为法律事务关乎人的身家性命、财产安全、社稷天下，要谨慎而行之。

康德墓碑上的碑文曰，有两样东西，我们愈经常持久地加以思索，它们就愈使心灵始终充满新鲜，一是不断增长的景仰和敬畏，二是在我之上的星空和居我心中的道德法则。有理想，有目标，敬畏之上的星空和心中的道德法则，作为一个正在追逐青春梦想的湘大人，更应如此。

在一个法治社会，法律人，大者能经国济世，小者能保障人权，将正义带给普通百姓。能更好的创制公正的法律，并让法律的光芒照亮每一个苍生，是我们“习法之人”的责任，也是我叩开法学之门的初衷。

也许每个人的感受不同，但得出结论所依赖的大学研习过程却大体一样，我们的奋斗过程，终将经历从一张白纸到涂满符号这一历程。

今天，我满怀期待的入法学朱门，在享受人生旅途中这一段自在逍遥的文学时光的同时，希望通过自己的不懈努力，能使我对未来神圣而又富足的职业的愉快憧憬变为现实，真正实现属于我的中国梦。

（本文作者为湘潭大学法学院·知识产权学院2017级本科生）

心之所向　素履以往

许卢珊

今年的十月值得我铭记，“青年一代有理想、有本领、有担当，国家就有前途，民族就有希望。”习近平总书记在党的十九大报告中对青年人如是寄语。很早以前我在书上曾见过“心之所向，素履以往；生如逆旅，一苇以航”这句话，大概意思就是凡是心所向往的地方，即便穿着朴素的草鞋也要前行直至到达。生命犹如旅行，即便乘着一叶扁舟也要向前起航到远方。作为新时代的青年，我拒绝碌碌无为的人生，我愿意将自己放逐于各种可能，追寻我的理想。

我小时候的理想是成为一名医生，治病救人。后来，我发现自己喜欢写东西，于是又梦想自己能成为一名写小说的作家，而家人朋友们都觉得这个想法很不现实。但是我仍然尝试着写作，那时网络不似今日这般强大，也不流行网络写作。我只有手写的稿件，常常写了两万字，便放弃了。待稍微长大了些，写得最多的是日记、随笔和工作总结了。懒的时候，干脆连日记也省了。

很奇怪，总是有人说，谈理想老土。从小被人问得最多的问题就是：你的理想是什么？当时的我们，总是能很坚定地说出自己的理想。“我的理想是当一名老师”“我的理想是做一名医生”……现在渐渐发现，自己小时候承诺过要实现的理想，可能是为了满足父母的夙愿，也可能是为迎合社会所需，或许不是真正属于自己的理想。若是再去问青年一代，你的理想是什么？回答的句式有很多，但意思不外乎就是：我的理想，就是做自己喜欢的事。我们的理想，听起来越来越小，越来越简单，听起来似乎不像理想了。

从小我就觉得自己是个胸无大志的人，后来家人朋友不认可我那写作的理想也可以证明。因为决心不足，进入大学后我曾有一段十分迷茫的时光，不知道自己真的想要的是什么。既然我对写作有点兴趣，那就继续坚持下去吧。那时的我这样跟自己说。可这又算哪门子的理想？只是一个被丢失了理想的女孩子对生活的妥协吧。

庆幸的是，有一天我翻到了习近平总书记在《致全国青联十二届全委会和全国学联二十六大的贺信》中所说的这样一段话：“前进要奋力，干事要努力。当代中国青年要在感悟时代、紧跟时代中珍惜韶华，自觉按照党和人民的要求锤炼自己、提高自己，做到志存高远、德才并重、情理兼修、勇于开拓，在火热的青春中放飞人生梦想，在拼搏的青春中成就事业华章。”怎么说呢，说是醍醐灌顶确实有夸张之嫌，但实实在在地明白了习近平总书记对我们青年一代的良苦用心。陈独秀先生曾说：“青年如初春，如朝日，如百卉之萌动，如利刃之新发于硎，人生最可宝贵之时期也。青年之于社会，犹新鲜活泼细胞之在人身。”是啊，我是新时代的青年，我在人生最美好的年纪不应如此萎靡，只有心中充满阳光、脚底鼓足力量，不论理想或大或小，才能创造出不愧于时代的、属于自己的人生。

金秋十月，层林尽染。我认真地观看了十九大会议录像并详读了十九大报告。我想，我作为一名共青团员，应牢记“青年兴则国家兴，青年强则国家强”，把十九大报告作为工具书、座右铭，不断提升文化素养和思想境界。每一位共青团员都任重而道远，我们不仅要深刻认识自身所长，更要树立自身的梦想。作为一名大学生，更要牢记习近平总书记对青年的谆谆教诲，通过习近平总书记的讲话，我认识了“梦想”的重要性与意义所在。我也明白了理想就算再不被他人所理解，也总会有它存在的意义。我相信，不论以后如何，我再也不会让时间磨蚀了自己的斗志。

王尔德说，我们都生活在阴沟里，但仍有人仰望星空。我觉得我一直都在仰望星空，曾经那个写作梦被我深埋心底，我不知道是否还能完成这个梦想。只是还好，那日起我便又开始追梦。也许，最后我的小说只有我一个读者，但那也算圆梦了吧！心之所向，素履以往，但愿所有的不忘初心，皆有始有终。为了梦想，我可以去到无尽。人生梦一场至变老，难得梦一场不老的梦。永远不变的，还是那心里最初的梦想。

（本文作者为湘潭大学哲学系2016级本科生）

心怀家国梦，负重勇前行

梁秋梅

“韶峰高，湘水长，人文胜地，科教殿堂。”一代伟人的叮嘱，无数先辈的耕耘，让湘大学府拔地而起。不忘初心，策马扬鞭。在逐梦路上，湘大学子始终牢记先辈嘱托、紧跟党的步伐，用拼搏与奋斗书写青春华章。

正值青春年少，最是读书时。秉承“博学笃行，盛德日新”校训的湘大学子始终保持着一颗勤奋好学之心。清晨叫醒我们的，不是手机的闹钟，而是心中的梦想。我们夜晚最牵挂的，不是床上的温暖被窝，而是尚未解决的专业难题。“路漫漫其修远兮，吾将上下而求索。”我们深知，在学习上没有投机取巧的捷径，一步一个脚印地踏实奋斗才能征服知识的高峰。

清晨，路灯拉长了我们赶去上早读的背影。夜晚，灯火通明的图书馆里是我们低头的沉思。琅琅书声，读出未来期望。厚厚笔记，乘载学子梦想。习近平总书记曾说：“惟其艰难，才更显勇毅；惟其笃行，才弥足珍贵。”因为心中有梦，我们不敢松懈；因为肩扛责任，我们不敢止步。

“男儿不展风云志，空负天生八尺躯。”空有满腹经纶不施展，亦是枉然。在挑战自我上，湘大学子从不胆怯。模拟法庭上的条分缕析、唇枪舌剑；演讲比赛上的引经据典、侃侃而谈；体育赛场上的齐心协力、敢打敢拼……赛场上的湘大学子，自信、从容，赛出风采，赛出青春。“河出潼关，因有太华抵抗，而水力益增其奔猛；风回三峡，因有巫山为隔，而风力益增其怒号。”在困难中磨砺自己，在挑战中完善自己，这是湘大学子的坚定信仰。“欲戴王冠，必承其重。”作为新时代的接班人，我们就要有乘万里风、破万里浪的勇气与自信。

吃水不忘挖井人的谆谆教诲，我们始终铭记于心。美好的大学生活得益于先辈们的艰苦奋斗，也少不了无数人的默默付出。滴水之恩，亦当涌泉相报。在感恩回报的公益之路上，从来不缺少湘大学子的身影。献血车前，是我们排队等候献血的队伍。敬老院里，我们为老人家们唱歌跳舞，只为博得他们的舒心一笑。假期里，我们相约去给留守儿童支教，让爱心在希望中绽放，让希望在教育中成长。微微烛光，薪火相传；播撒爱心，成就未来。

我本微凡尘，一介湘书生。心怀家国梦，初心未曾更。铁肩担道义，妙手著文章。铭记党的宗旨，逐梦湘大人。

（本文作者为湘潭大学外国语学院2017级本科生）

担历史责任，做顶天立地湘大人

招逸轩

鸦片战争的炮火惊醒了沉睡而又古老的东方。长江口的硝烟，打破了五千年的尘封，使得这泱泱大国一步步走向没落。炮火下的中国江河日下、民不聊生。中国将何去何从？万万志士青年，四处求索救国之道……

十月革命的胜利，不仅将马克思主义传播到了中国，还让一大批先进知识分子看到了中国革命的曙光。法租界望志路和南湖上的游船，来自祖国四方的先进青年聚在了一起，中国共产党应运而生。从此，中国共产党带领广大的中国人民走向胜利与富强！

放眼百年的风云变幻，中国从山河分裂到发展为现代化强国，人民生活水平显著提高，科技实力居世界前列。

历史的兴亡告诉我们，只有中国共产党才能带领中国走向繁荣富强。我们可以看到，建党九十余年的光辉成就，就是那一批批爱国青年不忘初心，用青春装点而来的呀！少年强则国强，没有人可以阻挡时代的大潮，历史的接力棒已经传到了我们的手中！

没错，这就是我们的时代！今年，党的十九大胜利召开，习近平总书记号召广大青年学生要坚定理想信念，勇做时代的弄潮儿。与此同时，我们身为毛主席亲切嘱托一定要办好的湘潭大学的学生，我们更应不忘建校初心，艰苦奋斗，不辱历史使命。

周一清晨，一教门前，一面鲜艳的五星红旗与日同升……少年应怀爱国之情，没有国哪来的家？当今世界局势正发生着复杂而又深刻的变化。我们要高举爱国主义旗帜，将国家和民族的命运与自身的发展紧紧联系在一起。

空谈误国，实干兴邦。60 年前的劳动建校，今日图书馆、教学楼里刻苦钻研的身影，就是我们湘大人！微微亮的天空，图书馆门外就排起了长队，运动场也热闹起来，琅琅的读书声从教室中传出。是的，这就是湘大，而我们，就是这顶天立地的湘大人！我们要怀振卓之心志、高远之理想。以国家发展作为自己的使命，脚踏实地，注重实干，要努力学习科学文化知识，提高自身综合素质，打好基础，迎接新时代的挑战。

同学们，让我们牢记毛主席的嘱托，用优异的成绩向党、向国家证明，湘大人的肩上，担得起祖国的重任！最后，我希望用一句古话与大家共勉：为天地立心，为生民立命，为往圣继绝学，为万世开太平。让我们坚定理想信念，志存高远，脚踏实地，在实现中国梦的生动实践中放飞青春梦想，在为人民利益的不懈奋斗中书写人生华章！

（本文作者为湘潭大学数学与计算科学学院 2021 级硕士研究生）

高一步立身，退一步处世

徐　浩

立身不高一步立，如尘里振衣，泥中濯足，如何超达？处世不退一步处，如飞蛾投烛，羝羊触藩，如何安乐？

一百年前，凄风冷雨，断壁残垣中谁能听见圆明园的哭泣；一百年间，保家卫国，浴血奋战的人民军队何等英雄豪气；一百年后，华灯璀璨，车水马龙间国富民强的光透过梦想照进现实。

重走时光隧道，透过历史尘埃，中华民族的道路并不是一帆风顺。清末闭关锁国，一声炮响打破了东方的寂静，“天朝上国”的观念刹那间崩塌，被列强蹂躏、践踏、分割，军阀四起，战火迷漫华夏大地。国危亡，英雄何在？族危靡，何人引吭？

时势造英雄。在国家、民族受难之际，一代代共产党人、仁人志士追寻着领袖的脚步，前赴后继，抛头颅、洒热血。一身肝胆映华夏，两行热泪决此生。我自横刀向天笑，去留肝胆两昆仑。经过长期艰苦卓绝的奋斗，我们党带领人民终于从苦难与危亡，走向辉煌与胜利。何其幸哉，何其勇武！

历史远去刀光剑影，时间抚平一切繁华。时光如白驹过隙，转眼而望，中华民族进入时代发展的新起点。嫦娥奔月，蛟龙下海，完成中华民族几百年来的殷殷期盼；“一带一路”的建设，“亚投行”的建立，为世界经济的发展注入活力；人类命运共同体的提出，更是展现出高度负责的大国形象。然而当今局势虽繁花似锦，亦不乏野稗丛生。没有战争的刀光剑影，但周围局势依旧暗潮汹涌；没有你死我活的拼命厮杀，但气氛依旧紧张。东方巨龙的苏醒，令有些国家惶惶不安。现在的中国社会，更需给足人们精神上的坚定与意志的激扬，为未来发展指明道路。

随着十九大的召开，习近平总书记所带领的共产党人将一幅幅未来美好的图景勾勒于人民面前。新的途径，新的政策，新的领导，新的力量。习近平总书记关于中国梦的论断，正是马克思主义中国化的最新成果，也是坚定不移，走中国特色社会主义道路的必由之路。实践是认识的来源，也是检验认识真理性的唯一标准。习近平总书记在十九大上的报告以及其关于中国特色社会主义的论断，与其艰苦卓绝的基层实践是密不可分的。

二十世纪六七十年代，上山下乡运动迅速开展。当时，习近平总书记正是风度翩翩的少年，他扎根大西北，选择了条件最艰苦的地方。在梁家河的知青岁月里，他在这片黄土地上同乡亲们打成一片，一起挑粪拉煤，一起拉河打坝，一起建沼气池，一起吃玉米团子。艰苦的基层生活令其快速成长，也让他明白了，老百姓真正渴望的是什么，需要的是什么。习近平总书记曾在总结知青岁月的收获时说：“让我懂得了什么叫实际，什么叫实事求是，什么叫群众。这不仅是我获益终生的东西。”“上山下乡的经历，使我增进了对基层群众的感情。”这不仅是一个革命战士的成长，也是一位领袖的群众观的确立。

“富有诗书气自华。”即使在最艰苦的地方，习近平总书记依然手不释卷，即使在最艰难的岁月，他依然保持对知识的渴求。当他踏上这片黄土地时，随身的两只皮箱内塞满了书籍。天幕低垂，月色入户，牛棚旁的小屋里透出黄晕的光。从哲学到法学，从人类的起源，到社会意识形态的变迁……每种书都给他带来不一样的思索，也为今后的治国理政中提供了充足的智力支持。夜已深，四周寂然，唯有油灯依然亮着，陪伴他的，只有半弦的月，悠悠的风，以及飞扬的思绪，激荡的情怀。

天将降大任于斯人也，必先苦其心志，劳其筋骨，饿其体肤。但却塑造了心灵，塑造了那种敢于吃苦，乐于吃苦，善于吃苦，不忘吃苦的态度。也塑造了总书记“人一能之己百之，人十能之己千之”的艰苦奋斗精神。人生犹如铁毡，愈被敲打愈能发出火光。困难痛苦，玉汝于成。伟大的领袖总是出自平凡，在平凡中坚守，在困难中砥砺，即为不凡。

同样的年纪，不同的光景，身为大学生的我们，在优质良好的资源面前，更要不断奋进，砥砺前行。习近平总书记曾说：“现在，青春是用来奋斗的；将来，青春是用来回忆的。”斯言不谬，青年者，人生之王，人生之春，人生之华也。青年是社会历史进程的晴雨表。人生的选择如同穿衣，青年的时候就要系好第一颗扣子，以后的每一份理想，每一份事业都是由此生发，它是成功的基石，也是命运的阀门。青春如初春如朝阳，是人生最宝贵的时期，如何不负这大好年华，迈出坚实的步伐，是吾辈青年所要思考的。

弱冠之年正满怀理想，十年饮冰，难凉热血。作为大学生，更应以国家命运为己任，人处青年不可闲、不可松。迎着朝霞，我们应当思勤奋，勿恋懒惰，创造自我价值；踏着晚霞，我们应当总结错误，反省自我，提高能力。只有勤奋、好学、能吃苦、有担当，才能不负这大好青春，亦不负这葳蕤年华。

习近平总书记曾说："人民对美好生活的向往，就是我们奋斗的目标。"逆境砺节行，顺境销膏骨。居逆境中，周身皆针砭药石，砥节砺行而不觉；处顺境中，眼前尽兵刃戈矛，销膏糜骨而不知。我们青少年定当立身处世，为社会、为国家做出力所能及的贡献。

（本文作者为湘潭大学哲学系 2017 级本科生）

听

王注诚

听。你听到了什么?

或许是什么也没听到，只有万里无人般的寂静。或许又是熙熙攘攘的喧嚣，热闹非凡。或许还是家人不厌其烦的唠叨，和睦又温馨。这样的生活你觉得幸福吗?

假如，你耳边回响的不是这些声音，而是子弹恶狼般的低鸣，炮火狮虎般的咆哮，还有那失去亲人而歇斯底里的哭喊。那么，你觉得哪一种生活更幸福呢?

我的回答，当然是第一种。我所向往的生活是远离硝烟，和平安宁，家人团聚，幸福美满。而这一切，伟大的祖国已经完完整整地给了我，在党的带领下，我们的生活越来越美好。

在这金风送爽的十月，伴随着桂花的芳香，秋菊的浪漫，中国共产党第十九次全国代表大会在北京召开。我即便远距重洋，仿佛也听到了全国人民无比激动的呐喊——中华人民又一次的站到了世界的最高峰!

听啊。“不忘初心、牢记使命。”这是习近平总书记的寄语,

“高举中国特色社会主义伟大旗帜，决胜全面建成小康社会，夺取新时代中国特色社会主义伟大胜利，为实现中华民族伟大复兴的中国梦不懈奋斗。”大会的主题回响在我们的耳畔，多么自豪，多么骄傲。

44 次提到人民，9 次提及“中国梦”。“中国梦”是我们永远不会忘记的梦。我们能做的，就是永远与党同呼吸、共命运、心相连，以永不懈怠的精神状态和一往无前的奋斗姿态，怀揣着初心与使命继续朝着实现中华民族伟大复兴的宏伟目标奋勇前进！

听啊。105 岁的红军老战士曾这样说过，“今年我已 105 岁，作为一名老党员，在党的十九大即将召开之际，我想对新一代党员说，经历万水千山回望来时路，我们只有永远不忘初心，铸牢坚守信仰的铜墙铁壁，才能走好新的长征路！”老革命军战士的话语不断警醒着我们不忘初心，牢记长征精神！

英雄的年代早已过去，还有谁记得那血红的长征路上红军将士们遭遇的痛苦？也许我们无法想象那个激战的场面，也许我们无法感同身受他们面对敌人的那种愤慨，也许我们还不能够感觉到失去国家和民族尊严的旧时代中国人对强大起来的中国的向往。但是我们必须明白，如今的中国强盛了，生活安稳了，我们依然不能忘记这都是革命先烈留下的遗产。不忘初心、牢记使命，继承革命军的遗志，坚守弘扬长征精神，让“中国梦”实现，让五星红旗高举在世界之巅！

听吧/新征程号角吹响/强军目标召唤在前方/国要强/我们就要担当/战旗上写满铁血荣光……（阎维文《强军战歌》）

（本文作者为湘潭大学信息工程学院 2017 级本科生，现为湘潭大学自动化与电子信息学院在读硕士）

第二篇

湘逢甲子岁
笃志开新局

2018 年9 月6 日，在纪念毛泽东同志题写校名并指示“一定要把湘潭大学办好”暨建校六十周年之际，习近平总书记对我校作出重要批示，希望学校“扎根伟人故里，弘扬优良传统，坚持立德树人，勇于改革创新，努力把学校办得更好、更有特色”。这激励着湘大学子继续弘扬“牢记嘱托，艰苦创业，追求卓越”的湘大精神。

六十春秋，弦歌不辍

付欣雨

世间甲子须臾事。六十年前，一位花甲老人握住笔杆，行云流水，落笔如云烟，题写了“湘潭大学”的校名。雄浑的字体勾勒出这所学堂的宏伟蓝图，红色血脉涌动在每寸方土，革命精神不朽地代代传承。她开始自由奔跑在天地之间，谱写华丽的历史篇章。

这位老人，是我们伟大的领袖——毛泽东主席。岁月悠悠，老人浅浅地闭上了慈祥的双眼，少年也褪去了往日的青涩。那些在风雨如晦时勇往直前的坚强，在光芒万丈时翩翩起舞的欢愉，云卷云舒，都好似被风悄悄带走，又好似被风悄悄铭记。六十年来，湘潭大学不曾违背自己的初心，她始终如日出骄阳一般充满活力，如日落晚霞一般充满浪漫。无论时光这双大手如何物换星移，她始终带着自信的微笑，在世界的舞台上展示自己独具一格的特色。

阳光熹微，透过重重云翳，撒在画眉潭的一角，泛起粼粼波光。历史的齿轮转动着，回到了六十年前的四月。春光乍暖，毛禹居老人离开湘大回到了韶山，提笔写下了四首绝句。纵使岁月已慢慢将昔日的痕迹用灰尘掩盖，但我仿佛还能看见老人微微颤抖的手，坚定地写下一撇一捺，看见他那已经湿润的眼眶，充盈着喜悦激动的泪水。他是毛主席写下“湘潭大学”四个字的邀请人与见证者，他是一位忙碌于电厂街、办公楼、磨石塘间的优秀学者，他将毕生的精力都放在了湘大的身上。因此有很多人说，在过去啊，总能看见一位始终佩戴着湘大红底白字校徽的老人，在校园里，留下了一串串雨水怎样都洗刷不掉的足迹。后来，湘大在岁月深处成长，她不再是被遗弃在角落里的一座孤楼，而是屹立于巍峨的韶山与蜿蜒的湘水之间，如巨人般，迈着铿锵有力的步伐，在九百六十多万平方公里的土地上发出响彻云霄的呐喊。

沿着琴湖漫步，初秋的风总能将水波尖上的丝丝凉意送给过路的人们。作为一名刚踏入三拱门的湘大学子，我无法娓娓道来她的文化底蕴与悠久历史，但曾在纪念馆中细细浏览过每一张、每一件历史的结晶。不禁感叹，过去的湘大人穿过羊肠小道，在严寒酷暑中奋笔疾书，脚跟与黄土地上的沙砾发出窸窣的声音。现在的湘大人，穿过宽阔的北京路，在冬暖夏凉中饱览古今，脚跟与绿色草地上的鹅卵石发出清脆的响声，葱郁的松树与樟树织成绿色的网，令人一生都不想挣脱。六十载耕耘岁月，风雨兼程，湘大人砥砺前行，意气风发。1974 年 3 月，国务院批准恢复湘潭大学，将生机重新带回到这片土地上，十五年的蛰伏与等待，再次出发，却仍是不减的青云之志。时至今日，湘潭大学已成为家喻户晓的一所综合性全国重点大学。人们提起她，不仅局限于她浓郁的红色文化，更多的是，跻身于全国百强高校，学术研究的荣誉，孔子学院的建设，以及今年碧泉书院的回归，南门的华丽变身，等等。近日阅览过几篇校友重返湘大后的即兴随笔，其中一位校友的一句话令我感触很深，他说："我想，我的底气、我的热忱就来自于在母校日夜点滴的历练积累。"是的，是湘大给了我们勇气，让我们在日后的学习工作中斗志昂扬，不再畏惧。

在湘大迎来六十周岁之际，习近平总书记对学校作出了重要批示，努力把湘潭大学办得更好、更有特色。我认为，这种特色是湘大人不忘初心、牢记使命，弘扬优良传统，坚持立德树人，勇于改革创新的精神。所谓，青年兴则国家兴，青年强则国家强。学校的建设有着老一辈学者的兢兢业业，当然，新鲜的活力也是不可缺少的。习近平总书记的批示不仅是对湘大充满期望，更是对我们寄予厚望。这是最好的时代，我们为幸福而奋斗，且奋斗本身，就是一种幸福。我相信，所有的2018届湘大学子，都会怀着一颗用力跳动的心脏，不忘初心，投身于湘大，投身于国家，将青春无悔地奉献。从建校之初到如今沧桑巨变，湘大人60年来一直矢志不渝。如今接力棒已经递交给我们，我们将以最好的姿态，用最美的年华，实现最纯的梦想。

六十春秋，弦歌不辍。湘大因我们每个人的存在而更加美好，风华正茂的我们，也会将满腔热血隐藏于心，仰望星空，脚踏实地。在湘大的怀抱中散发出自己的光彩，迈向璀璨的未来。

（本文作者为湘潭大学物理与光电工程学院2018级测控技术与仪器专业学生）

湖湘脉，湘大魂

吕逸天

“诚既勇兮又以武，终刚强兮不可凌。身既死兮神以灵，魂魄毅兮为鬼雄！”屈原铿锵的声音还未在湘水之畔散去，一晃千年，豪迈的楚辞风骨为湖湘之脉埋下了源头。

湖湘之脉在历史的风尘中时隐时现，但幸运的是，它终究穿越千年风尘走来，并在近代史上绽放出无限的光辉。而毛泽东更是近代史上湖湘血脉中最耀眼的一颗星星。毛泽东无疑是湖湘文化所养育出的最值得骄傲的人物，同时也是湖湘之脉的特质展现得最为充分、最为完整的人物。他的历史功绩已经不必赘言。在他身上有着湖湘之脉经世致用的思想传统，但他又有着传统知识分子所不具备的江湖豪情。浪漫主义的诗情与爱国主义的豪迈并存，纯朴重义的气质与勇于开拓的精神同辉。湖湘文化的传承在他身上表现得淋漓尽致。

六十年前，伟人嘱咐，“一定要把湘潭大学办好”。那一刻，千年湖湘之脉，注入了湘大之魂。一个甲子间，海纳百川的湖湘精神，融入一代代湘大人的血液之中。

1958年，湘大得以创办，而后因故停办。但湘大的湖湘之脉未断，坚忍的精神不倒。一瞬十数年，湘大终于得以复校。正是湖湘精神的隐脉，撑起了湘大的灵魂。灵魂不灭，终有复兴之日。1975年至1978年，全国请求调来湘大工作者超过3000余人次，前辈们筚路蓝缕，传承薪火，用生命赋予了湘大如今的底蕴。而湖湘之脉，永远以海纳百川的胸怀拥抱每一个到来的湘大人，永远绽放出闪耀的光华。一个甲子的风雨兼程，蓦然回首，岁月留下了无尽的沧桑。因为有过停办的流离，一代代湘大人对当下都倍感珍惜。一个甲子间，一代代湘大人谱写了多少史诗，创造了多么伟大的奇迹。在这个中部小城的郊区，崛起了这样一所辉煌的现代化大学！谱写了这样一篇壮丽的史诗！

"一朝踏入三拱门，此生无悔湘大人。"今天，我们从五湖四海来到这里，成为湘大的一员。初到湘大，看清晨的星光还未黯淡，湘大学子早已在自习室前排起长龙，夜色朦胧，自习室却比星辰更加闪亮。路上的学子步履匆匆，渊博的教授侃侃而谈，这就是湘大普通的一天。运动场上，雄姿英发，野蛮体魄；辩论赛场，唇枪舌剑，妙语连珠；考卷面上，肆意挥毫，笔下生花；社团活动，同学少年，意气风发。只愿让来自湖湘的浪漫与豪迈，渗进我们的血液，让来自湖湘的坚韧与责任，融入我们的骨髓，让来自湖湘的自由与质朴，铸就我们的灵魂。

青年兴则国家兴，青年强则国家强。新一代的湘大人被赋予了新时代的使命。"希望学校不忘初心、牢记使命，扎根伟人故里，发扬优良传统，坚持立德树人，勇于改革创新，努力把学校办得更好，更有特色。"习近平总书记对我们的谆谆教诲还在耳畔回响，新时代青年的使命鼓舞我们砥砺前行。

一个甲子，弹指一瞬间，抬首遥望，下一个百年。“博学笃行，盛德日新”；湘大学子，以之共勉；承前启后，继往开来；祝愿母校，永放光辉。

祝我湘大，承我湖湘之脉；

愿我湖湘，铸我湘大之魂；

壮我湘大，闪耀无上光辉！

（本文作者为湘潭大学法学院·知识产权学院学生）

我说湘大甲子年

刘春苗

巍峨的韶峰，温润的湘江，吸引了无数风华正当的年轻人踏上了这片红色的土壤。湘大六十年，有曾经的渴望，也有如今的担当。今日我说湘大甲子之不易，明日且看湘大百年之辉煌。

2018 年 8 月 7 日，我收到了来自湘潭大学的录取通知书。一时间竟感慨万分。母校于其甲子年见证我的成人礼，我要如何为她的生日尽一份自己的责任？那一夜的思考仿佛令我身负使命，却又是在迷茫之中踏上了远行的征程。

湘大所给予我的温暖与情感是有魔力的。当我刚刚踏进校园，仿佛便消除了内心的忧虑与不安。许是三拱门的厚重典雅，许是画眉潭的宽容博大，亦许是一隅清阳、一眼清泉，抑或是与湘大的一切有关。她在六十岁诞辰之际告诉我："湘大，因你而美好。"我走在北京路上，看着一列列标语延展而成的景色，告诉她："湘大，我因你而骄傲。"那一天，"湘大，因你而美好"好像不仅仅是一个标语，它拨开了那日的青空，同时也在告诉初入校门的我们："孩子，湘大是你在这个陌生城市里，唯一的家。”

溯顾往昔，湘大的六十年是艰辛不易的六十年。为众人所知，1958 年 6 月，湘潭大学在杨嘉桥原湘江煤矿旧址得以创办。但在 1959 年，学校因故停办。但暂停运转的不仅仅是一所学校，也是前一辈人的努力和后一辈人的希望，多少人在历史的激流中声声呐喊却无回响。终于，历经代代人的努力，湘潭大学在 1974 年由国务院批准复校并被确定为文、理、工综合性大学。我未置身于那个时代，也许体会不到那一份艰辛后的激动与喜悦。但这份精神却随着时代传承了下来，它是艰苦奋斗，它是锐意进取，它的名字叫作“湘大精神”。

且看今朝，湘大六十年是砥砺前行的六十年。谷立平老师曾和我们 2018 级新生讲道：“一代伟人，一句嘱托，一所大学。”而这便是湘大的历史。1958 年 9 月 10 日，毛主席亲自为湘潭大学题写校名并亲切嘱托一定要把湘潭大学办好。这不仅使得湘潭大学从建校之初起便被赋予了不一样的含义，也使得“初心”成为能引起每一个湘大人强烈情感共鸣的词语。六十年的栉风沐雨，湘潭大学不畏艰辛，牢记使命，不断追求新起点、新高度。如今的湘大，学科能力齐全，师资力量充足，学生综合素养高。六十年来，为国家培养不计其数的优秀人才。这是代代人的共同努力，也是湘大人的一生付出，它的名字叫作“湘大情怀”。

眺望未来，湘大六十年是筑梦辉煌的起点。在湘潭大学官网上，一篇发表于 2017 年 1 月 22 日的文章中写道“一栋楼，一座大学，一段历史”，这是南楼，而他们则在南楼求学。他们是耄耋老人，也是湘大学子，记忆中的南楼，红砖青瓦，有他们伏案苦读的身影，也有他们青春飞扬的足迹。而今天同一片蓝天下，同一片土地之上，我们去欣赏他们的事迹，他们也来了解我们的生活。他们用自己的努力，创造了湘大的历史。那年他们正十八岁，而如今我们正十八岁。在湘大六十周年之际习近平总书记对我校作出了重要批示：努力把学校办得更好、更有特色。而我们身为湘大人，长为中华儿女，要明确自己的使命与担当。我们相信坚持铸就辉煌，血汗铸就成长，哪怕风雨兼程，也会勇往直前，它是我们的义务，也是我们的责任，它的名字叫作“湘大担当”。

秋日的湘大，层林尽染，丹桂飘香。我漫步在北京路上，踩着前人的脚印，走到了湘大的甲子之年。脚下的土地千丈，头顶的星空万里，面前是主席的嘱托，背后是前人的奋斗。亲爱的湘大，六十岁的你正见证着我的成长，待我六十岁时，归来再见，愿你继往开来，勇创辉煌。

（本文作者为湘潭大学公共管理学院2018级公共管理类韶峰班本科生）

六十年，再出发

於广强

1935 年，伟大领袖毛泽东率大军登上娄山关，“雄关漫道真如铁，而今迈步从头越”。跨越世纪，湘潭大学——这座他亲自倡办的学府，也跨过六十年的岁月，开启新的征程。

“独立寒秋，湘江北去”，湘大的故事从秋天开始。“忆往昔，峥嵘岁月”，六十年前，秋风萧瑟，一片泥泞，一座崭新的学府在这里拔地而起。琅琅的书声开始从这里传出，我想在那遥远的诵读中，定然少不了这样的壮志豪言：“曾记否，到中流击水，浪遏飞舟……”

湘大在豪情和壮志里出发。

后来，湘大在冰雪中艰难行进，宛如当年的红军徘徊于那一道道雪山之间。面对艰难险阻，“五岭逶迤腾细浪，乌蒙磅礴走泥丸”，她是这样的从容和乐观。1974 年，寒冰融化，春暖花开，湘大再次扬帆启程。

“南国风光，千里莺飞，万里草长”，20 世纪 80 年代是一个充满理想、激情似火的年代，生于金秋的湘大，度过漫长的严冬，驶入明媚的暖阳。一批批学子和老师从四面八方投入她的怀抱，激情和炽热在这里聚集。那是一段多么朝气蓬勃的岁月，一双双明亮的眼睛，一个个矫健的身姿。拼命地读书，激烈地辩论，疯狂地拼搏……似乎有永远也使不完的劲。

“俱往矣，数风流人物，还看今朝”，庄严的三道拱门下，一颗颗璀璨的明星冉冉升起，21 世纪，经过几代人的拼搏，湘大已是一艘巨轮，承载着一批批学子驶向梦想的大洋。壮年的她可谓乘风破浪，功勋卓越，愈加厚重和稳健。新时代，实现中华民族伟大复兴的中国梦落在每个中华儿女的肩上，教育兴则国家兴，青年兴则国家兴，千帆竞发，百舸争流之际，一种心情迎风飞动。

“走遍天南海北，风景这边独好”，两年前，怀着对未来的美好憧憬，我从祖国的北方到这里，开始和湘大的这份情缘，如今七百多个日日夜夜过去了，多少个奔跑在二田的清晨，多少个徜徉在泽园的傍晚……

2018 年，又逢金秋，湘大六十岁了。漫长岁月，她依旧风华正茂。

这一刻，毛主席殷切的嘱托还在耳畔，习近平总书记的鼓励又热烈传来。这一刻，“鹰击长空，鱼翔浅底”，又是六十年前那份初生的勇猛和壮志。六十年，再出发！

（本文作者为湘潭大学文学与新闻学院学生）

回望峥嵘六十载，砥砺前行湘大人

刘继伟

作育英才六十载，湘大桃李遍天下，2018 年是湘潭大学纪念毛泽东同志题写校名并殷切嘱托“一定要把湘潭大学办好”暨建校六十周年的盛大之年。六十年风雨兼程，湘大辛勤耕耘硕果累累；六十载峥嵘岁月，湘大开拓创新奋勇前行。回望历史，我们无限感慨，展望未来，我们豪情满怀！六十年，再出发！

湘潭大学建校 60 年以来，秉承“牢记嘱托，艰苦创业，追求卓越”的湘大精神，担当立德树人的历史使命，坚守湘潭大学经典品牌，向“建设有鲜明特色的高水平现代大学”奋斗目标稳步前进。2018 年 9 月 6 日，习近平总书记对学校作出重要批示——希望学校不忘初心、牢记使命，扎根伟人故里，弘扬优良传统，坚持立德树人，勇于改革创新，努力把学校办得更好、更有特色。总书记的指示为办好湘潭大学指明了前进的方向，为学校扎根伟人故里办大学提供了根本遵循，更增强了我们湘大莘莘学子对母校未来的美好憧憬。

回望湘大六十载的峥嵘岁月，我们在自豪中也深感责任的重大和使命的艰巨，湘大青年学子要具备爱校、兴校、荣校之情，不忘初心，砥砺前行，为构筑我们湘大人的“湘大梦”而不懈奋斗！爱校，倾情于校，倾心于师，发自于内心对学校培育之恩而感激，即使未来远离学校，我们仍然会记得曾经这片美好的沃土；兴校，源于爱校，以此为动力，要充分发挥湘大每一位学子的点滴奉献，以汇聚成磅礴的无限力量，振兴湘大不只是学校的事情，更是我们数万学子应为之而努力的源泉；荣校，以学于湘大为荣，以成长于湘大为荣，以湘大之学子为荣，荣誉，不只是我们“胸前的奖章”，还有我们曾为之奋斗的精神。

作为湘潭大学的一代青年学子，恰遇新时代，适逢六秩华诞，我们既为母校的辉煌历史而感到骄傲，我们更为湘大美好的未来而心潮澎湃。拥抱新时代，构筑“湘大梦”，广大学子应充分激发潜心学习、奋发向上精神动力，推动习近平总书记重要指示精神内化于心，外化于行，做担当民族复兴大任、兴校报国的时代新人，不辜负习近平总书记的殷殷期望，不背离自己曾经的韶华之约。

六秩风华勇担当，初心不减铸辉煌。让我们每一位湘大学子坚守初心，牢记使命，用自己的青春共筑通往湘潭大学未来美好的桥梁。湘大梦，让世界心动！

（本文作者为湘潭大学公共管理学院2017级政治学与行政学专业本科生）

湘大· 邂逅

屠梦成

最爱午后携书一卷，信步至学活碧泉书阁。于此当窗执卷，或可伴有红袖添香，时而搅一方松烟入就的徽墨，提湖笔小注二三行。直至夤夜月如钩，灯如豆，可自赊风月，挽书香在袖。在湘大读书学习确是如此风雅之事。

遇见湘大是一次美丽的邂逅，恰好途经的绽放，却已成了命中注定。六十载甲子湘大，如风中沙砾，将自己磨的温润如玉，风华内敛，却在微微雨幕中闪耀着一星光华，于漫漫长夜中点燃了一豆灯火。我怎能不爱你，湘大。

当年，湘大仅开办一年就因故停办，这对湘大人无疑是一道晴天霹雳的消息。但坚强的湘大人不会选择沉默，他们的内心不会停止追求。他们焦虑，也在奋力挣扎；他们轻飘脆弱，却用瘦弱的肩膀担起千钧责任。那些打不败你的，终将会使你更加强大，那就让暴风雨来得更猛烈些吧！

走过六十载的峥嵘岁月，“一定要把湘大办好”的伟人嘱托依然余音绕梁、掷地有声。但这绝不是束之高阁，而是每一位湘大人的笃行付出。他们的爱静如太古深夜，但细微的声响也一下下地敲击着湘大学子的心房，时急时徐，如大家闺秀莲步姗姗，似美人醉舞浅酌低唱。纵使一人的如水真心不足以声震红尘十丈，但当你置身于无际瀚海，当通彻的水滴相碰联手，纵有泥沙礁石卷入，也会被这浩大湮没，徒留一汪清水，一个世界，还有帕斯卡尔笔下博大的胸襟。看啊，贯穿灵魂的弦歌，哪需苛求华美之乐器，腐草化萤的育人之路早已下自成蹊。秦时明月不复见，伟人嘱托犹在耳。

湘大的学子们，去追寻吧，莫让等待荒芜了春天。且将“博学笃行，盛德日新”融入新的血脉，叫谷底的山岚化作“千里快哉风”。“五月的山峦终于动容，将我无限温柔地拥入怀中。”穿过层层迷雾之后，仿佛那个千年前忽逢桃花林的渔人，终会见到满山的粉蔷薇花瓣在空中飞旋，幻化成无数游离浮动的光点，氤氲了清香，苍茫了迷岚，湘大的明天由你们去创造。

时如雨打残荷，时如风吹池皱，一教的早读声琅琅入耳，是你啊，湘大；时如火星迸溅，时如彩蝶舞夏，二田的夜跑潮洋溢八荒，是你啊，湘大。归去来兮，路漫漫其修远兮的上下求索啊；归去来兮，世事的无常无法征服你的高贵，命运的残酷无法湮灭你的伟大，你的名字早已镌刻在祖国的苍穹大地。

（本文作者为潭大学土木工程与力学学院 2017 级土木工程专业本科生，现为东南大学土木工程学院在读硕士）

桂味湘大，甲子新生

杨向玥

北方的孩子，是很少能闻到桂花香的。

从泽园走来，明晃晃的光蔓延一路，点亮了整个校园的古老温情，细碎的风带来了意料之外的香甜之感，时光突然静止，六十年的风雨穿梭而来，融入这点点的幽香中。

1958年，毛爷爷殷切嘱托“一定要把湘潭大学办好”，于是这红色墨香便渗透进您的血液生根发芽，年轻的您青涩而甜美，向阳而生，竟像是从《蒹葭》里走出的那位如水女子，不招不摇，温柔妥帖。

1959年，还没来得及沐浴阳光的您便遭受了磨难——被停办、被搁置，然而在黑暗中的您并没有放弃，您紧紧地扎根在这里，坚定地守护脚下的土地，带着毛爷爷那一份真切的嘱托，学会整装待发、学会厚积薄发，因为您明白，坚强的自己才会更加强大。

1974年，新的开学典礼隆重召开，一切的付出终于有了结果，您抖落身上的尘土，汲取来自各地名校的营养和帮助，嫩黄的花朵散发出迷人的幽香，您的眼角轻轻颤抖，涂了胭脂、搽了口红，您站起来不再退缩。没有艰苦岁月的洗礼又怎会懂得努力向上，经历了风雨后的您更加优雅端方，成为瞩目的焦点，书写着自己的传奇。

于是您的辉煌故事便从此开始，1978 年，您成为综合性全国重点大学，1981 年，您成为全国首批硕士学位授权单位，2005 年，教育部、湖南省人民政府签署协议，重点支持您的建设。

您从容地一路向前，您入围教育部“中非高校 20 + 20 合作计划”，入选国家首批“中西部高校基础能力建设工程”，与北京大学签署交流合作备忘录。

您不忘初心坚守本真，2016 年，中国红色旅游创新发展研究基地落户这里，2018 年，组建了碧泉书院，延续着千年的文脉，如今，习近平总书记对办好湘潭大学寄予殷切期望，对您作出了重要批示，您在这一隅之地开出了最美的花。

六十年的风雨兼程、时光荏苒，一甲子一轮回的流金岁月，有人说您终会斑斓，如今，我站在这里，脚踏这片属于您的土地，一时间，心中充溢着难以言说的震惊和恍然，震惊于您的坚强成长，恍然于您身上的不朽之气。

当岁月爬上您的鬓角，风霜侵蚀您的容颜，您仍像年轻时一样雅致而细腻，如此，岂会老去？我沉溺于您那一汪如碧水般的不朽之气里，夕阳西下，您美得如一幅古仕女图。您是青春，是不朽，是光洁明艳，是高山之巅，仰不可攀。您那一朵朵鲜黄色的桂花，带着历史的滚滚红尘穿越时空，给予一代又一代湘大人赤色的灵魂，是您教会了我们什么是脚踩一方土的沉着刻苦，什么是望眼越星空的理想信念。

湘大，您是一枝搁在蓝印花碟中的带露桂花，您是静水流深的不朽，您是甲子新生的灿烂，我作为您六十岁时的新生，我将伴随着您一起成长。

湘大，让我们一起，再出发！

（本文作者为湘潭大学公共管理学院2018级行政管理专业本科生）

“信”来湘大

陈云鹤

2018 年是湘潭大学校庆 60 周年，作为湘大学子，喜迎校庆，内心欣喜不言自溢。甲子寒暑光阴过，伟人嘱托记心间。回眸湘大韶华史，“信”立其中浩然盈。

（一）毛主席来信：一定要把湘潭大学办好

时光荏苒，世纪更迭，60 年前，一位长者带着毛主席想在家乡办一所大学的愿望一路南下，在师生的簇拥下，毛禹居先生来到了湘大，为湘大师生带来了一份特殊的礼物——毛主席的亲笔信。饱经沧桑的双手小心翼翼地拆开信封，遒劲有力的“湘潭大学”字样映入眼帘。手捧墨宝，毛禹居激动地向全校师生传达了毛主席为学校亲笔题名的喜讯，并告知师生们，毛主席非常挂念家乡的大学，并嘱托一定要把湘潭大学办好！为表决心，全体师生在毛主席画像前庄严宣誓“一定要把湘潭大学办好”，并立志一定要做毛主席的好学生，做社会主义合格建设者和可靠接班人。

六十年前，从韶山冲的晨光中走来，毛禹居一路北上，就湘潭建学校一事向毛主席作了详细汇报。

兴教育、办大学、育新民、培人才，是毛主席的初心。教育兴国，是毛主席基于国情对如何建设新中国的基本战略之一；教育兴湘，是一代伟人毛主席对家乡大学的深切期望。1958 年，根据毛主席“想在家乡办一所大学”的愿望，湘潭大学得以创办。创办湘潭大学，不仅是因为毛主席对家乡人民的厚爱，也是家乡人民对毛主席想在家乡办一所大学的倡议的信守。

一封来信，凝聚着伟人对湘大办学的期望，为湘大赋予了灵魂。为了纪念毛主席为湘潭大学题字，学校决定，把毛主席来信的时间——9 月 10 日定为湘潭大学的校庆日。

（二）诚信办学：六十年风雨无阻

雄关漫道真如铁，而今迈步从头越。1959 年，湘潭大学因故停办。历经十五年的苦苦蛰伏与等待之后，湘大终于迎来了复校的时刻。

在党中央和国务院的指示下，全国上下涌起了一股“援建湘大”的热潮。志合者，不以山海为远。无论来自天南海北抑或跨越万水千山，622 名青年才俊历尽艰辛奔赴这里，筚路蓝缕，重建湘大。站在这片荒丘上，头顶蓝天，脚踩黄土；乱石漫山，衰草遍野；楼无一栋，房无一间。没有办公的地方，就搭草棚。草棚以油毛毡盖顶，四周皆为草帘。夏天油毛毡晒得发烫冒油，棚内似蒸笼；冬天北风肆虐，根本抵不住寒气，棚内如冰窖。没有住的地方，大家就住农家。不管是凌晨还是黑夜，无论是晴天还是雨天，教师们每天走田间路、绕泥泞道，从农家到学校往返十余里，晴天一身汗，雨天一身泥。但大家都无怨无悔，且苦中作乐。即使在这样的条件下伏案办公，教师们也没有一丝懈怠。他们在最艰难的日子里，谈读书、谈理想、谈人生，虽“身居陋室”，但“心怀湘大”，是“一定要把湘潭大学办好”的坚定信仰使他们忘却了种种痛楚。没有教材，大家就一起编；没有实验室，那就因陋就简，在办公室一角做实验；没有设备，有的教师自行去研制……虽然苦，但大家都毫无怨言。因为大家心中都一个愿望，那便是牢记伟人嘱托，一定要把湘潭大学办好。

善学者尽其理，善行者究其难。在老一辈湘大人地不懈努力与追求下，经过几年的艰苦奋斗，到1978 年，这片黄土坡上已是楼宇高耸、道路纵横。更加令人喜出望外的是，学校进入了首批全国重点高等学校行列，自此湘大就多了一个称呼——综合性全国重点大学。进入全国重点大学行列之中，意味着湘潭大学在党中央、国务院和全国人民的关怀下，得以高层次、高起点办学，这为学校的快速发展奠定了一个良好的基础。为此，湘大人距离“一定要把湘潭大学办好”的总目标也近了一步。

为了不负党和人民的期望，改革开放之后，学校基于校情提出了“内涵式发展”的道路。在学校发展方针的指引下，湘潭大学重点学科建设成效显著，它是全国流变力学、消费经济学的发源地，流变力学全国四强，公共管理全国八强；化学、材料科学、工程学、数学 4 个学科 ESI 排名进入全球大学和科研机构前 1%；它是全国 10 个国家级法学人才培养模式创新实验区之一，并建有全国首家信用风险管理学院。不仅如此，湘潭大学还享有“法学重镇”“计算湘军”等美誉。

这些成果，不仅是对毛主席嘱托的兑现，更是对党和人民关怀的最好回报。建校以来，党和国家领导人始终关注着湘大的建设和发展。“一定要把湘潭大学办好”，凝聚着历代党和国家领导人的深切关怀和殷切希望。在湘大建校60周年之际，习近平总书记指示，要努力把湘潭大学办得更好、更有特色。湘潭大学依托这一独特的政治优势，抓住机遇，奋发向上，开创学校建设和发展的新局面，大力推动学校的快速发展和世界一流大学与一流学科的建设。在新时代，湘大人正在将这一独特的政治优势转化为办学资源优势，为学校高起点、高质量、高层次办学提供可靠的保证；将这一独特的政治优势转化为强烈的政治责任感、紧迫感、使命感，为学校发展提供不断进取的信心和勇气，激励湘大人以高度的政治责任感和敏锐感与时俱进，不断深入探索学校建设发展的新思路，实现新跨越；将这一独特的政治优势转化为艰苦奋斗的精神和奋力拼搏、追求卓越的办学传统，为学校发展提供内生动力；将这一独特的政治优势转化为思想政治教育的重要资源，为学校跨越式发展提供强大的凝聚力，使广大学生认识学校、理解学校，培育学生与学校血脉相连、荣辱与共的情感认知，使学生自觉投入学校建设，为学校发展贡献力量。

一份诚信，一所大学。在六十年的办学历程中，湘大人劈波斩浪、披荆斩棘，六十年来风雨无阻。湘大人把毛主席的嘱托、习近平总书记的指示、人民的厚望当作约定、当作承诺，当作自己前进的最大动力，朝着将湘大办得更好、更有特色的新目标砥身砺行。

（三）文化自信：扎根中国大地办好社会主义大学

求木之长者，必固其根本；欲流之远者，必浚其源泉。民族有其魂——民族精神。站在湘大的土地上，我常常思考，湘大的“魂”会是什么呢？湘大作为一所独具政治优势的大学，其大学之精神无疑具有自身独有的特色，我认为，一是伟人嘱托、红色基因和血脉所赋予的家国情怀和担当意识；二是白手起家、艰苦创业所赋予的奋斗精神和团结一心；三是历经磨难和逆境所赋予的不忘初心和革命乐观主义精神；四是地理环境的边缘所赋予的谦虚谨慎和坦荡磊落；五是湖湘文化的传统所赋予的经世致用和忧患意识。

如今，这些宝贵的精神财富和优良传统在全体师生中薪火相传，维系着一代又一代湘大人的情感传承，凝聚着一代又一代湘大人的智慧，激励着一代又一代湘大人奋发图强，拼搏进取。也因此，湘潭大学在教学、科研、学科建设、学校管理等各方面都取得了长足进步，进一步体现了湘大人能够立足长远、与时俱进，勇于谋大事、干大事的敢为天下先的胆识和气魄。

作为毛主席亲自倡办、亲笔题写校名、亲切嘱托一定要办好的大学，作为习近平总书记指示要办得更好、更有特色的大学，十九大以来，湘潭大学坚持以习近平新时代中国特色社会主义思想为指导，扎根中国大地办大学。近年来，湘潭大学主持的国家社科基金项目常年居湖南省首位，为湖南加快实现中部崛起和“五个强省”建设目标提供了众多新方案。湘大紧扣湖南“一带一部”区位优势的指示精神，为湖南实施“一核三级四带多点”区域发展战略积极建言献策，主动参与“长株潭”区域协调发展和脱贫攻坚战，切实承担理论创新和价值创造的重任。聚焦“深水区”，勇探“无人区”，助力“超车区”，湘潭大学砥砺奋进，积极为湖南以及中国的经济社会发展汇新智、出新知、育新人。

一种自信，一所大学，湘潭大学因信而来，以信立校，也必将自信。在“一定要把湘潭大学办好”的精神文化引领下，在“努力把湘潭大学办得更好、更有特色”的重要指示下，湘大人有信心也有能力扎根于伟人故里、中国大地，在新时代引领下更好地培养高素质人才，办好世界一流、中国特色的社会主义大学，为实现中华民族伟大复兴添砖加瓦。

一封书信，一所大学；一份诚信，一所大学；一种自信，一所大学。言必信，行必果，这就是湘潭大学。60 年来，历史的峥嵘岁月见证了湘潭大学光荣的昨天，也成就了湘潭大学丰收的今天，我坚信，它必将推动湘潭大学走向更加辉煌的明天！

讲述者，湘大；聆听者，中国。

（本文作者为湘潭大学公共管理学院 2017 级政治学与行政学专业本科生，现工作单位为湘潭市委政法委政治部）

走过三拱门时我想到的

高孟琦

三拱门单壁弯折处的高度为十三米，双臂合起的总高度是十四米。一生一世是从它建立之时就对湘大许好的承诺。

——题记

湘大学子都知道，三拱门不是和湘潭大学一起建立的，但它却在岁月累积中成为母校的标志。三拱门于湘大而言，是半部历史，是荣辱与共。而从三拱门走过的瞬间，我总是百感交集，似有所悟。

新生入学时，刚好从南门开始接触湘大，只记得是湛蓝的天空，突然便见到巍峨耸立的它。

三拱门，当火车上同行的学姐说到时，言语里的自豪呼之欲出。当时的我，大抵也是自豪的，作为一种标志，踏入三拱门，便一生是湘大人，学习在伟人故里，实在是光荣。于是从三拱门走过的时候，有种莫名的激动，不自觉便挺直了腰板，放缓了脚步。

校史记载，湘大三道拱门的设计方案受到伊拉克巴格达大学校门的启发，巴格达大学校门的三拱门是圆弧拱形，湘大三拱门是纵向排列的。而当初决定做出这个设计的湘大，是一九八五年的湘大，是距离重新恢复建校已过去十一年零六个月的湘大，是已成为首批授予硕士学位的高等院校，是已被国务院国发 27 号文件批准为全国重点大学的湘大。

三拱门的单壁弯折处高度为十三米，双臂合起的总高度是十四米。一生一世，是从它建立之时就对湘大许好的承诺。而当初从三拱门走过的我，更多的却是敬畏与自豪。

灯火辉煌，和风习习。穿行在三拱门下，正好奏响国歌与校歌。隐约听到主持人熟悉的开场词：在毛主席“一定要把湘潭大学办好”的殷切嘱托下，我们迎来了母校六十周年的校庆。而今年我们也迎来了习近平总书记作出“努力把湘潭大学办得更好、更有特色”的重要批示。湘潭大学已历经六十年的风雨，而三拱门也陪她走过了三十七个春秋，当年为三拱门设计的寓意也似乎变得更宽更广。

而六十年来湘大也在砥砺前行，一个个国家重点学科、国家级特色专业的设立，重点实验室、科研平台的建立，杰出人才、优秀文章地不断涌现，都印证着众志成城、不断进取、综合发展的精神。六十年的辉煌，六十年的艰辛，当校歌奏响的一刻，瞬间融化为湘大学子内心的自豪。

梦里相逢，期望毕业之时，结束即是开始，就像我第一次仰望她时，梦想便装进了内心的最深处。

一入三拱门，一生湘大人。于是三拱门逐渐成为我的执念，我不断梦到穿着学士服的自己在三拱门前开怀大笑，以优异的成绩回报湘大的哺育，为她未来的辉煌添砖加瓦。

而为这执念加深一层的，是毕业时录制的《三拱门》歌曲。

歌词里囊括了我们对湘大标志性建筑——三拱门所有的爱：三拱门里的我们在自由地飞翔，生活在三拱门里的我们，被湘大巨大的羽翼保护而尽情徜徉在学识的海洋，自由无边。三拱门外的我们用尽全力飞，任其有多遥远。毕业离开，我们不再被保护，却学会了展翅高飞，追逐理想。来自世界各地的我们怀着不同的梦想相聚于此，作为一名湘大人，我们的起点，一定是从三拱门开始。

于是我不断梦到自己在离开湘大时一直徘徊在三拱门下，我希冀以优秀而自豪的身份站在毕业讲台，然后与湘大一起，在未来的岁月里，逐梦而行，一如初见。

（本文作者为湘潭大学公共管理学院2017级行政管理专业本科生，现为郑州大学政治与公共管理学院在读硕士）

纪甲子，握批示，励前行

——仅此激励湘大青年学子继续弘扬“牢记嘱托，艰苦创业，追求卓越”的湘大精神

王　超

湘大的同窗之谊，“花底笙歌，绿芜墙绕”；

湘大的师生之情，“梅花啧香，桃李春风”；

湘大的学院生活，“绿波旖旎，山茶流红”。

建校一甲子，嘱托砺前行！

韶光流转，盛世如约。在这风轻拂、叶飘荡的收获季节中，母校已经走过一甲子。这甲子的璀璨，聚焦多少远眺的目光；这甲子的雄视，生长无数奔放的诗行。

在纪念毛泽东同志题写校名并指示“一定要把湘潭大学办好”暨建校六十周年之际，习近平总书记对我校作出了重要批示，对学校的建设发展寄予了殷切期望。习近平总书记的重要批示，为我校扎根伟人故里办大学指明了方向，为学校的办学提供了根本遵循。

回顾历史，我们自始至终没有忘记那个曾在建国初期的艰难中诞生的大学，从那以后湘大不断调整壮大，在实践中摸索，在改革中振兴，在创新中发展。这过去的六十载，我们不会忘记，各级党政部门和社会各界在六十年风雨历程中对湘大给予的大力支持和热情帮助；我们不会忘记，在湘大这块沃土辛勤耕耘过的每一位教职员工；我们更不会忘记，在湘大育才之地留下青春印迹的每一位校友。

是他们，让我们在这条曾经充满艰难、坎坷、迷惘、困惑的道路上造就出“博学笃行，盛德日新”的湘大精神。这一批批勤勤恳恳的科学大师，这千千万万的犹如“春蚕”“红烛”的师长，他们曾经和我们一样，青春勃发、激扬文字；他们曾经和我们一样，意气风发、指点江山。时光流逝，他们两鬓斑白，青春不再，但依旧无怨无悔、无私奉献。因为他们坚信自己选择了“太阳底下最光辉的职业”。今天，请允许我代表所有的学子，向尊敬的师长们表示深深的敬意！让我真诚地道一声：老师，你们辛苦了！

60年里，我们取得了诸多佳绩。复校初期，国务院再次发文号召全国高校支援湘潭大学的建设，北京大学、清华大学等近百所高校支援教师600余名、图书资料28万多册，开创了中国高等教育发展史上“百校建一校”的先河。从文理工综合性大学到综合性全国重点大学，湘大只用了4年，就创造了中国高等教育史上的高起点办学奇迹。60年来，从三道拱门下，走出了院士、长江学者、模范人物、文化名流和商界精英等；60年来，一批又一批湘大学子，从这里奔赴五湖四海、世界各地，成为各行各业的中坚栋梁。

进入21世纪以来，学校重整行装再出发，连续成为省部共建、省局共建高校，综合办学实力稳居全国高校百强行列，国际榜单的排名稳步提升，国家重点学科、一级学科博士点相继实现突破。我们的相关学科，深度服务“创新引领、开放崛起”战略，投身富饶美丽幸福新湖南建设，赢得了“计算湘军”“法学重镇”“红色旅游智库”等美誉；我们的军工科研，深入落实国家军民融合发展战略，聚焦国防科技创新，研究特色不断彰显；我们的流变力学、消费经济学源自首创，并从这里走向全国。

特别是，党的十九大以来，我们坚持以新思想引领新发展，综合办学实力位列泰晤士高等教育，2018年亚太地区大学排行榜，内地高校第51位；4个学科的ESI排名进入全球大学和科研机构前1%，一级学科博士点达到15个；近四年来国家社科基金年度和青年项目立项总数居全国高校24位、湖南省首位；毕业生质量排名对比生源质量排名高出40多位；600亩新校区建设如火如荼，等等。这些新成绩，都为学校中长期发展奠定了更加坚实的基础。

一流是不懈的追求。我们将坚持树立国际视野，继续推行学科群特区支持、A类学科提升等专项计划，集中精力推进3大学科群建设，实施“学科高原与高峰行动”，力争有主干学科进入下一轮“世界一流学科”，率先实现湖南省属高校A类学科的突破，当好省属高校学科建设的“领头雁”。

六十年的跌宕起伏，六十年的文化沉淀，在这里让我们得以重温。多少名流学者，多少中坚力量，多少奖杯，多少奖状，多少荣誉，清晰地展现在我们眼前。再回首，往日熟悉的校园似乎多了一些厚重感，那广阔深远的白云蓝天，绿得深重沉着的杉树，深秋不凋的秋叶。果实累累、芬芳四溢，收获的喜悦荡漾在湘大每位师生的脸上；歌声袅袅，舞姿翩跹，回眸的自豪洋溢在湘大每位学生的眉间。物换星移，记录着湘大风雨如诗的昨天，意气风发，显示着湘大生机勃发的今天，斗志昂扬，更昭示着湘大灿烂辉煌的明天。

让我们以六十年周年为契机，让我们以习近平总书记的重要批示为指导，切实做到在传承中发展，在发展中创新，在创新中进步，坚定不移地走创新发展之路，让每一位湘大师生得到全面和谐的发展。进一步增强“高能强技扬吾师威，成才利国荣我母校”的情怀，谱写出湘潭大学的壮丽乐章！

（本文作者为湘潭大学土木工程与力学学院学生）

昨日辉煌不止，今朝学子长歌

吴　薇

时光荏苒，岁月变迁，六十年弹指之间。我们的母校，历经半个多世纪的风雨巨变，走过六十载的岁月变迁，再度回望，山河壮丽，昂首向前，征程始航。您是一位历尽沧桑的母亲，您是一位安静沉稳的父亲，您用知识浇灌我们，您用光明照亮我们，亦用温暖鼓励着我们，用道路指引着我们，是您让我们增长知识，不改初心，坚定方向，砥砺前行。

君知天地中宽窄，石火光中寄此身，六十年，于人间已是极久，于一句教诲，一卷冰雪，一座校园，一段历史，又是何其短暂。六十年，白驹过隙，您经历了时代进步、世事变迁，那些流转的岁月，为您刻上了斑斓的年轮，也写下了壮丽的诗篇。您的成就历历在目，您的荣耀熠熠生辉，六十年的时间，您见证了我国教育事业的蓬勃发展，您亲历了我国教育领域的次次变革，您为我国的教育力量崛起贡献了不可替代的力量，您为我国的教育人才培育奠定了不容忽视的根基。如今，湘潭大学的发展日新月异，湘潭大学的未来满目辉煌。

韶华流光，盛世如约。湘潭，汉初设县，历史悠久，也是毛泽东主席的故乡。六十年前，在毛泽东主席的亲自提议下，湘潭大学得以创办；同年主席亲笔为学校题写校名，并亲切嘱托“一定要把湘潭大学办好”。六十年间，波澜壮阔的时代大潮一次次冲刷，历史一笔笔描绘出新的画卷，江山沉浮，一个甲子的起伏跌宕，打磨着湘潭大学的光华，沉淀着湘潭大学的根基。

二十一世纪，母校的发展迎来了新的高峰，十八大以来，党中央对教育事业做出了一系列重要部署，习近平总书记曾说：“教育决定着人类的今天，也决定着人类的未来。”湘潭大学充分贯彻党中央的相关指示，致力于培养新时期符合中国特色社会主义建设需要的合格接班人，促进校园思想政治宣传与专业技术人才培养并重，推动政治生活与学术能力同行，孕育了一届届符合社会需要和时代需求的新时代青年学子，在全社会的各行各业中贡献属于自己的一份力量。新一代青年学子终将成为社会发展的中流砥柱，其思想政治教育和专业技能培养都将进一步推动我国的社会发展、经济腾飞和民生建设。我们需要有效引导、着力推动，让大学校园成为知识的殿堂、理想的丰碑，不断地开拓进取，不断地力争上游，取得更多更好的成就与辉煌。在此精神的感召之下，近年来湘大承担的国家科技重大课题日渐增多，在国内外刊物和学术会议上发表总量不断上涨，科研成果转换率步步高升，在产学研相结合方面硕果累累，在科学文化技术领域屡创佳绩，在一个个崭新的学术领域开拓新的空间，在湘大的科研力量和行业发展中留下了浓墨重彩的一笔。与此同时，湘大在立足国内科研水平和高校界基本领域之外，亦通盘考量，全局谋略，推动国际性的学术交流与人才交流，进一步增强对外合作，将湘大的优良传统和优质教育辐射至更为广泛的空间，为湘大的长远发展奠定良好基础，开放、包容、吸纳新鲜血液和技术人才，为湘大的文化精神注解全新的博大胸怀。

路漫漫其修远兮。回首往昔，初入大学时，那个夏天骄阳似火，还是懵懂少年的我，对象牙塔充满期待。一日日的阅读、一天天的课堂，我开始了解湘大，了解我的专业，了解我的未来，了解我所应当思考和了解的这个世界。渐渐地，在湘大的谆谆教导下，我开始融入大学生活，学习大学知识。在湘大书香浓郁的氛围中，我充实着自己的知识并走入理想殿堂，在湘大丰富多彩的活动中，我接触了更为广泛的社会面貌。湘大学子的身份无时无刻不影响着我、推动着我，使得我能够不断致力于成为更好的自己。

吾将上下而求索。展望未来，面向社会，我仍将为自己的未来，为母校的未来，为我们所选择的光辉与道路奋斗。母校的璀璨年华为我的人生指引方向，我将以努力，为母校增砖添瓦。我们将牢记母校的嘱托，承担历史的重担，作为六十年后这个新时代的“原住民”，被先贤遗泽滋育的少年人，我们更应当自力更生，艰苦创业，务实创新，追求卓越，正如我们的校训一样：“博学笃行，盛德日新！”

（本文作者为湘潭大学碧泉书院·哲学与历史文化学院2017级哲学专业本科生，现为西安交通大学马克思主义学院在读硕士）

来日可期

李　路

我想，我遇见了一个灵动的生命，恰巧正值芳华。

梁衡先生说：每一颗古树，就是一部绿色史书，是活着的历史地标，它长久地伫立在那儿，看人来人往，望日升日落。

湘大也静静伫立在宏伟的时光洪流中，记录着她的历史和学子的青春韶华。我在她甲子岁生日这年遇见了她，我在甲子年庆典上听湘大已入杖朝之年的来访校友说湘大的故事，我透过因为久远的历史而湿热的眼瞧见了在日辉中宁静而肃穆矗立着的湘大。

刚遇见你时，我撞见了满怀的炽阳，心里很焦躁，未来的日子还是一盘散沙铺洒在路上，我胡乱踩着，找不着方向。这时，你便像个魔法师一样，将散落一地的沙子，慢慢聚成了鹅卵石，铺出了一条通往光明未来的路。

我享受在湘大的学习时光。课业虽繁忙，但课外活动非常丰富。有一些目标总是好的，有一些忙碌也总是需要的。所有伟人都是实干家，冥想打坐不适合大部分人，“绝知此事须躬行”，在行动中发现真理，在繁忙的湘大里找到自己想要的方向。

我在湘大里寻找灵魂。一步步地，我接触到了一份感动而又炙热的情感。听前辈唱红歌，看国庆日的升旗仪式，感悟毛主席对湘大的嘱托。“数英雄人物，还看今朝。”湘大，秉承着共产党人的一腔热血，伴着昂扬的进行曲，坚持着对红色文化的崇敬，培养了一批批富有国家情怀的学子。

亲爱的湘大，走过 60 年的春秋，从平地到高楼，从底端到爬上艰险的天梯。你清楚地知道，你已经走了一段距离了，未来还有很远，时光不驻，你不能停。

继续往上走，该怎么往上走？湘大，我现在像个热切的、想为亲人出一份力的孩子。请允许我以粗浅的、不丰富的人生经历小声地与您分享。这是我希望未来的湘大呈现给大家的模样。

“新故相推，日生不滞。”这是习近平总书记在新年致辞中对国家前进方向的要求。国家的建设如此，一个大学的建设更要如此。镜头被装载在前驶的车内，会遇见不同的风景。乱花迷人眼，风景中有各式各类的花草树木，如何在各异的风景中以过往为根基找到正确的角度，拍出自己想要的风景照，这应该是各类群体一直都想要解决的问题。被许多人挂在口边的乔布斯之所以能让苹果产品在狂热的社会中始终保持新鲜，是因为他总是能在生活中找到新突破口。恰逢青春的湘大，我希望您一直怀着年轻的心接纳新事物，并不忘过往。

念念不忘，必有回响。这句话我是从屠呦呦身上学来的。雨果说：“奋斗需要坚持。”坚持从来不是无用空话，屠呦呦失败了许多回，最终才实现了自己的医学理想，经历了突转而来的挫败，直至最后，她始终把守着自己的意志与想法。一个学校更需要坚定信心，坚持初心，坚守灵魂，坚定地往前走。

湘大，任重道远，为不负毛泽东与各代领导人的贴切关怀，也为了自身的教育发展。而我也始终相信着，湘大，一直都记得这些，而且是一代一代的记住。因为湘大的校训勉励着一批批的湘大人：博学笃行，盛德日新。

湘大记住了，我也记住了。一直记着习近平总书记说：“中国梦是历史的、现实的，也是未来的。是我们这一代的，更是青年一代的。”我也在古人的语句里探索到实现这一个梦想的方向——自天子以至于庶人，壹是皆是以修身为本。博学、笃行、盛德、日新，囊括了成长、学习的许多品质。我也希望作为青年的我们，能以坚拔、博雅的气质，面向未来，回应社会。我在湘大甲子年遇见您，也在无意间却又像精心设计的安排一样，获得了一份丰厚的成人礼。

亲爱的湘大，青春的湘大，经历了许多的湘大。我会变老，但湘大您不会变老。在登天梯的路上，您将要披荆斩棘，克服畏高的恐惧，需要有强健的身格。未来路太长，未来路也很精彩，未来路也有很多挑战。湘大，您往前走，我也往前走。

您承载了岁月的历史，也将拥抱下一刻的风景。青春的湘大，我的青春，恰巧遇见您，我的青春成长是在您的荫护之下。

听说，这世上有一千种等待，最好的那一种，叫来日可期。希望您的未来中，有我。

（本文作者为湘潭大学信用风险管理学院2018级信用风险管理与法律防控专业本科生）

往日可温，来日可期

卿子雲

汉娜·阿伦特曾说："除非经由记忆之路，人不能抵达纵深。"记忆所系之处，都背负着初心，藏着通往未来的钥匙。在我眼里，湘大就像一座巨大的记忆城池，收藏着60年的辉煌荣光，也承载着一代人的筚路蓝缕。

我们之中一定有乐于回头的人，与湘大相关的一切都容易引起心头共鸣。我想，你应该记得，60年前一代伟人毛泽东挥毫落纸，亲笔写下"湘潭大学"的校名，那句"一定要把湘潭大学办好"在多少人的心里生根发芽，日后逐渐长成参天大树；我想，你应该记得，曾经声势浩大的"百校建一校"，凝聚着六百多名老师教学科研的心血，他们天南地北而来，披荆斩棘而去，留下了"北有北大，南有湘大"的盛名；我想，你应该记得，那些从三道拱门里走出的知名校友心怀天下，敢为人先的故事，如吴人弄潮，溯逆而上，出没于鲸波万仞中。

校庆那天，我看见垂垂老矣、两鬓斑白的校友互相搀扶着诉说衷肠，他们苍老的眼里却仍然有年少时候的赤诚和热爱。我身处的这方天地，它是一个通向自由星空的起点，无数的人在这里睁眼看世界，然后站在母校的肩膀上不断挑战和超越。相比一甲子的丰功伟绩，更触动我的是老一辈的情怀和坚守。

94 岁的沧南教授说：“我在人大 9 年，武大 19 年，在湘大时间最长——41 年，大半辈子都在这里，我对湘大最有感情。我的一切都是湘大给予的，也想用一切回报她。”风雨数载，当年老教授亲手种下的樟树早已枝繁叶茂，见证着湘大从荒芜走向繁华。梅贻琦曾说：“所谓大学者，非谓有大楼之谓也，有大师之谓也。”陶行知也曾说：“捧着一颗心来，不带半根草去。”我深深地感激着这些幕后英雄，当我们自由飞向星空时，他们深耕在这片红色热土上，奉献了自己最好的年华。

同样，我们之中也一定有期盼前行的人，在湘大开始的一切梦想都无比笃定。在这里所有思想的火花都被认真对待，所有抱负和野心都不是空想主义。我想，你不必艳羡，曾经和你一同听课的学生已经拿下了设计界的奥斯卡奖项；我想，你不必惊叹，荣誉栏上那些不断更新、不胜枚举的社科成果；我想，每一个你都应该坚信，终有一天那些学弟学妹眼里闪闪发光的榜样会是自己。

因为，校训的“博学笃行”给了所有学生能独挡千军万马的底气，而“盛德日新”又时刻提醒着每一个昂首的学生去创造下一次巅峰。一甲子的辉煌是过去的勋章，而未来不静候于过往，只在于现在的分分秒秒。

望坦坦征途，秋去冬来，青年应志存高远，去绽放一个鲜活绚烂而充满无限可能的未来。在漫长的时代更迭里，我们是中国梦的接力者，更是自己人生的掌舵者。唯愿湘大青年都摆脱冷气向上走，取前人之光热，照亮来日之征途。踏破娱乐至死的苍烟，抛下利己主义的精致，不必卑微，不必自大，平视这个世界的幸福与苦难。

既是最好时，既是最好地，何不闻鸡起舞，一往而前呢？我们湘大人，站在通向浩瀚星空的起点，不能只仰望星空，更要去做那摘星星的人。

（本文作者为湘潭大学商学院2016级会计学专业本科生，现为湘潭大学商学院在读硕士）

愿你慢慢长大

吉　莉

斜阳铺成一纸诗笺。

阳光细细碎碎，从银环花径中洒落。“花径不曾缘客扫，蓬门今始为君开”，目光触及此处，细细品味，竟是感受到了湘大对各地学子的热切欢迎。

男男女女，老老少少，身边走过各色的人，鼻尖有暗香浮动。渐渐的，我的思绪被拉扯。

一个甲子，于人而言，可以从蹒跚学步到头发斑白。虽是历经沧桑，却在眼中盛满智慧的光芒。

那么，一个甲子，于一座学校而言，又留下了怎样的故事呢?

走过湘大的每一座教学楼，带给人一种撞破前世走入今生乃至来世的感觉。古老的，斑驳着时光的痕迹，雕刻了六十年间的日日夜夜；簇新的，见证了时代的变幻，衔接着六十年后的峥嵘岁月。

拉开百度百科的词条，看着湘大的种种发展，总觉得心中缺少了些什么。想来，以简单的数据一笔带过湘大的发展，应是远远不够的。终究是文字无情，笔下有情，听者有心。

流年洗尽了铅华，耳边依稀还有当初开学典礼时周益春老师的讲话：“毛泽东主席亲自倡办、亲笔题写校名、亲切嘱托……湖南省的独一无二乃至全国的独一无二……”周益春老师将湘大的种种成就一一道来，声音在二田的上空久久不散。

原来，我们是奇迹的见证人，湘大一直有创造奇迹的人。

湘潭大学创办于1958年。在旧相片中，我看到了曾经的湘大，那时的湘大带给人一种对婉转年华的惊羡之感。属于旧时代的最简单的一切，就这样撞入我的眼帘。没有机械化的工具，亦没有林立的大楼。在一片荒地中，有的只有一群勤劳朴素的人，带着满腔的热情，用手中的一砖一瓦，将这里堆砌成伟人故里中一片属于学者的净土。

湘大，诞生在毛主席的殷殷嘱托中，诞生在湘大人的深深情意中。纵是光阴流转，我们仍愿记忆这群创造奇迹的人。感受着眼前的一切，才发现一草一木皆是情。如今，在六十周年校庆之际，湘大更是有了习近平总书记的殷切期待。

从三拱门中走出一批批优秀学者，又从三拱门中走进一批批懵懂学子。自入三拱门，便是一生一世的湘大人，有着刻入骨血的情意，此生不换的记忆。

湘潭大学，原是个有情怀的地方。

以情酿酒，情思缱绻，可醉三生。

华灯初上，湘大并未沉寂在夜色之中。匆忙的学子，不灭的灯光，让浓厚的学术氛围在这片土地上深深扎根。

渐渐的，我明白，来这里学习收获的不仅仅是知识，还有一份感情，一份传承。六十年来，一届届的师生共同奋斗，努力拼搏。红尘喧嚣，他们却一直坚守岗位，用最深沉的爱回报脚下的土地，不改初心。而我们，亦该受到湘大的呼唤，立德树人，将无数的情意代代相传。

作家刘瑜曾给自己满一百天的女儿写过一封信——《愿你慢慢长大》，信中饱含了一个慈母对自己孩子未来的美好祝愿。而我更在意的却是“慢慢”二字。一笔画不出彩虹的绚丽，唯有一步一步走过各色的酸甜苦辣，生命才能得其圆满。这当中最需要的便是时间。

时光对物总是会多些眷顾，六十年，只是湘大生命中的一小部分。而在她六十年间体会的种种，便会成为日后破茧化蝶的最大助力。

愿您慢慢长大，湘大。守着那份情怀，守着这片土地，守着在这里生活的老人，教师，孩子，学生……

而我亦愿在湘大的百年，与您共享这份岁月沉香。

（本文作者为湘潭大学外国语学院2017级日语专业本科生）

忆而年华，扬帆起航再出发

许　栩

余光中先生写的《乡愁》，曾引起无数中华儿女强烈的共鸣。每一位湘大人亦有自己的“湘”愁，一张张泛黄的照片，犹如旧船票，唤起湘大莘莘学子魂牵梦绕的“湘”愁。恰逢甲子，百凤来仪，愿驾一叶之扁舟，游于湘江之上，回眸青春芳华，共叙湘大光辉岁月。

历史是最好的见证者，历史的丰碑镌刻着来时的足迹。鲁迅先生曾说：“世上本没有路，只是人走多了就有了路。”湘大所取得的辉煌是无数湘大学子一步一个脚印走出来的结果。六十年来，湘大走过了建校之初坎坷崎岖建设路，也走过了发展之时奋发有为的前进路，而今，伴随着国家建设“双一流”的伟大号召，走进了勇争一流的幸福路，这是一条挑战与机遇并存的康庄大道，不是轻轻松松、敲锣打鼓就能一蹴而就的幸福路，需要每一位湘大人扬帆起航再出发，再创辉煌。

起点·艰苦奋斗。六十年前，毛泽东主席指示“一定要把湘潭大学办好”的嘱托激励着一代又一代的湘大人。杨嘉桥（原湘江煤矿旧址）平地一声雷，孕育着湘大最初的沃土。在经费短缺，人才匮乏，环境恶劣的条件下，一切都要自力更生，艰苦奋斗。湘大人把煤矿山建设成教学楼，土山丘改造成园林园，烂泥潭修建成林间小溪。湘大人劳动建校的热情高涨，求知向学的渴望待发，晴天一身汗，雨天一身泥，就是牢记伟人嘱托，把湘潭大学办好。六栋教学楼和一处食堂构成了最初的湘潭大学。与不远处的高校相比，湘大穷得令人心疼，美得令人心痛，但就是在这么艰苦的条件下前往湘大求知向学的学子络绎不绝，支援湘大的名师纷至沓来，他们把一生最美好的年华奉献给了湘大，用汗水和青春绘就湘大不一样的风景，如银色梨花般点缀湘大的星空，指引莘莘学子前行。

“九层之台，起于垒土；千里之行，始于足下。”起点的坎坷崎岖见证着湘大人的艰苦奋斗，激励一代又一代湘大人将伟人的殷殷嘱托化为持久奋斗的动力，勇攀高峰。

前进·奋发有为。恢复建校后，面对前所未有的发展机遇，抓住了就是良机，错失了就是危机。每一位湘大人勤于思考，勇于实践，足迹遍布全中国。湘大人杰地灵、群英荟萃，汇聚了包括两院院士、“万人计划”领军人才、“万人计划”教学名师、“长江学者”特聘教授、国家杰出青年科学基金获得者、国家“千人计划”人选、“万人计划”青年拔尖人才等一大批高水平师资和科研队伍。一个个闪耀的头衔、一张张沉甸甸的荣誉见证湘大莘莘学子的成长，见证着湘大在砥砺奋进中的不平凡之路。但无论走多远，无论走多久，湘大人都没有忘记来时的路，在经风雨、求大道的征程中引吭高歌。如果一首《乡愁》唤起两岸儿女同心共筑、渴望统一的殷殷期盼，那湘大校歌则唱出“我爱湘大，我生于斯长于斯，将来也要埋于斯”的“湘”愁情怀。

六十年的奋发有为，湘大创造诸多佳绩，也必将再创辉煌。“博学”让我们增长见识，修养身心；“笃行”让我们增长本领，拓宽眼界。我们秉承“博学笃行，盛德日新”的校训，心跳不停止，奋斗不止步，我们的幸福生活就能前行一大步。

再出发·勇争一流。“雄关漫道真如铁，而今迈步从头越。”正如习近平总书记指出：“一代人有一代人的长征，一代人有一代人的使命。虽然我们已走过万水千山，但仍需要不断跋山涉水。”在“双一流”建设大浪潮下，湘大更加把握时代的脉搏，紧跟时代步伐。校园建设上，一栋栋科研教学楼拔地而起，一条条宽敞的道路铺设而来，恢宏的北京路、广东路、铜像广场为湘大美好的未来添砖加瓦；学科发展上，毛泽东学院、碧泉书院、信用风险管理学院等具有湘大特色的专业相继成立，稳步推进，正汇聚起新一轮学科发展的磅礴力量，勇于发声，积极唱响“湘大声音”、贡献“湘大智慧”。在赢得了“计算湘军”“法学重镇”“红色旅游智库”等美誉下，我们更要铆足干劲再出发，不应缅怀于过去的辉煌，迷茫于现实的脚步，任何的观望不前、畏畏缩缩都有可能错失勇争一流的机遇。

忆而年华，恰逢甲子，百凤来仪，共舞“湘”愁带，幸福万年长。

扬帆起航，继续前进，我们的母校明天一定会更好！

（本文作者为湘潭大学公共管理学院2016级政治学与行政学专业本科生，现为天津师范大学政治与行政学院在读硕士）

第三篇
向祖国告白
展赤子情怀

2019年是中华人民共和国成立70周年。七十载栉风沐雨，七十载春华秋实。从开启新纪元到跨入新时代，青年人始终与党和国家同频共振、同向而行。“时代的责任赋予青年，时代的光荣属于青年”，青年学子应当紧跟步伐，牢记初心和使命，践行担当和责任，用青年声音讲述中国故事，以青春之名告白伟大祖国。

守初心，担使命，为祖国七十华诞喝彩

潘　永

2019 年是特殊的一年，也是振奋人心的一年，更是值得纪念的一年，因为它见证着祖国母亲已走过了 70 年的辉煌历程。今年，我也如愿成为湘潭大学的一名研究生。开学第一件事，我漫步到南门广场，来到庄严宏伟的毛主席铜像下，伫立凝望，内心久久不能平静，那种感觉无法用语言来描述。我想起了毛主席在我国进入社会主义之初说过的一句话："中国会变成一个大强国而又使人可亲。"短短 16 字，却奏响了未来响彻中国大地的昂扬旋律。山河为证，岁月为名，站在湘大的土地上，我可以自信而豪迈地说：这盛世，如您所愿！

历史的车轮滚滚向前，沧桑岁月引人深思回味。就在 100 多年前，区区四千英军便轰开清兵把守的衰朽国门，40 年间大国都城两次沦陷，帝国主义列强如狼似虎掀起瓜分中国的狂潮，五千年文明累积起来的民族尊严赔得是一干二净，那个时候，我们没有国家；1903 年，中国驻美外交官谭锦镛，在旧金山遭毒打，美国人扬言"凡是中国人都得挨打"，他因不堪忍受美国警察的殴辱，自杀身亡，那个时候，我们没有国家；1931 年日本发动了震惊中外的“9·18”事件，掀开了大肆侵华的序幕，疯狂杀害中国人民，大肆掠夺中国的资源和财产，严重侵犯破坏中国的主权，制造了一系列令人发指的暴行，那个时候，我们没有国家。1949 年，10 月 1 日开国大典，礼炮声震耳欲聋，天安门上，毛主席正式宣告中华人民共和国成立，在我们这片饱经战乱、分裂与贫穷的土地上，建立起了一个新政权，终于，我们有了自己的国家。

穿越 70 年时空，历经 70 年奋斗，革命、建设、改革，祖国同无数中华儿女用自己辛勤的双手铺筑复兴之路，中华民族正在以一个崭新的面貌呈现在世人面前。碧波之上，港珠澳大桥飞架三地，气贯长虹，一座大桥的跨度，折射 70 年的发展跨度。透视深圳，从改革开放的前沿阵地到创新高地，从试验田到新时代中国特色社会主义先行示范区，她用动力、活力和创造力实现了从追赶时代到引领时代的一次次跨越，彰显了 70 年时代跨度。中国速度惊艳世界，5G 时代的开启，标志着新一代的蜂窝移动通信技术渐渐崭露头角；高铁成网运行已是中国最好的名片；北京大兴国际机场航站楼这一伟大工程不到五年竣工，当下已正式通航；逐梦航天的背后，长征系列运载火箭从无到有，“百发”从第一次用了整整 37 年，到第二次不到 8 年，第三次用时仅 4 年，新时代“中国速度”展示中国力量。今天的中国，已成为世界第二大经济体，建成了包括养老、医疗、低保、住房在内的世界最大社会保障体系，信息畅通，公路成网，铁路密布，高坝矗立，西气东输，南水北调，高铁飞驰，巨轮远航，飞机翱翔，天堑变通途已不是梦想……而这一切远未结束。

70年的时间佳酿最够令世人为之沉醉，但是在快速发展的过程中，中国气度足够令世人折服。新中国成立之初，和平共处五项原则的提出，突破了意识形态的束缚，适用范围不断拓展，逐渐发展成为国际交往的准则，并在新时代的发展中被赋予新的内涵，迸发强大的生命力。新时代的中国，习近平总书记在多个场合向世界发出声音："中华民族热爱和平，中国人民深知和平之可贵，中国坚定不移走和平发展道路，永远是世界和平的建设者、全球发展的贡献者、国际秩序的维护者。"中国从没停止过融入国际的脚步，与世界命运紧密相连。首届中国国际进口博览会的举办，宣示扩大对外开放并推动建设开放型世界经济的决心与信心，在世界贸易发展史上树立了新的里程碑；"一带一路"倡议，奔着建设好沿线各国发展的"站台"而来，更奔着探索出全球治理与全球发展的"下一站"而去，正如习近平总书记所说："'一带一路'建设承载着我们对共同发展的追求，将帮助各国打破发展瓶颈，缩小发展差距，共享发展成果，打造甘苦与共、命运相连的发展共同体。"还有举办中国北京世界园艺博览会、亚洲文明对话大会；成为联合国安理会常任理事国中派出维和人员最多的国家……而这一切，远未结束。风从东方来，万千气象新，70年波澜壮阔，70年辉煌成就，面向未来生活，中国向世界发出共创未来的诚挚邀请，我们时刻以构筑人类命运共同体为主要目标，秉承着海纳百川的包容态度在向世人问好。

百年追梦使命，青年人始终肩负；而今筑梦前行，青年人是主力军；未来圆梦路，青年人信心百倍。习近平总书记纪念"五四运动"100周年大会上强调："无论过去、现在还是未来，中国青年始终是实现中华民族伟大复兴的先锋力量。"作为新时代青年，有理想、有本领、有担当，专注于自己的事业，积极投身于新时代中国特色社会主义伟大的中国梦，在自己平凡的位置上追求并不平凡的梦想。我们正处于改革浪潮翻涌的时代，正处于高速发展的新时代，我们更应该要传承“五四精神”，站稳人民立场，同人民一起奋斗，不忘初心，砥砺前行，成为中华民族伟大复兴的亲历者、见证者、建设者。

光辉岁月弹指一挥间，五千年的底蕴和积淀，70 年的磨砺与成长，都使我的祖国越来越好。经历了风风雨雨的中华民族，始终没有弯下脊梁，依然在历史的长河中熠熠生辉，一路走来，不断进步。我已从曾经的那个孩童成长为中国青年，很荣幸能够沐浴着改革开放的春风、伴随着祖国强盛的步伐成长起来，但是岁月的流逝却让我更加贴近生命，除去当初的热血和担当，我的身上更多了一份责任和坚持，接下来的日子中，我将怀着这种炽热的追求一直勇往直前。

离开毛主席铜像朝宿舍走去，步伐仿佛更加铿锵有力，70 年关山飞度，70 年惊鸿一瞥，党的十九大宣示言犹在耳：“今天，我们比历史上任何时期都更接近、更有信心和能力实现中华民族伟大复兴的目标。”一切早已开始，一切远未结束，而我将以实际行动向祖国 70 周年献礼！

（本文作者为湘潭大学公共管理学院 2019 级图书情报专业研究生）

为祖国七十华诞而歌

李沛真

一条古龙盘踞华夏大地，穿过丛林石洞，踏过黄河泥沙。

当岁月的古钟第一次奏响，我们闭关锁国，走向闭塞。

70 年前的 10 月，当时代旋律再次演绎，巨龙苏醒，中华腾飞。

70 年后的 10 月，北京的阳光，镀亮了九州山河，960 万平方公里的庞大身躯，在金秋十月里更坚定、更昂扬、更宽阔！

人间沧桑数十载，古老中国的变化日新月异。岁月悄无声息地流淌，中华人民共和国终于迎来了她的 70 周年华诞。70 年前，当第一面五星红旗冉冉升起的时候，郁结在华夏儿女心中的呼声，化作了毛主席铿锵有力的庄严宣告：中华人民共和国成立了！这声音划破了万里长空，飞遍了长城内外、大江南北。

啊，祖国！你从此有了新的生命。你以黄河奔泻千里的流逝，冲碎了几千年封建锁链的羁绊，肥沃的中华大地从此也不再收割奴役与病夫了！从此，那五颗闪闪的金星，盛开在 10 月的祖国，犹如天幕上饱满的北斗，晶亮而感人！

70年来，虽然百万雄师的长江之歌已经久远，但声威犹在；纵然风嘶马吼的黄河之颂已经飘散，但言犹在耳。70年辉煌对中国近代历史而言是一个感叹号，对民族复兴伟业而言则是一个逗号。

70年的沧桑岁月，风雨兼程。诞生之初的中华人民共和国，基础弱、底子薄，是一个贫穷落后的农业大国，百业凋敝，百废待兴。70年走过的道路，崎岖不平。自然灾害，经济困难，外部压力……祖国像伤痕累累的超载列车，从低谷中起步，历经风霜磨砺，蹒跚而来。然而，中华儿女在祖国前进的道路上以“逢山开路、遇水架桥”的智慧和勇气，以“杀出一条血路来”的决心和气魄，开拓前行。大庆油田、南京长江大桥、红旗渠、长春第一汽车制造厂、攀枝花钢铁基地……这一个个响亮的名字，都标注着祖国前进的脚步，映照着中国人民改天换地、攻坚克难、旧貌换新颜的冲天豪情。

70年奋斗不息，中国人用自己的聪明智慧和辛勤汗水证明了中国人的伟大！“位卑未敢忘忧国”的钱学森听到新中国成立的消息，历经6年抗争终于回到了祖国以报效中华。他展现了中国科学家的硬劲，展现了中国科学家的牛劲，他给中国航天事业打足了底劲。如今，这位中国航天之父所开拓的事业正阔步向前，需要我们十足的冲劲！泪光中，我看到他的严谨与奋进，我悟出他的淡泊与无私，这位先行者一路披荆斩棘，把智慧锻造成阶梯，留给后来的攀登者。

“埋进深山志高远”的南仁东，虚怀若谷、默默奉献，耗时23年建造中国人自己的“天眼”——世界最大的单口径射电望远镜。“呕心沥血田间情”的袁隆平，淡泊名利，终于研制出了杂交水稻，增加了我国粮食的产量，为解决世界粮食短缺问题做出了卓越贡献。于敏、孙家栋、袁隆平、黄旭华……他们展示了中国科学家们忧国忧民、造福人类的宏大抱负；自强不息、勇攀高峰的创新精神；不畏艰辛、迎难而上的奋斗意志；淡泊名利、奉献社会的思想境界。正是有像他们这样的一代又一代科研工作者，我们才创造了“两弹一星”、“神舟”飞天、“蛟龙”入海、“辽宁号”起航的辉煌，正是这种中国精神，才激励着我们开拓创新、自强不息，走向辉煌，实现中华民族伟大复兴的“中国梦”。

70 年的灿烂辉煌实现了一个又一个的梦想，再次证明了中国的伟大。原子热核武器研制的成功，人工合成蛋白质的问世，卫星的发射与回收，青藏铁路、南水北调、三峡工程、港珠澳大桥震撼世界，天宫、天眼、蛟龙、嫦娥大国重器不断涌现，都将证明中国已经跻身于世界科学的前列。香港、澳门回归祖国，表明了中国的神圣领土不可侵犯；从巴塞罗那到里约热内卢，奥运会上一次次升起的五星红旗，代表着中国逐渐成为体育强国，使中国人民的自豪感更加强烈；上海世界博会、“一带一路”高峰论坛、首届中国国际进口博览会等活动的成功举办，使中国的国际地位和国际声誉空前倍增；上海的“魔方 -2”超级计算机，广东的民用无人机，“复兴号”高铁，移动支付，几千万元的商品进入中国……如今的神州大地，每时每刻，每一分钟都在发生着举世瞩目的新变化。辉煌的 10 月中国，化作 70 载春秋，化作伟大中国梦而载入新的日历。

70 年的辉煌展示了中国共产党的雄才伟略和英明伟大，展示了中国人民的勤劳、勇敢和智慧。中国的未来是美好的，必将实现中华民族的伟大复兴和中国梦！

70年的历史画卷描绘的是一路上的困难艰辛，70年的万千诗篇歌颂的是一幕幕壮美画面，70年的巨大成就振奋的是一颗颗中华儿女的赤子之心。而今，我们站在龙的脊梁上，承载着历史与责任。一路高歌勇进，奏响时代最强音。而今，风劲帆高，中华号巨轮正承载着伟大的中国梦，乘着浩荡的新时代东风，长风破浪向着下一个光辉灿烂的70年扬帆起航！

（本文作者为湘潭大学数学与计算科学学院2019级本科生）

我爱你，亲爱的祖国

李 伟

是谁，最早在古老的地球上走出森林，开始耕耘？是谁，最早用指南针探索未知的领域，用印刷术记录历史的足迹？又是谁，带着唐诗宋词的风韵向我们款款走来？回望历史，我爱你，我最亲爱的祖国！

在历史的滚滚长河中，华夏文明如一座高高亮起的灯塔，指引了人类的前进方向。“天不生仲尼，万古长如夜”，你看，两千五百多年前的渤海之滨，至圣先贤孔子传道授业，以尊万世师表，与地中海东部的古希腊文明交相辉映；“忆昔开元全盛日，小邑犹藏万家室”，你看，万国朝拜的盛唐之下，李白的天生傲骨，杜甫的心忧天下都积淀成华夏生生不息的民族气节；“位卑未敢忘忧国”，你看，不论是居庙堂之高的文武百官，还是处江湖之远的文人墨客，对这片土地的关怀都一样深切而热烈，对这个国度的思考都一样认真而深远。文，我们能为天地立心，为生民立命；武，我们能捣黄龙，破楼兰，保家卫国。这样古老的深厚的祖国，我怎能不爱！

当我继续翻阅历史的画卷，我看到了天安门城楼上的鲜花、红旗与簇拥的人群，却也听到了枪声和号角声，跟随祖国的脚步，那段栉风沐雨的峥嵘岁月，我们竟能通过时针的跳动和大地的脉搏，如此真切地感触到。我爱你，我最亲爱的、坚韧的祖国！

1920 年的春天，在义乌分水塘村一间破旧的柴屋里，一个 29 岁的中年学者伏案书写，把母亲端来的两个粽子蘸着墨水吃了竟浑然不知，这个青年学者叫陈望道，他将马克思主义经典文献《共产党宣言》一字一句首译成中国汉字，在凄风苦雨中点亮了信仰的火种，给摸索前进的中国带来了理论之光；紧接着，1921 年，在浙江嘉兴的南湖游船上，一场以五湖四海的进步青年为主的会议成功召开——定名我党为中国共产党！从此，个体的斗争力量开始凝聚起来，汇聚成挽救民族危亡的崭新力量；再看长征路上，历经 600 多次战斗，跨越近百条河流，翻阅 40 余座高山险峰，不仅保存了革命火种，还培育了伟大的长征精神。一路走来，我们自危难中崛起，于困境中重生。这样敢创新、甘奉献，有担当的祖国，我怎能不爱！

七十年的光辉岁月，我最亲爱的祖国依然坚守初心，牢记使命。七十年的风雨兼程，我最亲爱的祖国不断从胜利走向胜利。迈进新时代，拥抱新时代，我爱你，我最亲爱的、崭新的祖国！

不忘记民族的苦难，不喜于眼前的成就。从 1949 年到 2019 年，一样的天安门城楼见证了华夏民族从积贫积弱到国富民强的历史转变。七十年过去了，我们扎紧了自己的粮食口袋，小米加步枪也升级成了现代化军队，民主与法治也从口号倡议变成了一系列规章制度，落地成型，飞天梦、深海梦也在逐渐成为过去的历史，未来，我们要仰望更深邃的星空，探寻更美的蓝色海洋，追寻更完善的民生福祉。放眼世界，我们秉持人类命运共同体理念，积极参与国际救援，共建“一带一路”，追求互助共赢。我最亲爱的祖国迈着自信的脚步走进世界舞台的中心。这样崭新的、活力四射的祖国，我怎能不爱！

五千年悠悠华夏，七十载峥嵘岁月，青年一代躬逢盛事，与有荣焉。正如习近平总书记所言，中国青年是有远大理想抱负、深厚家国情怀和伟大创造力的青年，无论过去、现在还是未来，中国青年始终是实现中华民族伟大复兴的先锋力量。伟大的复兴，离不开深厚的家国情怀之积淀，愿我中国青年，摆脱冷气，勇往直前，唱响爱国主旋律。

我爱你，亲爱的祖国！

（本文作者为湘潭大学法学院·知识产权学院2019级研究生）

我为祖国唱首歌

张笑君

七十年风雨兼程，七十年砥砺前行。祖国啊，今天是你的生日，让我为你唱首歌。

一、今天是你的生日，我的中国

今天是你的生日/我的中国/清晨我放飞一群白鸽/为你衔来一枚橄榄叶/鸽子在崇山峻岭飞过/我们祝福你的生日/我的中国/愿你永远没有忧患/永远宁静/我们祝福你的生日/我的中国/这是儿女们心中期望的歌。(《今天是你的生日》)

“中国的昨天已经写在人类的史册上，中国的今天正在亿万人民手中创造，中国的明天必将更加美好。”习近平总书记在庆祝中华人民共和国成立 70 周年大会上的讲话，掷地有声，振奋人心。古语言：“大鹏之动，非一羽之轻也；骐骥之速，非一足之力也。”七十年的岁月，中国从站起来到富起来到强起来，创造了人类史上的奇迹。如果奇迹有颜色，那一定是中国红。

为什么我的眼中常含泪水？因为我对这土地爱得深沉。没有无缘无故的爱，对土地的爱如此深沉，源自土地对我们无尽的馈赠：我们生于此长于此，最终也要埋骨于此。脚下的土地，是我们的出发之所，也是我们最后的归属之地。我愿将最好最真诚的祝福赠予我脚下的这片土地，赠予我所在的中国。

二、国家

一玉口中国/一瓦顶成家/都说国很大/其实一个家/一心装满国/一手撑起家/家是最小国/国是千万家/在世界的国/在天地的家/有了强的国/才有富的家。(《国家》)

我爱我的祖国，生我、养我、育我。国是千万家，有国才有家。俄国著名文学评论家别林斯基曾言："一般就在部分之中，谁不属于自己的祖国，那么他也就不属于人类。"作为一名90后，庆幸生活在这样的时代，人民生活幸福安康，没有战争没有硝烟。从小到大，都在接受着祖国的馈赠。医疗水平的提高让我们健康快乐地成长着，到了上学的年纪能够享受九年义务教育与高等教育，甚至在海外遇难时祖国也会第一时间出现在你的身边。

作为一名学习国际关系专业的大学生，自己对祖国的爱或许会更加深沉与更真切。新中国成立70年以来的中国外交史更加生动形象地展现了70年以来中国的复兴史。从建国初期确立的"一边倒"政策，提倡向苏联学习，至"两个拳头打人"反苏反美，"一条线，一大片"联美遏苏再至"独立自主""韬光养晦"，最后至当今提出的"和平发展""一带一路"倡议构建人类命运共同体。新中国的成长就像一个孩子的成长，从最开始跟踉跄跄需要别人扶着才能走路到慢慢自己能独立行走，但对于自己以后要走向哪儿，心中并没有一个明确的方向，不知道等在前方的是什么？一路小心谨慎，摔过跟头，走过弯路，但最终赢得了柳暗花明又一村。仔细回想，这一切成就的取得靠的是什么？一是伟大的中国共产党“为有牺牲多壮志，敢教日月换新天”的奉献精神。作为全世界最有效率的政党，高效的组织与纪律，领导人的英明决策与高瞻远瞩为中国指明方向、奠定基调。二是伟大的中国人民，五千年文明传承与积淀下来的艰苦奋斗的精神，大家共同劲往一处使，撸起袖子加油干，不辱使命，实现中华民族伟大复兴。

三、我爱你，中国

我爱你春天蓬勃的秧苗/我爱你秋日金黄的硕果/我爱你青松气质/我爱你红梅品格/我爱你家乡的甜蔗/好像乳汁滋润着我的心窝/我爱你碧波滚滚的南海/我爱你白雪飘飘的北国/我爱你森林无边/我爱你群山巍峨/我爱你淙淙的小河/荡着清波从我的梦中流过。(《我爱你，中国》)

我爱我的祖国，我为她骄傲自豪。“吾辈何其幸，得以炎黄名”，960 万平方公里的陆地领土与 300 万平方公里的蓝色国土，从北疆的“千里冰封，万里雪飘”到南疆的椰风海韵、绿叶葱茏，从江南的小桥流水到西北的“大漠孤烟直，长河落日圆”，广袤的地域孕育多样的文明，也塑造了强大的文化包容性。五十六个民族五十六朵花，五十六种灿烂文明，共同谱成民族大团结的基调，也体现了不同文明相互对话借鉴的可能。

那些属于你的高光时刻，从“两弹一星”到青藏铁路，从北京奥运会到 G20 杭州峰会，从港澳回归到“一带一路”，中国人自立自强的伟大征程铺展开来。1949 年新中国的成立，1978 年的改革开放，2001 年加入世界贸易组织，2008 年成功举办奥运会，2013 年提出“一带一路”倡议构建人类命运共同体。一步一个脚印，随着自身实力的不断增长，也积极承担符合自己大国地位的国际责任，坚定维护全球化与多边主义，坚定为全人类发展谋福祉。

四、我和我的祖国

我和我的祖国/一刻也不能分割/无论我走到哪里/都流出一首赞歌/我歌唱每一座高山/我歌唱每一条河/袅袅炊烟/小小村落/路上一道辙/我和我的祖国/像海和浪花一朵/浪是海的赤子/海是那浪的依托/每当大海在微笑/我就是笑的旋涡/我分担着海的忧愁/分享着海的欢乐。(《我和我的祖国》)

海纳百川有容乃大。我们的国家在政治、经济、文化、科技等各方面百花齐放，是多元化发展的祖国给予了我们无限的发展可能，我们才能在自己擅长的领域中大放光彩，实现自身价值的同时也为祖国建设做出自己的贡献。凡为过去，皆为序章。祖国已走过七十年光辉历程，但实现中华民族伟大复兴的使命尚未完成，前路漫漫，让我们继续不忘初心，砥砺前行，让我们在最风华的岁月里，用青春告白祖国!

(本文作者为湘潭大学碧泉书院·哲学与历史文化学院 2016 级本科生)

我爱你，星光下的祖国

金子豪

江山错落，处处是人间星火，便乘长风，直下看山河。看那长江黄河波澜壮阔，长城五岳参天巍峨。海天一色，无边胜景任评说，浓妆艳抹，嫣然一笑千秋过。我爱我的祖国，爱她的风景如画，我爱我的祖国，爱她的气壮山河。爱她的胸怀带给我无穷的温暖，爱她的文化赐予我无限的魅力。我生于此，长于此，无时无刻不热爱着这片土地。爱她的繁华，也爱她的苍凉。我向祖国告白，深情地告白。

流光一瞬，华表千年，中国这颗曾柔软脆弱的幼苗，深深地扎根在熔岩翻腾的岩浆之中，每一寸肌理都已经受了火焰与血水的洗礼，淬皮砺髓，流淌在枝叶中的莹莹绿意，是火树银花，亦是漫天星河。每一寸枝丫，每一片树叶，都代表着一颗颗赤诚的中国心，代表着一条条热烈的中国魂，它们汇集起来，绽放出满天星火，那熠熠生辉着的、永不冥灭着的，是中国梦。

一眼千年，沉默也胜万语千言，我们有幸见证一代代伟人在历史长河中留下的足迹，但总有一些沉重的事情也无法忘怀，深深烙印在我们心中。多年前的中国，充斥着黑暗与腐朽，帝国列强频频践踏国土，统治者也纷纷出逃，祖国的大地弥漫着硝烟。万千同胞正处于一片水深火热之中。圆明园就如同这个王朝的缩影，在熊熊烈焰之间被焚烧殆尽。中华巨龙受尽创伤，奄奄一息，耻辱二字深深刻入了我们的灵魂。回到那个辛亥年，革命人士推翻了腐朽的清政府，可人民向往已久的光明仍未照耀在这土地上。革命果实被无情窃取，反动派大行其道。革命先烈遭受到惨痛的打击。再是 1931 年 9 月 18 日，日寇将手中的屠刀伸向祖国，自此中华民族儿女们开始了漫长的抗日战争，无数民族英雄抛头颅，洒热血……无论在哪个年代，那些先烈伟人就如同漫漫长夜中的丝缕星光，为中华民族指引着前进的道路。那些民族英雄就如同滔滔长河中的片片木板，为中华民族架起前行的桥梁。我深深爱着我的祖国，爱着她的坚韧不倒。

七十年来，新老革命者不辞劳苦，将全部心血注入国家的发展与人才的培养之中。“两弹一星”邓稼先、“天眼探空”南仁东、“蛟龙潜海”徐芑南、“青蒿救世”屠呦呦……这一个个平凡而又伟大的时代楷模，用自己渊博的学识，不懈的意志，成就个人光耀的同时熔铸了中国如今不凡的荣耀。鲁迅先生说过：“人既发扬踔厉矣，则邦国亦以兴起。”不管是鲜衣怒马的青年，还是成熟稳重的老者，都应怀揣着一份“我以我血荐轩辕”的豪情。现如今，科技成为第一生产力，文化成为重要软实力。二十一世纪的神州大地，涌现出崭新的光，杰出青年秦世俊，以“航空报国”为使命精雕细琢每一个零件，老者林载亮携南海济礁“爱国鱼”精彩亮相福州。他们用振奋的精神，以血荐轩辕的豪情，书写着神州大地的新篇章。问将何所需，士当倾囊助。除此之外，文化的发展更加深入人心，2019 年国产科幻电影《流浪地球》更是掀起世界热潮，它蕴含着中国情怀，也象征着中国科幻电影产业进入新纪元，它的成功无不说明着国家对各领域人才的培养和对科技发展的重视，我们相信未来中国科技事业会更上一层楼。江河之所以能冲开绝壁夺隘而出，是因其积集聚了千里奔涌、万壑归流的洪荒伟力。“星星之火，可以燎原”，回顾新中国步步走来的这些年，星光不断闪耀，熠熠生辉。我深深爱着我的祖国，爱着她的勃勃生机。

浩瀚穹宇，月朗星稀。独一抹皎洁的月光只是为婵娟者踽踽独行、茕茕孑立。其光芒虽足以驱散一方黑暗，却是一人的孤独自白。所以，我更爱那繁星满天，交相辉映。集细流成江海，集繁星成银河。我们新时代青年就宛如那一颗颗星辰，唯有凝聚在一起，才能迸发出无尽的光明，才能扛起这新时代新征程的大旗。唯有心中怀着祖国母亲，才能在这通向繁荣的大道上，一往无前。

长城、长江、黄河，成就了你亘古的河山。改革、开放、发展，点亮了世界的眼光。我自豪于祖国的辉煌，如黎明般的太阳。我敬畏祖国的不屈，如风暴中的巨轮。我爱我的祖国，爱她的一切。我生于此长于此，无时无刻不深爱着这片土地。爱她如今的昌盛，也爱她过去的悲壮。我向我的祖国告白，深情的告白。我爱你，星光下的祖国，我愿这艘繁星荟萃的巨轮，在新的航程中乘风破浪，驶向繁荣与昌盛。

（本文作者为湘潭大学兴湘学院 2019 级法学专业本科生）

愿望

杨濯嫘

“来，一、二、三，茄子!”

那是一个大家庭正在拍全家福。

此时，那张照片正挂在我喜欢的女孩房间的墙壁上，十年了，保存的挺好的。

“佳佳，明天就国庆了，我打算回老家，你也和我一块回去吧，我的愿望是再拍一张全家福，嘿嘿”，她朝我狡黠一笑，我就明白怎么回事了。这家伙这个时候就记起我这个摄影师老朋友了。

“那在家准备好大餐接待我啊，我要你亲手做的。”我给她回敬了一个同样的笑。

她是华强，华强华强，中华富强。这是她爷爷给她取的名字，爷爷是当兵的，一心报效祖国，也可能是受爷爷影响，这一家人都对祖国有种深切的感情。记得那时候小小的她，一直有一个愿望，那就是爸爸妈妈能陪她过一个生日，因为自打她记事以来，爸爸妈妈就没有陪她过过生日。那时候家里多困难啊，爸爸妈妈如果不常年在外打工就抚养不了她和年幼的弟弟，而且还要给疾病缠身的奶奶治病。

以前的几年，爸爸妈妈都会在过年的时候回来一次，后来有几年，他们都没有再回来，因为过年的时候加班工资是会翻倍的。等过了那几年，他们再回来时，华强已经不认识在她面前的爸爸妈妈。痛心是必然的，但是爸爸妈妈还是得离开。但是没想到的是，那年爸爸妈妈在年中就回来了，因为听说家乡因贫困被重点关注，有很多领导干部来家乡帮助村民脱贫了，还计划发展家乡的一些产业。华强家就跟着大伙儿一起干，利用各种平台把自家的产品推销出去，现在经过短短两年的辛苦，就已经把以前欠下的债全部还清了。华强告诉我说："如果当我回首我的童年，脑子里有着满满的回忆，但就是没有关于爸爸妈妈的，这将会是我一辈子的遗憾。还好扶贫政策贯彻下来后，爸爸妈妈就留在家乡发展产业了，不然他们现在想想，若是完全错过了我的成长，那不得后悔死啊。"

华强也明白，她家只是众多贫困户家庭状况的一个缩影，而对他们来说，这改变的其实是一个家庭的命运。

（本文作者为湘潭大学信用风险管理学院 2018 级信用风险管理与法律防控专业本科生）

亲爱的，祖国母亲

杨琳麟

梦醒，坐起，亮灯。

等待清晨的阳光和光亮。

昨夜已沉沉睡去，昨夜的梦残破得还记得零星。

昨日以前黎明的凯歌又在谁耳边吹响，不是嗡嗡，是轰鸣，是欢喜和雀跃。

一切都没逝去，都将在历史的漩涡中轮回。

你悄悄地说，昨日以前，你还是个孩子。只不过你的命运，受到了上天的恩赐。你的呢喃，你的撒娇，你的置气，掀起波涛碧浪，地动山摇。你的孤独寂寞烟消云散，你，在芸芸众生中，终为完整的一体。

你是耀眼的星，受万人瞩目，万人推崇。你骄傲的长大，不拘一格，万人为你描摹画像，称你为龙。此时的你，集万千宠爱，满眼星辰。

你静静的哭，为你昨夜的梦。骄傲终成为自大，梦里你满目疮痍。你挣脱，你恐惧，不知走向哪里。孩子的稚嫩，终于在你脸上褪去。

你默默地醒来，不语。坐起，亮灯。半黑的夜晚，你也不知在探索些什么。外面的月亮不是很亮，甚至带有点点血色。

你走到了窗前，即使星河陨落，你也没有黯然失色。你内心的强大，赋予了你脸上的平静。你说你是天之骄子，你的岁月不会输给时间。

你是我见过最顽强的人，你是我见过眼神里最笃定的人。

风定，海平，日升。

你听，轻轻地听，你的血液循环流动，牵引着那黄色的水奔腾不息。你的脉搏铿锵有力，绵延的山峦起起伏伏。

你让我看到，麦田里的人的晶莹的汗珠下，折射出了欢喜；平坦的原野上，几声轰鸣，几升威力。天上的月亮湾，有了一面红色的旗帜，它记录着，无数的小火箭从地面上蹭飞，无数的桥梁在海陆上架起。

你大声地说，你要天上飞的、地上跑的、海里游的通通都属于你，你便创造、便取舍、便奋斗出你想要的蓝图。你让和平鸽久久地飞舞在我们的头顶，你身后的迷彩始终不渝。你忠实的子民千秋万代，他们让我提醒你，你是永不落幕的圆日，你是我们永远追随的光亮。

你端庄地坐着。你应该看到了这一草一木都向你招摇，看到了每一处的盎然生机，看到了你的子民在家的归属感，看到了一面面五星红旗在风里的飘扬，看到了一颗颗希望的种子拥向土里的播撒。

你让这里的每一位生灵都得到了属于自己的安逸。贫穷与战争都慢慢远去，即使有无形的硝烟你也有坚实的屏障为我们隔离。

有多少历史可以覆辙，有多少兴荣可以再来。你的眼眸里有柔情的涟漪，更有的是叱咤风雨的凌厉和胸怀天下的深沉。

喃喃地低语，你是我的祖国。我亲切地问候你一声，亲爱的，祖国母亲。

（本文作者为湘潭大学商学院2019级本科生）

致最亲爱的您

鲍纪敏

最亲爱的您：

您好！好像这还是我第一次给您写信，此刻的我有很多很多的话想要告诉您，却一时间不知从何说起。身为您的子女，没有参与您的过去，却见证着您一步步走向强大的足迹，我深感一封信道不完您的伟大事迹以及对您的深厚情感，但我还是想把自己内心的那份激动和自豪表达给您、告诉您，成为您十几亿子女中的一员是多么的幸福！

“今天是你的生日，我的祖国……”当恢宏激昂的阅兵号角吹响时，喜悦的豪情在北京天安门广场倾情绽放，全国儿女都在为您庆祝 70 岁生日。习近平总书记的重要讲话让我们再一次真切感受到 70 年来在您身上发生的翻天覆地的变化，也让我们知道，您梦想的实现不再遥远。阅兵进行时，激昂的旋律中，人民军队步履铿锵、雄姿英发，党旗、国旗、军旗迎风飘扬，车轮滚滚，一辆辆坦克披坚执锐，一枚枚导弹昂首向天，雄鹰突击，空中梯队气势如虹……它们，展现着大国的风采。这一刻，您焕发着自信与胜利的荣光，举世瞩目。

70年前，刚刚经历过抗日战争和解放战争的您，当毛主席在天安门城楼上庄严宣告“中华人民共和国成立了”时，您似乎还像个襁褓里的婴儿，显得那么的稚嫩又无助。可这阻挡不了所有子女们的激动与热情，因为从那时起，我们终于可以向世界大喊那一句：“我骄傲，因为我是中国人！”抗美援朝、土地改革、五年计划、和平外交……这些对于刚刚起步的您来说，简直是一个个的奇迹，但是您凭着一股韧劲成了这些奇迹的缔造者。于“漏舟之中”站起来时，您就从未胆怯过。

到了近现代，您的前方更加明朗。改革开放的春风如在一夜之间席卷全国，改变了您经济和技术的落后面貌，将建立具有中国特色的社会主义道路的种子深深埋进您的根基，然后扎根、发芽乃至茁壮成长。从那以后，经济特区设立，一座座城市高楼崛地而起，香港、澳门回归，成功加入世界贸易组织，经济总量直线上升，“科教兴国、战略强国”带来了科技、教育以及军队质的飞跃。

时刻为您自豪，而现在的我们有着更盛的底气。历经七十载艰辛奋斗，您的实力早已跃居世界前列，“一带一路”的提出构建着人类命运共同体，“复兴号”列车以高速度领跑世界，港珠澳大桥创造了多项第一，阅兵上的战舰导弹让世界震撼……我们比任何时候都接近您伟大复兴的梦想，更有信心高举社会主义的伟大旗帜。

“有了强的国，才有富的家”，我们的小家也因为您的繁荣变得幸福了。《中华人民共和国宪法》的颁布，真正将您交到了我们的手上，我们作为您的子女，更是多了一份责任。近些年来，脱贫攻坚战打得响当当，让我们感受到了您的决心：决不让一个子女在小康路上掉队。社会核心价值观是您几十年所形成的文化精髓，也是我们精神生活的支柱，我们也将始终用信念践行着。

今天的您，实现了从站起来、富起来到强起来的伟大飞跃，迎来了实现伟大复兴的光明前景。此时此刻，您的各民族、海内外儿女都怀着无比喜悦的心情，为伟大的您感到自豪，为您的未来衷心祝福。我知道，您现在还在为您的梦想而努力，我们也同样在为您实现梦想而奋斗，在走向未来的这条道上，您从不是孤身一人，还有无数儿女在您的身旁陪您一起走向美好未来！

七十载波澜壮阔，九万里风鹏正举。就像习近平总书记说的那样："中国的昨天已经写在人类的史册上，中国的今天正在亿万人民手中创造，中国的明天必将更加美好。"我们会更加紧密地团结在以习近平同志为核心的党中央周围，继往开来、继续奋斗，把您建设得更加繁荣富强，在实现您伟大复兴的征程上和您一起创造新的更大奇迹！

写尽千山，落笔是您；望尽星辰，美丽是您；书尽泛黄，扉页是您；千山万水，归处是您。

最后想要给您唱一首歌："我和我的祖国/一刻也不能分割/无论我走到哪里/都流出一首赞歌。"

此致

敬礼

爱您的女儿

2019 年 10 月 5 日

（本文作者为湘潭大学计算机学院·网络空间安全学院 2018 级计算机科学与技术专业本科生）

国家在，旗永飘

郑艺源

小小的一块红绸，遮护的是九百六十万平方公里的土地。单薄的躯体，依附着的是无数爱国烈士的灵魂。“忆昔年全党，血洒殇兵将。重逐梦，乘风浪。九天丹火淬，四海欢歌唱。帆启处，复兴伟业新航向。”我，是一面红旗，骄傲的五星红旗。我的身体红的像血，五颗金色的星星在一片血红中显得格外耀眼。

我的鲜艳源于我所经历的艰辛与磨难。秋收起义，挺起了中国工农红军的凛凛身躯；万里长征是共产党人和人民军队的革命壮举；十四年抗战，中华民族捍卫了自己不屈的尊严；解放战争，成就了伟大的中华人民共和国。我的鲜艳是无数革命先烈热血的颜色。

我的鲜艳承载着众多中华儿女的梦想。曾几何时，亲临奥运赛场，太空行走，这些都是他们的梦想。如今，这一切都变成了现实。在第29届北京奥林匹克运动会上，姚明、易建联、王浩郅大放光彩；张怡宁、王楠把冠军赛演绎成了表演赛；邹凯掀起了中国的夺金旋风。我的身影一次次在现场冉冉升起，仿佛自己的梦想也已成为现实。在太空中，行走于舱外的翟志刚向全世界呈现了我耀眼的光辉，同时我也见证了中国人的飞天梦想。

我存在于中国的平凡生活里，在学校的旗杆上、在政府的大门前、天安门广场上伴着朝阳迎着晨风缓缓升起，傍晚又在夕阳的余晖里徐徐降下，普通而庄重。我也不放过任何一个可以展示自我，并彰显我们祖国强盛的机会，机场、港口、火车站，攀登者的背包上、体育健儿的衣襟前、欢呼雀跃的观众的脸上。中国护我，我耀中国。

国生我生。1949 年 4 月 23 日，人民解放军解放南京，国民党反动政权覆灭，在 9 月召开的中国人民政治协商会议上，诞生于曾联松手中的我被确定为中华人民共和国国旗。我心中的大五角星代表中国共产党，四颗小五角星代表工人、农民、小资产阶级和民族资产阶级四个阶级。我的肤色是红色，象征革命，星呈黄色，表示中华民族为黄色人种。五颗五角星互相连缀、疏密相间，象征中国人民大团结；每颗小星各有一个尖角正对大星中心点，表示了人民对党的向心之意。新中国站起来了，料想我的前程必会一帆风顺。如今祖国 70 周年，回望我的成长，却也如孩童一般跌跌撞撞。但这盛世不负所望，我也一直屹立不倒，中国有了更多在世界崭露头角的机会。

国家的强度决定我飘扬的高度。华为这匹黑马凭着这强大的技术实力开始闯入世界舞台，它如此耀眼的光芒势必会触碰其他国家的利益。因此，在它锋芒正盛的时候，遭到了美国一次又一次的制裁打压，2020 年 8 月 17 日，美国商务部下属的工业和安全局发布了针对华为的修订版禁令，进一步限制华为使用美国技术权限，企图以此阻断华为外购芯片的路径。面对西方国家的制裁，华为倒下了吗？答案必然是没有，因为它的背后是中国，是五星红旗照耀的土地。十八大以来，在科技界，从深空到海底，处处可见我的身影，嫦娥系列、天宫系列、玉兔号月球车、复兴号动车组、蓝鲸号、蛟龙号等，可谓上可九天揽月，下可五洋捉鳖。在体育界，2012 年伦敦奥运会上，孙杨成功改写中国男子游泳项目无金牌的历史，成为中国第一个男子游泳奥运冠军；刚刚过去的国庆前，郎平带领中国女排荣获世界冠军，夺得第 10 枚金牌庆祝祖国的生日……我一次又一次在国际赛场上空冉冉升起。他们以实力捍卫我的尊严，用成绩让流言蜚语者闭嘴。他们凝视着我，如 70 年前，翻腾的红云伴着庄严的宣告，让整个华夏大地为之震撼。

在这片天空下，庄严的五星红旗随风飘扬。我见证了革命烈士们奋起反抗的身影，感受到了改革开放后人民发于内心的喜悦，看到了奥运健儿锋芒背后的汗水。我身上的光芒从来不是一人之力换来的，我身上的颜色也从来不是个人的，而是整个国家的、民族的，是古往今来前仆后继的青年们的。我是喜庆的、热烈的、奔放的、激情的、斗志的，也是国家神圣不可侵犯的权威。五星红旗迎风飘扬，歌唱我们的祖国，从今走向繁荣富强！

少年们啊，不再懵懂，为祖国骄傲着、时刻准备着，四季的风载着你们的梦，托着我飘向更高的天空。国家在，旗永飘，祖国啊，我们爱你！

（本文作者为湘潭大学碧泉书院·哲学与历史文化学院 2018 级国际事务与国际关系专业本科生）

情　书

——致我的祖国爱人

杨向玥

我的爱人您好：

总是想给您写一封信，这样我和您之间的间隙就可以用文字填满，现在好多人不讲情话了，觉得文绉绉的，但是，我想写一些很浪漫的话语。我写，醒来时甚是爱您，我写，您一直温柔明亮、一尘不染。我写，总是有千言万语要向您倾诉。但当我提起笔的瞬间，一切都黯然失色，我顿然深感无力，才明白这千年的岁月，岂是这只言片语所能承受的。

但我还是爱您，爱您的南朝四百八十寺，爱您的金陵津渡小山楼，爱您的终南阴岭秀，爱您的青山楼外楼。

您就像父亲一般，用宽大的脊背给足我们安全。记得一八四〇年，列强用坚船利炮砸破家门，我们是一群受伤的孩子，慌乱得不知所措，是您在风雨飘摇时在我们的心中种下坚强的种子，告诉我们国在家就在，看往昔您蹚过的血泪成河，踏过的金戈铁马，一路的忍辱负重，我们又怎能不懂坚强。

于是，我们站起来不再逃避，被血液沾湿的长矛滑不可握，我们挺住了；二万五千里的征途遥不可及，我们走到了；一穷二白的生活令人耻笑，我们改变了。我知道，这时您一定在我们身后微笑，因为您看到那用无数赤色灵魂编织出来的中国魂，终会紧紧地交缠于我们，永不褪色。

您就像母亲一般，用温暖的怀抱给予我们港湾。那些艰苦的岁月怎不难熬，看着前赴后继却一去不返的身影怎不害怕，是您让我们明白，无论被怎样对待，依然要许诺自己明日必有阳光。

凡事都有偶然的凑巧，结果却又是如宿命的必然，时间用它特有的刻薄让您变得坚韧，犹记得您写给我们的那句话："中华人民共和国公民，当你在海外遭遇危险，不要放弃。请记住，在你身后，有一个强大的祖国。"

您说老家的井没有故事，但喝过井水的孩子都变成了故事，他们走得很远，他们说尝尽了人世间的辛酸，但都没有忘记井水的甘甜。

看一眼家的方向，心中便满是力量。

现在的您，一定是从唐诗里走出来的女子，年轻的面庞在葡萄架下落笔成画，我爱极了您睡在诗句上的模样，还有风雨中凝望七十年的目光，都让我更深地陷下去，我爱极了您每一寸土地散发的芬芳，如同我触摸您指尖的时候，世界递过来的眼光，看着您如今光鲜地站在这里，骄傲自豪难以言喻，不谈往昔斑驳烙印，只看如今明眸皓齿，用骨骼血浆锻造的脊梁才是中国的力量，我们不搭船不赶浪，因为我们自己就是惊涛骇浪。

作为一个普普通通却深深爱着您的人，我想把所有的光明和热量都藏在您的心脏，化土为玉，化作东方的一面红旗，我要为您撑起一把伞，晴时遮阳，阴时遮雨，最后再默默说一句，我真的爱您。

愿国泰民安，山河永存。

一个爱您的人

2019 年 10 月 1 日

（本文作者为湘潭大学公共管理学院 2018 级行政管理专业本科生）

青春为祖国歌唱

马莲晓

祖国，是一笔一画的汉字，是起承转折的汉语，是无论走到哪里都可以遇见的中国符号。祖国，是无论走多远都要回来的地方。在家乡，生活在14亿人中是最熟悉的、亲切的；在异乡，背后站着14亿人的祖国是最强大的、安全的。世界上有太多美好的地方，唯有祖国不可替代。祖国，用崛起捍卫中国人的尊严。

如果有种颜色，在我们心中与众不同，那一定是“中国红”。那小儿贴身的红肚兜是中国红，那深闺女儿的红绣球是中国红，那鹤发老人的红围脖是中国红，那风华少年的红腰带是中国红，那缠缠绵绵的红盖头是中国红，那光光亮亮的红蜡烛是中国红，那欢欢喜喜的红窗花是中国红，那噼噼啪啪的红鞭炮是中国红。

如果有个标志，在我们心中与众不同，那一定是中国“名片”。是国宝大熊猫憨态可掬，是五千年华夏文明源远流长，是纵贯山河的“超级工程”星罗棋布，是跨越天堑的“全球之最”此起彼伏。

有一种底气，叫“我来自中国”；有一种骄傲，叫“我是中华儿女”；有一种深爱，叫“我爱你，中国”。无论我们身居何地，都有祖国给予我们强大的底气。我们脚下是先贤走过的足迹，身后有五千年的文明沉积，面前的祖国日新月异。

祖国，伟大的母亲，您有一个神圣的名字——中国。70 年来，您用挺拔的身姿屹立在世界的东方，您用铿锵有力的声音告诉全世界：我站起来了！在这 960 万平方公里的土地上，如凤凰涅槃、浴火重生。您骨子里有五千年不变的中华魂。滚滚长江滔滔黄河，锦绣大地神采飞扬，无数个“第一”“奇迹”，见证了您养育的 13 亿子女，人才辈出，勇于开拓！

今年是新中国成立 70 周年，70 年风雨兼程，70 年砥砺奋进！

从神州陆沉中奋起，于一穷二白中奋进，70 年披荆斩棘，70 年风雨兼程。山河为证、岁月为名，70 周年华诞让全世界为之沸腾。

70 年前的中国人，一定无法想象，如今的神州大地，在短短 1 分钟时间里，会发生怎样的变化。短短 1 分钟，上海的“魔方 -2”超级计算机可完成 24000 万亿次浮点运算，广东生产 5 台民用无人机，复兴号高铁前进 5833 米，移动支付金额近 4 亿元，2370.7 万元的商品进入中国……从江南到北国，从沿海到内陆，960 多万平方公里的广袤土地上，中国的每一寸土地，都在书写奇迹。

70 年前一声振聋发聩的“中华人民共和国中央人民政府今天成立了”，让新中国在全世界屹立！关于祖国，有些话听到后就再也没能忘记。是第一颗原子弹爆炸成功时前那句“54321，起爆！”，是香港回归祖国时的那句“我代表中国人民解放军，驻香港部队，接管军营，你们可以下岗，我们上岗！”，是中国“航天之父”“两弹一星”元勋钱学森的那句：“外国人能搞的，中国人不能搞？”是“杂交水稻之父”袁隆平的那句：“中国人的饭碗要牢牢地掌握到自己手上。”从小到大，总有些话，组成了专属于我们的独家记忆。

雄关漫道真如铁，而今迈步从头越。奋斗是对祖国最长情的告白，只有我们的出彩，才有祖国的精彩！这是我们的时代，少年强则中国强，70 年盛世传奇，我们继续写下。

我的心不够大，九百六十万平方公里，却能装得下。

我和我的祖国，一刻也不能分割。未来可期，不负青年，我们将以青春之我创青春之国！我爱你，中国。

（本文作者为湘潭大学数学与计算科学学院 2019 级应用统计专业研究生）

蓦然回首，原来祖国就在我身后

杨　秋

家人们都聚在一起，等待着庆典开幕，刚开始的几个镜头，却突然让我泪目。那一瞬间似乎又回到了 10 年前我和爷爷看国庆阅兵的情景，当时热气腾腾的茶水雾湿了爷爷的老花镜，看不清他的眼睛，自然也就不晓得他当时眼眶里泛起的泪水。

那时的我，还不谙世事。

犹记院里梨树下爷爷制作秋千的场景，藤条绕了一圈又一圈，不懂事的我还嚷嚷太慢了，那时我，只管放肆地玩，不顾及树和秋千是否牢固。荡得正欢时，秋千咯吱咯吱地吆喝着，花雨漫天飞扬，爷爷在一旁看着，不，现在想想应该是守望着才对。像海和浪花一朵，浪是海的赤子，海是那浪的依托，浪花不断向前涌进，大海在后边守护，像极了祖国和我们。时间如流水般地淌着，现在那棵树已经长成参天大树，我们也长大了。

那时的中国，正砥砺前行。

从 2009 年到 2019 年，这十年，足够波澜壮阔。从 2009 年到 2019 年，从中国到世界。我们恰逢一个空前繁荣的时代，恰逢祖国的崛起，这便是巨大的幸运之一。

“70 年前中国人的平均预期寿命只有 35 岁，70 年后的今天已经达到 77 岁”庆典报道如是说，礼炮声声声入耳，我回过神，下意识地看向姥姥，她坐在摇椅上，扇着蒲扇，扇子上“净君扫浮尘，凉友招清风”这行斑驳的字迹是姥爷留下的，姥爷在我的记忆中是懂算术和书法的读书人，然而却只能定格在我儿时的记忆中了。姥爷已经不在了，而姥姥见证了新中国成立的第七个十年。感谢祖国这些年来在医疗科技方面的发展，挽救了无数人的生命。不禁感慨，世上最长情的告白，莫过于这把老蒲扇，在不经意间，给人送去清凉；莫过于祖国，润物细无声地养育着我们。

这时，风呼呼地刮着，门外的那棵梨树在风中摇曳，花雨漫天飞扬。我的这个大家庭啊，就像这棵树，树根深深地扎根于大地中汲取着土壤的养分，换句话说，是祖国母亲的无私奉献养育了我们一代又一代的中华儿女。我愿意长大，愿意张开每一片枝叶去为家人遮风避雨。因为在我眼里，弟弟还是像一个永远长不大的孩子，就像父母眼中的我，就像祖国眼中的我们，而我们始终都爱着自己的家人，就像中华儿女对祖国的热爱。

“70 年前的中国满目疮痍。70 年后的中国为世界第二大经济体，成为世界的引擎……”

时间能治愈一切，1949 年到 2019 年的发展历程，记载着中华民族走上了伟大复兴的壮阔道路，从贫穷到富有，从弱小到强大，但无论祖国的处境如何，我们的处境如何，我们都将不离不弃与之共进退。

此刻，一阵歌声传来：“我和我的祖国，一刻都不能分割……”还是熟悉的配方，爷爷双手托着一杯普洱茶，神情肃然，脸上夹杂着年岁带来的沧桑感。于是才反应过来，原来又已经过去了 10 年。10 年，弹指一挥间。

（本文作者为湘潭大学土木工程与力学学院 2017 级测绘工程专业本科生，现为中南大学地球科学与信息物理学院在读硕士）

风雨七十年，盛世如愿

谢宇恒

我的家乡是湘西群山峻岭中的一座偏僻小城，我儿时记忆中，对家乡最深的印象不是民风淳朴的深山小镇，而是泥泞不堪的山石小路，是树林荫翳的林间小道，是悬崖下黄沙拍岸的盘山栈道。记得我 7 岁那年回去，大概是 2003 年 7 月，光是从张家界出发的小客车就要坐八九个小时，然后还要坐那种拉货的车，最后再走上十几里的山路才能到家。

那时候，那些车上的条件可以说非常艰苦了，车上人满为患、空气污浊，脚下是咕咕叫个不停的母鸡，头上是麻绳固定的行李，再加上九曲十八弯没有护栏的盘山路，和心不在焉却把车开得飞快的司机，对我来说那可真的算得上折磨了，一次次吐个不停，让我对于回老家这件事充满了阴影。

后来因为学业的问题，2014 年我不得不又踏上回乡的旅途，但那一次却全然没有儿时记忆里的痛苦，坐火车到了张家界，再坐上三四个小时的大客车，一路上基本都是直行的高速，少有磨人的盘山路，看着百米长的穿山隧道，仿若天工的矮寨大桥，笔直工整的高速公路穿行在绿水青山之间，让人不禁感叹祖国的伟大，也只有我们的祖国才能如此，能在短短 11 年间给一地以翻天覆地的变化。

记得小时候我看到新闻报道，说我们国家又建了什么，又有什么国际领先的技术，当时感觉就是在炫耀。但后来长大了，我才懂这世上顶难的就是做事，因为有太多不可能做到的事在等着你，别人能做你还真不一定能做到。而我们国家呢，偏偏就喜欢干那些别人认为不可能的事，就喜欢把不可能化作可能，这还真就值得我们骄傲。

不说别的，光是我国的工程建设——青藏铁路，世界上海拔最高线路最长的高原铁路，多少外国媒体唱衰，直呼不可能，最后呢？北京三元桥改造工程，外国人怎么说改造个桥起码几个月吧，我们呢？43 小时。再说高铁，从无到有到世界里程第一到占据世界里程半壁江山，也就是几年的光景。

而最令人感动的是什么，是云贵高原那些逆天的桥梁，是大山深处偏远山区，仅仅为了几十上百户人家的小村落，建起的那一条条水泥路、一座座信号塔，外国的资本家怎么会投资这种地方，怎么会做这种不赚钱的事，而我们国家呢？不但干了，而且还把它干到了最好，于是才有了近几年“基建狂魔”的称号，才有了世界上最大规模的周期性人口迁移工程——春运的畅通无阻。

可我们的发展真的就这样一帆风顺吗？抗美援朝、中印边境反击战、抗美援越、珍宝岛之战、中越边境自卫反击战，哪有什么岁月静好，不过是有人替你负重前行。是因为他们在战场上吃着粗糙的军粮，配着冰冷的白雪，才有我们今天的衣食无忧，是因为他们披星戴月，忍受着炎热潮湿的雨林，北风寒冷的山岭，才有我们今天的窗明几净、屋舍俨然，是因为我们中国从来不缺英雄，当祖国和人民需要他们的时候，即使付出自己珍贵的生命也毫无怨言。

我们的祖国，这些年来，有过低潮，有过屈辱，而同时我们也有荣耀和光辉，有希望和美好的明天。从前为了阅兵凑够飞机数，于是不得不让战机从天空飞过两次，而今天就有我们的歼-20出鞘，辽宁舰远航，就有“东风快递，使命必达”；从前造原子弹的时候我们的科学家只能靠算盘打、靠笔算，靠不懈的坚持才造出“两弹一星”，而今天就有“神威·太湖之光”“天河二号”这些在世界排名前列的超级计算机；从前我们的驻外大使馆被炸却只能忍气吞声，而今天我们就能对霸权主义二十国家的挑衅，说出：“谈，大门敞开！打，奉陪到底！”的霸气宣言。还有很多很多，这是我们的先辈付出了无数心血才换来的，他们将自己宝贵的青春年华和满腔的热血献给了祖国的发展和富强，我幸福并感激着，这风风雨雨的七十年，换来的美好今天，盛世如愿！

（本文作者为湘潭大学机械工程学院2017级材料成型及控制工程专业本科生，现工作单位为广东领益智造股份有限公司）

指点江山灼灼志，心存九州脉脉情

车卓禹

“秦城楼阁烟花里，汉主山河锦绣中”盛世安泰，你是山顶初升的骄阳，黼蔀黻纪，你是高峰上怒放的雪莲。七十载岁月，为了一个约定，你从泥泞中走来，在血泪中前行，走过荆棘，路过泥沼，如今你身披星河，终于如约而至。

是的，她是历经二十余朝五千余载的老人，指尖轻触五千年东方的熹微晨光，眼眸轻瞥过滚烫晚霞，慈祥地看着她的儿女熙熙攘攘志在四方。可她又是一位七十岁的奋斗家。如今，在她七十岁的生日里，面对着未来无尽的美好韶光快意成长。

泱泱中华，开国定鼎，七秩岁月，步履未休。七十年里，受尽苦难与屈辱的中华从满目疮痍中艰难站立，华夏民族从梦魇中惊坐起，用七十年，书写了一个前无古人，后无来者的宏伟史诗。然而风起于青蘋之末，从前贫瘠的土地如今稻香阵阵，亩产量上千公斤；从前路少桥稀，如今城市高速路网如蛛丝密布，跨海大桥贯穿海洋中心；从前我们向往飞向蓝天，如今 C919 飞机平稳驰骋，东风系列宛若游龙，“天宫神舟”“巨浪长剑”，一箭多星，共同俯瞰广袤九州；从前我们经济落后，穷困潦倒，如今的新中国成为世界经济的动脉，近几十年，港珠澳大桥成功问世聚焦世界目光，酷似海星的大兴机场在陆地上继续闪耀光芒，共享单车像人间精灵进入百姓生活，微信、支付宝支付便捷生活，“辽宁舰”出海扬我国威、护我国疆！高峡出平湖，天堑变通途。现代城市拔地而起，各式建筑临风矗立，超级城市成为世界又一条主流，联系起一个东方大国与世界的交汇。

此时此刻，谁能忆起，这座琉璃焕彩、霓虹辉映的河山也曾流血漂橹，乱世沉浮？

回首历史，是被时光刻满的疤痕。当落后的骑兵在紫禁城扬起长鞭，便注定落日最后一丝余晖即将殆尽。列强在黑暗中无情地吞噬着东方宝藏。一块块国土被割让，一座座世界园林惨遭劫掠，一张张不平等条约，一次次侮辱沉睡的中国，中华民族迎来了一场前所未有的巨大浩劫。噩梦还未惊醒，梦魇又在萦绕，抗日战争的爆发让这个大国饱受摧残，黑暗中的中华大地早已被同胞的鲜血浸染，那时的中国，她孤若无助，她贫穷落后，她遗世独立。

而中华民族誓要用嘶哑的声音振聋发聩，惊醒他们沉睡的母亲，鲁迅先生呐喊“心事浩茫连广宇，于无声处听惊雷”“寄意寒星荃不察，我以我血荐轩辕”，赵一曼高呼“未惜头颅新故国，甘将热血沃中华”，袁隆平老人轻吟“留取三尺卧榻，梦成万千稻香”，华罗庚先生高喊“锦城虽乐，不如回故乡；乐园虽好，非久留之地”他们的出现，像星星之火，燎燃了整片九州大地，刺痛了沉睡中国的脊髓，她缓慢睁眼，她轻声哭泣，她站起来了，中国人民从此站起来了，她望向天边：东方红起来了！

新中国就是这样洗尽铅华，筚路蓝缕，中华民族就是这样白手起家，自强不息，中华儿女就是这样，生生不息啊！如今在她七十岁的生日上，礼炮齐响，贯彻云霄，是普天同庆祖国华诞；履带轰鸣，如雷贯耳，是中华奋起拼搏再次傲然屹立。这个大国的再次崛起，包含沧桑与辛酸，掀起了新时代的又一次巨浪滔天。

“皮之不存，毛将焉附；国之不存，民将焉附。”国家安稳，民生才能康乐；人民奋起拼搏，大国才能雄立东方。当今时代来之不易，吾辈青年更应牢记使命，勇于担当。“少小虽非投笔吏，论功还欲请长缨”犹在耳畔，习近平总书记的殷切鼓励仍在回响，每个时代都有各自不同的使命，是时候我们接过这个接力棒，指点江山，奋力奔赴。吾辈青年当自强，吾辈湘大人在这红色基因中当自强！

既然“青春是赤诚无悔的信仰”，那就让它尽情燃烧，以献给我爱极了的祖国，吾借湘大的红色血脉，以青年之名，用青春之喉，在七十年华诞之际，衷心祝愿您平安顺遂、国泰民安！

（本文作者为湘潭大学外国语学院2020级英语专业本科生）

一封贺信

王嘉怡

这位先生，见字如面：

在下姓夏，双字宁安。安闻先生寿辰，踟蹰再三，近乡情怯，故托书一封，聊表我心。

昔年安正适垂髫，懵懂度日。忽而日星隐曜，洪波狂啸，山风三丈三；豺狼环伺，血口睁目。安惊惧难已，飞鸿北上，乞王师出征南定风波。当是时，先生黄褂大刀，瘦马枯弓迎击短枪长炮。每每念此，安不住扼腕叹息，切齿拊心。

先生与安至此分离。

安应是恨，为先生曾经万国来朝的辉煌，为安当下前途未卜的惊慌。

安初至异国，三千繁华，撩乱人心。不同于先生所居的雕梁画栋飞檐四角，抑或是所喜的走马飞鹰，工笔仕女，他乡风情别样喜人。而今思来，概不过安年岁稚幼，空为声色表象所惑，轻贱了经史子集，废灭了礼乐汉章。

人总是追逐，便忘了来路。

金叶飒飒，博阳高照。再度与先生相逢，已换了人间。先生剪辫易服，安亦西装以待。两盏新雨清茶，一碟故国桂花糕，先生眉锁如山，脸白苍骨，细说旧年时光。愤恨那年百病缠身，遍寻名医良药，几经生死隘口。无奈祸不单行，风雪骤作贼寇西渡，眼见着稚子受辱，门户成灰。又紧着是那兄弟阋墙，兵戎相见。待到山河重整，河清海晏时，方迎子归程。

安彷徨不前，惧己身异乡做派，扰得旧国鸟飞花落，又惆怅归路漫漫，天有不测。

先生故而扼腕而去。

岁岁年年，又至重阳，登高北望，山风哀哮。老蟹佐酒，秋菊微颔。忧思浅峡彼岸，阖家团坐，大快朵颐。先生，安年少时有过太多野望，身后光芒万丈，虽前路茫茫，仍不愿落人之后，唯有闭目塞听，咬牙前行。若要计较，大抵只因我是个浑人。安不甘于羸弱时为被摒被弃的敝屣，却又挣扎着望博得先生的青睐。

先生，七十载来，安怒三载，悲三载，太息三载，大梦醒身。安愿挣脱腐败的窠臼，开眼望得井外的灿烂星河。只一愿，望先生海涵，予我时间。

先生，流年将淡化您我的伤痕。许在下一个满城尽戴黄金甲的时刻，先生与安可对席而坐，煮茶品酒，共话当年腥风血雨。

提笔万绪，下笔难言，安便至此搁笔。

最后贺先生万福永乐，寿昌安康。

夏宁安

（本文作者为湘潭大学法学院·知识产权学院2018级法学专业本科生）

听取荣光一片

沈舒敏

轩榭晚亭，听蛙声一片；稻花香里，说华音万千。你执笔落墨，画下九州天地，凭栏呢喃，吟出七十变迁。你时而沉思，眉头锁住时光，像秦川沟壑，苍老迷茫；你时而微笑，眼中漾着光芒，像江南卷帘，温柔飘扬。那个辰光，天地浩渺，唯我与你，静坐端详，万物无声，听你唱起七十芳华。

你是在五万万人的注视下诞生的，五星红旗裹住了你稚嫩的身体，那日，千人同喜，万人同贺，你在响彻云霄的“起来，不愿做奴隶的人们”当中睁开清澈的双眼，望向天安门下欢呼雀跃的百姓，他们说你是用血海泪光孕育出的希望。

歌声还在传唱：“把我们的血肉筑成我们新的长城。”你思绪万千，记忆仿佛又回到了从前峥嵘岁月，那时你只是漂泊天地的一缕游魂，无处可依，而华夏大地正被战火硝烟笼罩，外来侵略者欺我中华国力衰弱，用枪炮在你身上撕开一道道伤口，你痛苦地呻吟着，感受力量在体内凝聚，而又逐渐消散，你奋力呐喊，声嘶力竭，可是终是无济于事，你只能眼睁睁看着华夏国土被无情践踏。气愤、悲哀又无奈。

中国人民从来是不甘受此屈辱的，你坚信。那时乌云蔽日，你察觉似有隐动，果然，华夏好儿女英勇奋起，拼搏杀敌。五万万人众志成城，气吞山河，没有枪炮，便用石击，没有防御，便以身躯筑墙，前进！前进！前进！风雨吹刮在战士们脸上，那是生命的洗礼，终有一日，待乌云散去，这些生命会得到升华。

思绪收回，你闭目不语。时光飞逝，再睁眼时你已亭亭玉立。你说往昔华夏人守你，你得以常听到艄公的号子，看到船上的白帆，得以茁壮成长，呈现欣欣向荣之貌，如今你守华夏人，当拼尽全力，收复旧土，增强国力，使中华子孙抬头做人，昂首做事。

你言之有行，行之有果。天际盛开的蘑菇云是你智慧的凝聚，虽像昙花现时转瞬即逝，然灿烂美丽却长久永驻，你用一颗原子弹，炸开了外国执政者对你的成见，铺平了你走向国际的坑洼道路。你乘胜追击，以光华为引，向联合国的舞台迈出步伐，你走得坚定，走得抬头挺胸，走得气势浩荡！你直面联合国军的声音，用实力改写“东亚病夫”的辱称，这一仗，你打得大快人心，打得痛快淋漓！

千禧之年，世纪之约，举国欢庆。你提前为全国人民送上最珍贵的赠礼：港澳之归。那时，所有人都在欢腾，都在庆祝，只有你躲在暗处，黯然流泪。你轻念“Macau”，这个陌生而又熟悉的名字，这个叫了两百多年的名字，你痛恨是自己的无力，让这个迷失在荒野的孩子如今才重获自己姓名——澳门。

你温柔与刚强并济，七十年的时光没有苍老你的容颜，你所在的土地高楼广厦，铁路密布，你曾经稀缺的飞机如今架以千计，你曾经珍贵的炮弹如今数以万计，你的公民留洋不会被千夫所指，他们反而会自豪且大声地喊：“我为生为中国公民而骄傲！”这些都是你的功劳，祖国——母亲！

往昔华夏人守你，而今你守华夏人，时光荏苒，温情永存，过往繁荣已经翻篇，未来兴盛翘首可盼。你提笔起身，收音敛容，划一叶轻舟而去，点湖水涟漪，拾起过往清梦，满载而归。

（本文作者为湘潭大学兴湘学院2017级汉语言文学专业本科生）

栉风沐雨，春华秋实

孙丽玉

一重华丽，一重朴实，我们站在历史的坐标轴，低眉轻触那篆刻着血与火年代的历史画卷，又昂首以深邃睿智的眼光去透析那日新月异的未知。从站起来到富起来，再到强起来，五千年的情怀，让中国成为辽阔的舞台，在我看来，这自然是最好的时代。

70 年的栉风沐雨，70 年的劈波斩浪、春华秋实，在这一刻我们收获。打开历史的画卷，我们惊叹新中国成立 70 年以来的伟大历程和辉煌成就，更自豪每一个华夏儿女艰苦奋斗，攻克了一个又一个看似不可攻克的难关，创造了一个又一个彪炳青史的奇迹。

我常常看到有关国家取得的伟大成就的影视或者文字作品，特别是《感动中国》《辉煌中国》《将改革进行到底》等，就忍不住热泪盈眶。我的太奶奶，她是一个裹着小脚的女人，她的脸上布满了皱纹，刻着岁月的痕迹。从建国到改革开放再一直到 2008 年的北京奥运会，虽然她都没有出过我们镇，但她经历的却更多，也就看得更清楚了。还记得小时候，夏季晚上乘凉，我搬着小板凳，吹着太奶奶用蒲扇给我扇的习习凉风，听她讲述她们那个年代的风风雨雨。她常常拍着我的肩说，你们这一辈过的奇好，过的得更好啊！（“奇好”是山东潍坊方言，非常好的意思）每当说完，她就会抬头望望上方的明月。也许，我的爱国心就是从那时候开始燃起星星之火。

春华秋实，尽管太多艰辛融进了农田里的犁铧、工厂里的钳锤，还有那战士们手中的钢枪，一代又一代的奋斗者问心无愧，因为他们努力向历史、向人民交了一份合格的答卷。70 年来，我们实现了从站起来到富起来、强起来的历史性跨越，在“一穷二白”的基础上取得了世界瞩目的成就。“复兴号”领跑世界，开启了中国高铁新时代；港珠澳大桥一桥连三地，天堑变通途；C919 成功首飞，实现国产大型客机“零突破”；中国“绿色奇迹”库布齐沙漠，成为“希望之地”……中国车、中国桥、中国机等的一项项举世瞩目的成就正在塑造中国经济地标的新引擎，勾勒出中国经济运行效率的新版图，不断刷新着“中国速度”“中国品质”。在鲜活的生活中，世界上最大规模的移动信息交互系统、集约高效化的地下管网建设等一项项基建工程使人们触摸到给中国社会带来的变化。这些变化坚强、有力、迅猛而又温暖地铸就着中国前进的每一个脚步。时光如水，岁月如梭，时间总是按它的规律悄然运转，但它也总能够定格下这些重要的历史瞬间。越是了解祖国取得的辉煌成就，我就越是感到惊艳。心潮起伏，目光澎湃，我骄傲我是中国人！

无数奋斗者栉风沐雨七十载，方成春华秋实。“幸福都是奋斗出来的。”习近平总书记在 2018 年新年贺词中如是说道。幸福就是获得感，我们的获得感在奋斗中变得可观、可感、可触。生在红旗下，长在红旗下，沐浴着社会主义光辉的我们，更应乘着改革开放的巨轮，勇立时代潮头。

栉风沐雨七十载，春华秋实千秋代。我爱那哺育我们成长的黄河、长江以及那丰盈的“北大仓”和“鱼米之乡”，我爱那陶冶我们情操的“之乎者也”“诗词歌赋”，五千年的历史淘尽风尘，新中国的号角催人奋进，改革开放春风习习，我爱你中国！我愿用我一腔热血与赤诚，来守护这一方土地，“因为我对这土地爱得深沉”。

“我们祝福你的生日/我的中国/愿你永远没有忧患/永远宁静……”袅袅的歌声久久回荡。

（本文作者为湘潭大学马克思主义学院2018级中国共产党历史专业本科生）

我一直在你温暖的怀抱里

刘燕茜

《辉煌中国》第五集："安全感，是背后有一个稳定的国家可以依赖。"这份安全感不需要你历经千辛万苦去求寻，只因"中国国民"这个身份就自然而然享有。

（一）我从地震中走来

作为一个四川姑娘，我对这份安全感的感受尤为深刻。四川是一个自然灾害多发的省份，地震、森林火灾、泥石流、雪灾等恶劣的灾害都曾发生。而我的记忆深处对2008年汶川地震的印象最为深刻，也许未曾经历就真的难以想象那些惨烈的场面，几乎一眼望去，好像整个世界都处于一种灰蒙蒙之中，仿佛连天上的鸟雀也知道这里已不再是合适的家园，朝着相反的方向飞去，地面上没有完整的建筑物，都已完全倒塌粉碎或者还剩一丝残渣，那是我第一次认识到有地震这样破坏力极强的灾害存在，那是我第一次在现实生活中认识到"血流成河"这个词，那是我第一次担忧我将会在哪里继续我的生活，那也是我第一次觉得人的眼睛是那么可怕，那是一种黯然无神的目光，那是一种无法改变眼前现实的无助，那是对未来的迷茫……是祖国为我们重建了这份安全感，时任国务院总理温家宝在第一时间到达现场视察灾情，再次强调把人民群众的生命安全放在首位，全面展开救援，充分保证灾区的人力和物力所需，全身心投入到抢险工作中，还有令中外震惊的是中国军队的救援速度、救援精神和久远的军民团结力。当一个个生命从废墟之下救起时，当倒塌的房屋不断重建起来时，当我们的生活重新回到正轨时，我知道这是祖国给予我们的安全感，这份安全感给了我们所有遭受灾难的人面对灾难和重建家园的勇气。不管你曾经遭受什么，请相信强大的祖国一直在你身后。

（二）“投降的孩子”

我想我们对这样一张照片并不陌生：一位摄影师正在给一个四岁的叙利亚女孩拍照，而当摄影师举起相机的时候，这个内心充满恐惧的孩子误把相机当成了武器，当即跪下来并举起双臂投降。这张照片不仅为世界所震惊，也引发了世界各国的思考。以色列自 1948 年建国以来，就经常遭到国际恐怖分子的袭击，每一次起航前都会对乘坐的人员进行长达半小时以上的盘问，每一次飞机安全降落整个机舱都会热烈地鼓掌，原来在我们国家无比正常的事情在别国已是万幸。不可否认不安全感催人奋进，如今的以色列，无论是在国防、军事、科技还是农业、金融、商业都位于世界前列，但是这份不安全感却依旧藏在他们每一个国民心中，他们无时无刻不在担心着国土安全，无时无刻不在担忧着自己是否会流离失所，而我们却因为我们是中国国民未曾有过这些担忧，感谢祖国给予我们的这份“心安理得”，这份简单平常的“心安理得”却是叙利亚人羡慕无比，我们不用担忧家园频繁遭到袭击，我们不用担心失去家园而流离失所，我们可以轻装上阵去看美好的大千世界，又理直气壮地回到自己的国家。

（三）电影中来看中国

电影也是记录历史的一种方式，它让我们普通大众更深刻地去了解重大历史事件。中国近年来不乏有许多优秀的军事题材的电影作品，而这类题材的电影多以真实的案例改编，看电影的过程也是我们了解历史的过程。一经上映便获得观众一致好评的《湄公河行动》讲述2011年10月5日发生在金三角流域的中国船员遇害事件，又称为“湄公河惨案”。这次惨案中，“华平号”上的6名中国船员和“玉兴8号”上的7名中国船员全部遇难，其中1人失踪。时任国务院总理温家宝与泰国时任总理英拉通电话，要求泰方加紧审理，依法严惩凶手。中国公安部也成立了“10·5”案件联合专案组赴泰国调查，排除一切影响调查的因素，还原案件真相，切实维护我国国民尊严和人民利益。湄公河惨案的制造者糯康，以及其犯罪集团最终被抓获，由专案小组押送回云南审理，还无辜死者一个公道，还中国国民一个公道。让世界知晓：敢犯我中华者，虽远必诛；敢伤我国人者，虽远必捕。

一百多年前，梁启超先生曾经说：“故今日之责任，不在他人，而全在我少年。……少年强则国强。”一百多年后的今天我想说：中国强则中国少年更强，强大的祖国赋予中国少年安全感，基于安全感，我们可以更好地选择自己的生活方式，去担起新时代下中国少年应担起的责任，不辜负这份“安全感”。

（本文作者为湘潭大学商学院2017级财务管理专业本科生）

愿

顾欣楠

序·时代

2019年8月，四川成都，窗外的蝉还不知疲倦地高声吟唱着枯燥的调子，窗外的炎热丝毫入侵不了凉爽的房间。在隔着冰火两重天的窗里，一个个头中等，身材胖胖的女人正一边擦着木地板一边絮叨着：

“你看看你们现在的人啊，真是身在福中不知福，我们那个时候，吃不饱穿不暖，每天天没亮就出去割猪草……”

“嗯嗯，您说的是，您辛苦了，您最厉害了。”躺在沙发上的女孩专心致志地玩着手机，只无意地分给了女人一丝目光。

“都二十岁了，还每天什么都不做，我们那个时候啊……”

“我们那个时候啊，十五六岁就出去工作了。哎呀，妈。你这些话我都听腻了，现在已经不是你们那个年代了，现在十五六岁算童工好吗？老给我讲你们过去，你们过去。现在已经不是过去了，我也没在你们那个年代生活过……”女孩极不耐烦地打断了女人的话。

“所以啊，你们现在多幸福啊，一点苦都没吃，还不好好珍惜，不好好学习，一天天的就知道玩手机。我们那时，想读书都没得读……”

溯・旧时

1965 年，四川南充某处农村。天刚擦亮，农家便已有了烟火，这时家家户户在做早饭。简易的瓦片房里，有个小女孩站在一个矮凳上，对着比她人还高一小节的灶台做早饭。所谓早饭，也不过是大锅里熬稀粥罢了，配上自家的泡菜，已是难得的佳肴。能吃上早饭，碰到米，已经不易了。做饭的女孩在家里排第五，家里人也就唤她老五。老五的上面有三个哥哥和一个姐姐，下面还有一个妹妹。家里人多，难免会有些困难。对老五来说，大多时候一天也就中午算正经吃饭了。早上家里蒸些红薯，晚上自己去扒些野菜果腹，一天的饭食就算解决了。“恩，得快些了。”老五看了看天色，默默加快了速度。草草吃完饭，老五和她的姐姐分别背上大背篓出门了，她们每天早上出门去捡煤渣，到中午回家吃完饭，下午又出门去割猪草喂猪……一天天的日子，就是这样的重复。当然，她们也有自己的娱乐活动，有时会偷偷跑到村里的学堂外，听里面的孩子念书，眼里满是艳羡。

1975 年，老五已十六岁了，在南充的一个工厂当女工，由于文化程度不高，只能做简单的手工活。十六岁的姑娘，总归有些爱美的，厂里的其他姑娘有些打扮得可洋气了，穿着小皮鞋，别着各种颜色的发夹，总是神采飞扬的样子。但也有些和老五一样，总穿着不合身的衣服，那是她哥哥穿不了，留给她的……

存・当下

“我当年如果能读书啊，肯定努力学，拼了命的都要学好，绝对比你有出息，说不定还能当领导呢，哪像你现在，没出息。”女人恨铁不成钢，无奈地看着自己的女儿。

“哎呀妈，你也说了是如果，不是回不去了吗？我现在吃得饱饭，也有新衣服穿。”

“那你还不好好学习，家里这些事情都不用你操心，你说你就读个书都读不好，你好意思了！如果是我……”

望・未来

2019年10月1日，祖国母亲70岁的生日。

我能从书本、电视、手机……各种渠道了解到祖国母亲70年来的惊艳蜕变。从落后就要挨打到如今的科技强国；从解决温饱到实现总体小康社会；从“一穷二白”到世界第二大经济体……中国，是世界见证的奇迹。

我生长在祖国飞速发展的时代。对我而言，肉眼可见的发展是看着门口的大路变成工整的柏油公路，看着一幢幢矮房子被高楼大厦替代，看着生态公园越来越多，环境越来越好。现在，我每天盼望的是通到家门口的地铁修建能在2020年准时竣工。

无疑，我们是幸运的。没有经历过老一辈人口中吃不饱穿不暖的日子。从小到大，我绝不会缺的就是新衣服和好吃的。从前的人们生活很简单，现在的我们手机不离手，还有电视、电脑……各种供我们娱乐的设备。以前车马很慢，如今中国的交通网纵横交错，汽车、轮船、飞机……各种出行方式为我们提供便利。

这世界上有许多国家，却只有一个叫中国。我们的祖国，她取得了令世界瞩目的傲人成绩，她是 14 亿人民安心生存努力拼搏的地方。我们很幸运出生在发展的年代，见证了中国的发展，也期待祖国更好的未来。

这盛世，如你，如我，如我们所愿。

（本文作者为湘潭大学公共管理学院 2017 级行政管理专业本科生）

原来，我的沙漠玫瑰在这里

陈　莉

“为何这片荒漠，像是鬼打墙般，转来转去，似乎还是在原地呢?”声音听起来似乎很稚嫩，推敲应该是一个18岁左右的少女。小沙丘上，一个瘦弱的身影被落日的余晖拉得很长，很长，看起来似乎更瘦小了。

女孩很疲倦，整个人蔫蔫地站着，只是那双眼中偶尔蹦出来的光亮，让人不由得惊喜，这是一个有灵气的女孩。她嗫嚅着：“我的沙漠玫瑰，我能找到你吗?”到底还是这份心战胜了身体的疲惫，她又慢慢地往前走。

夜幕很快降临，又是如昨夜一般肆意的寒冷，少女抱紧自己的双臂，蜷缩在小沙丘后，眼眶逐渐泛红。我来到这片沙漠已经两天了，两天前的自己，意气风发，只留下一封信，便去寻找那位老先生所说的神秘的“沙漠玫瑰”，可如今，干粮和水已经所剩无几，而我的沙漠玫瑰却仿佛消失在茫茫沙海中，不见一点踪迹，那你到底是真是假？还有我亲爱的阿妈，阿爸可还好？他们会不会担心？我好想他们，好想，好想……一霎间，女孩的悲伤无处可遁。月亮似乎也听见了她的悲伤，想悄悄躲起来。不知过了多久，女孩沉沉地睡去了……

可这个夜里，似乎并不是那么的安静。沙漠的另一处，断断续续地传来声音。往前看一看，不难发现，这是一群军人。他们军绿色的身影，在月光下格外显眼。其中一个中年军人，面容严肃，和其他军人似是在商量探讨着什么。“我们这一次与藏独分子的作战区极有可能是在这片沙漠，沙漠环境恶劣，且形式多变，我们无法预测到未来的情况，但我们始终要一起，任何蛛丝马迹，一定要报告，我们一起行动，决不允许任何兄弟落队。还有我们一定要找出那个小女孩，对她来说，这是一个极其危险的环境，而我们在和藏独分子决斗的同时，要绝对保证小女孩的安全。我们可以先……”温度直线下降，可这群军人内心的热血一直在熊熊燃烧着，默默祈祷，希望这是一个平安的夜晚。

光亮刺激着少女的双眼，她缓缓睁开眼睛，看着眼前的这一切，平复了一下内心，双手合十，祈祷着沙漠玫瑰的出现。又是一次毫无头绪的寻找，突然，少女大叫了一声：“是骆驼，那肯定有人!”声音中满是掩不住的惊喜，只见她快速跑过去，中途好像有什么掉下来了，她也不甚在意。但快要到达骆驼那儿的时候，她猛地呆滞住了，身体也在微微颤抖着，就在刚才那一秒，那头活生生的骆驼便被这无情的沙漠吞噬了。绝望与恐慌，再一次向少女袭来，她该何去何从?

可能是老天“眷顾”这位姑娘吧，没有走多远，她看见远处有两个人影，但她似乎怕这不是真的，又擦了擦眼睛，是真的，有两个人，活生生的人。她又一次快步向他们走去，距离越来越近，两个人的样貌也渐渐清晰，一个较矮胖，一个稍高一点，两人面容蜡黄，眼窝深陷，同道中人啊，少女叹了一声。突然，她瞳孔微缩，难道又发生了什么？那个矮胖的人手里拿着一面旗子，那个她认识，那是藏独分子的旗子，而且他们手里的枪和其中一人包扎的手臂都充分说明了这一切。一时间，她无措，该如何做呢？她边想边慢慢往后挪，可对方也看到了她，一步步逼近，最终两人还是困住了她。其中那个较矮胖的人叫住了她，说："小姑娘，要不要加入我们？"少女此时已经忘记了思考，只是本能地摇了摇头。可是这两个人并不这么想，他们一人一只手抓住了少女，说："既然不合作，那便没有活下来的可能！"那个高个子欲用枪支抵着少女的头。"原来你们在这里！放开那个少女，我们来和你们一战！"突然出现的声音吓了这两人一跳，他们恶狠狠地说："既然已经是亡命之徒，何不再拉一个人陪我们呢！""是吗？"那个声音者走了出来，原来就是那个中年军人。随着他的出现，一队军人把两人团团围住。"我们一人换一人，我用我自己来换这个少女，相信以你们的判断，能明白这个交换的好处！"中年军人用冷静的口吻与这两人协商。两人小声地商量了一下，说："我们答应了，不许耍花招！"因为高个子手臂受伤的缘故，由较矮胖的那个人带着少女和中年军人对换。两人快要接近的时候，形势突变，中年军人做了一个手势，两颗子弹飞速向两个藏独分子射去。饶是两个人都感觉到了危险的来临，但矮胖之人还是被射中了手臂，中年军人趁此机会夺下了他手中的枪，当时亮光一闪，他抱着小女孩翻转了 180 度，把她交给了旁边的军人，而另一边，高个子也被射中了胸膛，旁边的军人立马上前擒住了他。

藏独分子已成功抓获，少女也获救了，这个结局甚好。"队长，你的手臂受伤了！”一个年轻军人发现了中年军人手臂上的伤口在“噌噌噌”地冒血。“无碍，先看看那个小女孩！”其实这种情况，他早有预料到，两天前，他带领他的兄弟在全力追击着藏独分子的余党，可来到这里后，却接到一名少女离家出走的消息，当时那名少女的父母几乎将希望全部寄托在他们身上了，那对夫妇希冀的眼神他永远也不会忘记，他发誓一定要帮助到他们。他也深深地明白，那名少女面临的危险很严重，一是沙漠的环境，一个小姑娘又如何受得住，二是藏独分子，虽然经过一个月的努力，大部分藏独分子已经缉拿归案，但这剩下的两个无疑对少女也是一个隐形炸弹。他内心当时也很焦急，这种事情多一刻，便多一分危险，而他要绝对保证小女孩的安全，哪怕是付出血的代价。幸运的是，他的策略见效了，对那两名狙击手的安排成功了，也幸而，他反应过来了，高个子的子弹并没有伤害到少女。他朝少女走过去，摸摸她的头，问道：“可有受伤?”小女孩摇了摇头，鞠了一躬，说：“谢谢你们，可是我的沙漠玫瑰……我……”话并没有说完，少女便直直地往地上倒去，一旁的军人连忙接住了她。中年军人却捕获到了她话里的重要字眼，说：“沙漠玫瑰，你们知道吗?”其余的军人齐刷刷地摇了摇头。

阳光下，一群人慢慢地走向沙漠的边缘，沙漠也逐渐归于平静，仿佛那场凶险的战争从不曾发生过。

少女这一次醒来是在医院，她的阿爸阿妈都守在床边，她立马开心地抱上去，这一刻，她真正感到自己的人生活过来了。她忍不住跟阿爸阿妈讲述了这一路的故事，泪水与欢笑，在这间病房里肆意飞扬。最后阿妈拿出了一个盒子，说这是军人叔叔留给她的，她拿过来，快速打开，打开的那一瞬间，小姑娘泪崩了，里面有她的牦牛骨挂饰和一封书信。看到那个挂饰，她终于明白，为何军人叔叔能那么快速地找到了她，她真的很幸运。而那份书信上写道：寻找沙漠玫瑰的小姑娘，恭喜你找到了，现在它就在你床旁边的柜子上面。她缓缓转头，果然柜子上面有一个瓶子，瓶子里面只有几株土黄色的干草，她感到很疑惑。阿妈看到了，解释道："它只需要你浇一点水，便可变成玫瑰！"她好像明白了，捧着瓶子，内心念着，可爱的军人叔叔，你们是我心目中那真正的沙漠玫瑰，祖国和我们，有你们守护，我们永远安心，希你们无忧！

病床上，女孩捧着一本书，翻开的那一页，清楚地写着：《沙漠玫瑰》（作者：龙应台），暖暖的阳光洒在女孩的发尾，也洒在坚守在岗位上的军人们身上，时光一切静好，这就是我们的祖国……

（本文作者为湘潭大学化工学院2018级本科生）

绿皮火车

朱　茜

绿皮火车在高速发展的中国土地上运行了上百年，似一位饱经风霜的老人，洞悉着中国的变化。

过去与爸妈一同从沿海务工回来时，必须在凌晨赶着那几趟为数不多的绿皮火车。

候车室的窗外，天空仍拉着夜晚的幕布，几颗黯淡的星星悬挂头顶。人们穿过黑暗，涌向这里，明晃晃的灯光照亮着行色匆忙的他们。候车室里的人们横七竖八地排在地上，头枕着行李袋，便能补上一觉好梦。我小心翼翼地安放我的脚尖，唯恐惊扰他们的梦乡。

车站里一躁动，他们便会睁开布满血丝的眼睛警觉地看看周围，毫不犹豫地站起，拍拍灰尘，随人群蜂拥至站台。火车的到来无疑又拉开一场角逐——他们拖着大的小的行李往火车前进的方向跑去，行李箱在地上接触，“咯咯”的响声在凹凸不平的水泥路上跳跃。

而现在乘火车的感觉与过去已有云泥之别。偌大的候车厅能装下满身疲乏的人们，巡警在周围来回踱着步，维护这里的安全与秩序。一切焕然一新，宽敞明亮。但是当我走上火车时却能发现另一幅景象：许多人蜷缩着，空洞的眼里盛满着疲倦。桌子、地上布满垃圾，让人难以落脚，散发出令人窒息的混合气味。

我把位子上皱成一团的布展平，把垃圾拾在铁盆子里，对面正趴着熟睡的年轻人抬起了头，浑浊的目光瞥向我，微微挪下了身子，又向后靠去。他的脸上缀满着胡茬，头发长过眉梢，头倾斜向一边，怀里紧紧抱着看似空空的背包。

渐渐适应车厢的嘈杂后，我便悄悄听起周围人的交谈。原来他们很多都是趁着短短的假期从广州回来的人，我这才想起这趟火车正是由我国东南开向中西部的。

一个伯伯拿着手机走了过来，用蹩脚的普通话问我能不能给他发个朋友圈告诉家人们他回来了。他说这句话时竟像个孩子一样表现出回家的兴奋。但我却感到一丝难过：回家对于我们很多人来说只不过是一件很平常的事，而对于他们来说却可能是一年或几年的期待。在他们心里，家乡即远方。

现在历史的接力棒已辗转交付于我们手中，我们是不是也该认真地思考自己的使命了。经济发展中的不平衡，应由我们来继续发展。祖国啊，您将我们庇佑在您的臂膀之下，我们长大成人后，必将会报答您。

绿皮火车缓缓运行着，它是一个观察中国的窗口。前进的道路上有幸福，也有辛酸，它慢慢诉说着……

（本文作者为湘潭大学法学院·知识产权学院2019级法学专业本科生）

未完待续的故事

杨　玲

祖国母亲：

请允许我这样叫您，于我而言，您就像一位母亲一样一直保护着我们。我知道，今天是您的生日，我想给您讲一个故事。很巧，这个故事的主角与您同一天生日，她与我有关，也与和我生活在同一片土地的人有关。

每逢她生日，我们都会为她庆祝生日，今年尤其盛大。北京的长安街上，天安门前，不计其数的人在现场为她庆生，这场面好不热闹。举国上下都在热情欢呼，大街小巷里，挂的都是象征着她的旗帜，播放的都是歌颂她的旋律。

重获新生的她已有七十载，但如此年轻的她，已经有了属于自己的独特的气场，而她的实力也让不少人忌惮。阅兵仪式上，那些从天安门前走过的战士，飒爽挺拔的身姿，铿锵有力的步伐，那坚不可摧的机甲，无一不在向世界宣布着，我们再也不会被人欺辱，我们已经强大到能够保护自己，甚至是保护他人。这些战士与兵甲，为我们筑起了坚固的城墙，其高虽不及长城万里，但这一定是一道难以攻破的城墙，能为我们抵御外敌。在过去资本主义盛行的时代里，她是弱势的一方；在现在多元化时代里她是独一无二的。在电视机前观看盛典的我，看到这些庄严肃穆的场景忍不住热泪盈眶，内心涌现出一种无法言说的感觉。如果您也看过这庆典，您无法想象几十年前的她到底是怎样的。

过去的岁月是难熬的，过去的人们是痛苦的。外来入侵如一块黑色幕布笼罩着这方国土，让人觉得难见天日。多少人试图揭开它，但散漫的人心早已腐朽，统治者的灵魂已经枯竭。那些奋勇站起来的人啊，点亮了前进的火炬，但总是在触及它时就被那些不明是非的人给扑倒，微弱的火苗被黑暗吞噬，一次次燃起的火星又一次次地被熄灭。鲜红的血液和狰狞的伤口也唤不醒这些愚昧的人，有人选择师夷长技，用技术和装备武装羸弱的身体，有些人选择弃医从文，用文字拂去心头沉淀已久的灰尘。无数先驱者倒下，无数后继者跟上。后来，一群深明大义的人，置生死于度外，拯救了处于水深火热的人们，笼罩在这片土地上空的幕布被彻底掀开，温暖的阳光再度洒下来。刚刚接触阳光的她就像一个蹒跚学步的孩童，在学走路的过程中磕磕碰碰，但因为站不稳而摔倒受的伤怎会阻碍她想要向前迈进的步伐。在朋友的帮助下，她逐渐跟上了其他人的脚步，甚至超越他们，走在了前沿。此时，她已经由一个跌跌撞撞的孩子成长为一个能独当一面的大人，变得成熟稳重了。其他伙伴再也不会瞧不起她，轻蔑的眼光转变成赞赏的目光。

在世界这个大家庭里，她已经强大到位列第二，成为这个家庭中不可或缺的存在。但是，她并没有骄傲自大，也没有恃强凌弱，而是不忘初心，砥砺前行。她是温和善良的，会扶持身边弱小的伙伴，“一带一路”共同发展；她是热爱和平的，不想这个世界再次战火纷飞，维和部队中总会有她的身影；她是不卑不亢的，遇到挑衅时会亮出利爪，不屈于他人的威胁。

平稳而快速的列车，凭借着自身的优势已经驶向国际舞台；奥运会场上，国歌的旋律屡次响起，身披国旗的奥运健儿是全国的骄傲；神秘的东风导弹，如利剑刺穿长空，令敌人闻风丧胆；G20 峰会，加强彼此的合作，促进世界经济可持续发展；5G 通信技术，是无数人的心血凝聚而成，一出现便引领全球；孔子学院，让异国人惊叹文化底蕴深厚，感受文化瑰宝的璀璨光芒。短短七十载，她走完了别人花数百年时间走过的路程，取得的成就不计其数。五星红旗将永远在空中飘扬，而她的未来，将无可限量。

到此，我要讲的已接近尾声。祖国母亲，我无法告诉您这个故事的结局，因为故事还在继续，但是最终的结局您会知道的。您看出来了对吗，这个故事的主人公就是您。您经历过最黑暗的日子，目睹血腥的屠杀，饱尝战争的残酷，受尽他国的凌辱。在这里并非故意提及过去，但我想如此强大的您已经不再畏惧过去那血淋淋的伤口。祖国母亲，我们为您取得的成就而自豪，现在以及未来的你定会“势若骏马奔平川”。

祝前程似锦

2019 年 10 月 1 日

（本文作者为湘潭大学计算机学院·网络空间安全学院 2018 级计算机科学与技术专业本科生）

我不善于旅行，你就是我的整个世界

李思懿

我向往旅行，也常在纸上写下我的向往，但我却不善旅行，不及自由人一般一个背包，一次一处远方。我的祖国很美，我曾有幸亲临感受过她局部的壮阔和美丽。她很大，大到仿佛可以装下我的整个世界。

从懂事起，去得最多的景点就是家乡的岳麓山，以至于以前并不觉得那是一个热门景点。虽然长沙的秋天看似没有经历过，但岳麓山的枫叶还是照样的红。从山脚上到爱晚亭的路上，从叶间一星半点的红到漫山遍野的红枫，这样的景色，即使是多次光临也仍觉震撼。难怪爱晚亭取名于几百年前的一句“停车坐爱枫林晚，霜叶红于二月花”。每年节假日，这里的游客络绎不绝，他们大多都是冲着这爱晚亭慕名而来。在众多游人中，常有两鬓斑白的老人会在亭周驻足，久久不能离去，有的更是连同身旁好友感慨万千。先前觉得这一眼便能看完的景，我想在他们那里正是成了我们常说的岁月情怀吧。毛主席在湖南第一师范学院求学时也常与友人在这爱晚亭纵谈时局，探求真理。爱晚亭不仅承载了毛主席的青葱岁月，也见证了那一辈人的奋斗经历。

旅行，观的不仅仅是景，也是历往时光、先人情怀。这大抵是我再年长些才能懂的道理。在中国大地上这样见证红色岁月的地方数不胜数，它们不是千篇一律的红色故事，而是每一个都有着独一无二历史沉淀的中华基石。正是这些岁月才换来如今美丽的祖国。旅行，有时可能会有糟心的风景，但时间的、历史的旅行从来都是历久弥新，鼓舞人心的。

每一个未曾见过海的人，应该都会向往大海吧！祖国东部有辽阔的海岸线，每年，沿海城市都会有成千上万的游客涌入。相比起山川的沉稳、安逸，沿海城市更像个活泼的大孩子，成熟的外表下有一颗躁动的心。毕业旅行时，我和朋友来到了厦门，面对大海，虽然脑海中想象过许多次，但都不及亲身所至来得震撼。耳边是海浪拍打着沙滩的声音，脚底被海水裹着沙，一遍又一遍地冲刷着，洗去前一夜与友人熬夜畅聊的困意和整日穿梭游走的脚底的疲惫。那种全方位的享受好似我张开双臂就能拥抱整个世界。在这个旅游业发达的城市，它早已有着井然有序的运行模式。从具有独特地理位置的商业街到沿海而设的特色街区；从四通八达的地下、地上铁到按时按点出港的往返轮渡；从各类摩天大厦到被旅馆民宿环绕的岛屿，都无一不向游人展示着其成熟旅游业的发展。要知道几十年前中国大多数的沿海城市还处在一种未开发的状态，人们大多还是迎着旭日而出，伴着朝阳而归。而如今的小渔村，早已高楼林立。

走去更繁华的城市，享受到更优质的生活体验，目睹中国几十载的翻天覆地的变化与发展。在这里，现代感、未来感环绕在身旁，充满现代感的体验让我们有着对未来的无限憧憬。像那海平面的尽头安逸且美好，辽阔且神秘，发展带来的生活美好，让我们有了对未来的无限期待。

“星空的高原和低矮的尘世，都是我们居住的地方。”偌大的中华大地上，有延伸至大海的广阔之地，也有最接近天堂的纯净之地，青藏高原横断山区腹地——香格里拉正是这被誉为“最接近天堂的地方”。这里不仅有达到国家一类标准的水质空气质量的国家公园，更有“雪山为城，金沙为池”的雄伟态势。山水的神奇之处就在于你永远不知道这座山后是广阔平原，是连绵不绝的山峰，还是一湾清水。而远在几千公里之外，平均海拔远低于香格里拉的张家界，反而目之所及山峰之险峻，那种能够近在咫尺感受到的绝对高度，也不得不让人赞叹大自然的鬼斧神工。奇形怪状的山峦，被人们想象成一个个故事，赋予新的生命，供游人观赏。

同样为山水，可以声势浩大，可以细水长流，可以高耸入云，也可以连绵起伏。中国山水总能在旅行中给你带来惊喜，因为她足够丰富，足够伟大，就像中华民族一般，在时间的长河中生生不息，在广阔的大地上各放异彩。

我不善于旅行，以上这些是我旅行过的所有地方，它们为数不多，但却都让我无一不赞叹祖国的大好河山，庆幸自己生于这里，庆幸未曾走远也能看到如此景致，庆幸未曾走完人生就能见证她的强大。我生于一个最好的时代里。

我不善于旅行，祖国于我，她就是我的整个世界。

（本文作者为湘潭大学化学学院 2018 级高分子材料与工程专业本科生）

第四篇

脱贫众志坚
续力谋新篇

2020年是全面建成小康社会的收官之年，也是脱贫攻坚决战决胜之年。在第七个国家扶贫日到来之际，习近平总书记指示强调："全党全社会勠力同心真抓实干，贫困地区广大干部群众顽强奋斗攻坚克难，脱贫攻坚取得决定性成就。"青年学子积极响应号召，以青春之名助力全面小康，用青年声音讲述大国扶贫。

我说家乡扶贫故事

尹曼舒

潮涌衡山之东，风拂百里洣水。作为一个土生土长的衡东人，今天由我为大家分享我身边的衡东人的扶贫故事。

2020年是全面建成小康社会目标实现之年，也是脱贫攻坚战收官之年。时间是忠实的见证者，截至2020年9月，衡东县33个建档立卡省级贫困村全部“摘帽”，建档立卡贫困户8306户25894人，已脱贫7284户23833人，贫困发生率由2014年的5.81%下降至0.31%。在与贫困决战的壮阔战场上，衡东人以崭新姿态和顽强拼搏的精神，书写了非同寻常的奋进史诗。而这其中，有一些扶贫故事深深印在了我的脑海中，令我为之动容。

第一个故事：100元和389封信（教育扶贫）

我要给大家讲的第一个故事，是关于100元和389封信的。同学们，100元可以做什么？买件衣服？吃餐便饭？而对于王武树而言，100元却是他扭转命运的钥匙，也是他传递爱心的初心。

30多年前，个头矮小、面黄肌瘦的王武树站在杨林二中（现衡东县第二中学）的食堂外，默默地闻着空气中散发的菜香，却不敢进去。他手中已经没有餐票了，这几天也已向好心的食堂阿姨蹭了几餐白米饭，再也不好意思开口了。忍饥挨饿了快一周，他终于不得不问自己："我到底还要不要上学呢？我的人生方向在哪里？"想继续读书，想用知识改变贫穷的命运，然而没有学费和生活费，摆在他面前的就只有辍学这一条路。"我不能辍学，我要读书！"他在心底发出呐喊。于是他跑到姨妈家借了100元，自己暗下决心，一定要好好读书，摆脱贫困！

这30多年，王武树的事业慢慢走向成功。30多年后，已经是东莞市湖南衡阳商会会长的他，却始终没有忘记当初自己连100元生活费都没有的困境，和在极度贫困中求学的心酸。他下定决心：要帮助更多的人有书读！于是他回到了母校，参加教育扶贫活动，帮助杨林二中的贫困学子上高中、考大学，走出贫困，实现人生梦想。

10年来，王武树捐资助学资金40余万元，精准扶贫70余人，还亲手写了389封信，将自己的故事讲给贫困学子听，鼓励他们坚定信心、克服困难、学好本领，回报家乡和社会。在信里他写道："金花，叔叔有缘分帮到你，是因为你需要帮助，并不图你任何回报，只是希望当你有能力回报社会时，就一定要发自内心地帮助真正需要的人……"

他也经常收到孩子们的回信，信里分享孩子们学习和成长的喜悦，以及人生的规划。"王叔叔，我是刘正，我高考取得了669分，是衡东县理科状元！以全县最高分考上了北京航空航天大学……""王叔叔好，我是肖捷，谢谢您这7年来的资助，我考上研究生了……”“王叔叔好，我是刘金星，我是欧明月，我是单美婷……”就这样，一封封散发温情的信在王武树和助学学生间传递着，一个个贫困学生在他的资助下考上大学，走向工作岗位，走出贫困。

从濒临辍学到借100元去读书，深刻体会贫困中的绝望的王武树将绝望化为动力，通过奋斗走向成功，并投入教育扶贫的事业中，成为一个胸怀大爱的企业家。100元，略显微薄，却埋下了爱心的种子；389封信，字字深情，让王武树的教育扶贫道路充满了温情。而这389封信，也远远不是终点，他还将用毕生的精力去续写奋斗与梦想、责任与担当、爱心与传承的故事。

第二个故事：在苦难中开出花（创业扶贫）

人们时常抱怨命运不公，给予了他人优待，以致自身如此平凡。却殊不知，做一个普通的平凡的人，对遭受苦难的人来说可能是种奢望。对于第二个故事的主人公董明亮来说，即是如此。

2002年，高中毕业在广州务工的董明亮因一场意外造成腰椎受伤截瘫。突如其来的噩耗让董明亮失去了工作，家庭没有了生活来源，陷入深深的痛苦中。面对治疗的疼痛，他人的嘲笑，内心的惶恐，董明亮对生活失去了信心。整整6年的时间，他一直在恨命运为何对他如此不公。“为什么！为什么偏偏是我！”“不！我要养活自己！我要养活自己！”这样的声音也在心里无数次地敲打着他。

心若有志，何处不是出路？成为残疾人的董明亮，本以为一生就此萎靡不振，不曾料想一部智能手机，让他感受到了智能时代的无限可能。年少自闭的他内心顿时感悟：“抱怨没有用，一切得靠自己，既然改变不了命运，那就改变自己！”于是他暗下决心，调整心态，积极面对以后的每一天，开始在手机网络课堂上学习各种网络技术。为了能够获得更多的学习机会，董明亮拿出身上仅有的1500元买了一台二手电脑。整整半年，一部手机，一台电脑，一张床成了他的“学习三宝”；馒头、包子成了他的“家常便饭”。由于只有高中学历，在课程学习中有很多不懂的地方。别人听一遍就会的课程，他要反复听10遍、20遍甚至更多遍。通过刻苦学习，董明亮获得了老师的赞扬，并让他带领小组专门从事字幕工作，有了知识的“傍身”，董明亮更有底气了。

2015年，脱贫攻坚战全面打响。扶贫工作队的同志通过多次摸排了解到董明亮的家境十分困难，将其纳入建档立卡贫困户。为了改善他的居住环境，2015年底，杨桥镇政府通过危房改造政策为他筹集了一笔扶贫资金用于房屋新建。自己的小家变好了，董明亮也有了更大的目标。2017年，在杨桥镇党委、政府及驻村工作队的鼓励下，董明亮决定成立明亮爱心一号工作室。工作室成立初衷是为了带动更多重度残疾人就业，使其自强自立，融入社会，实现人生价值。通过长期的不懈努力，工作室的人数由开始的1人上升到33人。工作领域也从单一的字幕工作扩展到了平面设计、AI数据服务。目前，董明亮的明亮爱心一号工作室与百度、海天、爱数、数据堂、虎课网等五家公司合作，吸引了全国各地200多名残疾人共同从事AI数据服务、采集及标注，户型图绘制、图片字幕上传、文字识别OCR等业务。

沐浴着精准扶贫的春风，董明亮靠着自强不息、努力向上的精神，于苦难中开出绚丽的生命之花。这样的例子或许只是扶贫路上的沧海一粟，但却是汇就通向小康之路的点点星光。借用

《哪吒之魔童降世》中的话，如果你问我，人能否改变自己的命运，我也不知道。但我知道，不认命，就是董明亮掌握命运、脱贫致富的开始。

第三个故事：阳国清的三个梦想（产业扶贫+就业扶贫）

同样绽放在这片土地上的，还有寄托于中国梦之下的、扶贫工作者阳国清的三个梦想。

56岁的阳国清是衡东县霞流镇人，因家境贫寒不得不放弃学业，帮助父母照顾年幼的弟弟。20世纪80年代初到外打工，靠着灵活的头脑和精准的眼光，他成立了自己的公司并在广州站稳了脚，实现了他的第一个梦想——脱贫致富。

2010年，为响应中央“打赢扶贫攻坚战”的号召，阳国清回到了并不富裕的家乡，有了他的第二个梦想——帮助家乡发展，让乡亲们一起脱贫致富。于是，他回到霞流，由意气风发的董事长变成了一位起早摸黑的鸭农，饲养蛋鸭20万羽，解决就业岗位137个，带动蛋鸭养殖户62户。他积极参与公益事业，十年来累计捐款800多万元用于农田水利、道路、绿化等基础设施建设。因在助推产业发展、致力脱贫致富方面的突出贡献，阳国清在2014年被党员群众一致推选为李花村村支部书记。

面对攻坚脱贫的重大任务，在摸清李花村贫困户的基本情况后，阳国清成立衡东县绿然家禽养殖专业合作社。采用“合作社+贫困户”的帮扶模式，免费为贫困户提供技术、鸭苗、饲料、兽药，提供统购统销。然而扶贫路上，阳国清也曾遭遇过困难——有一户贫困户，政府出资3500元购入一头牛发放给他，隔了一个月，他却用2500元将牛卖掉。养牛户的故事，让阳国清更加清醒地认识到扶志与扶贫同等重要。接下来的日子里，阳国清与贫困户保持更加紧密的联系，和贫困户勤交心，及时解决他们的实际困难。日子一天天过去，村里贫困户的精神面貌好了，种养殖的积极性也提高了。合作社帮扶的36户贫困户，每户年均增收4.8万元。

李花村地处衡阳盆地，以红岩丘陵地貌为主，多红色酸性土壤，适合经济作物油茶的种植。阳国清牵头成立村集体经济组织“衡东县李花村股份经济合作社”，合作社收入归集体所有。阳国清个人捐助35万元，依托村集体现有的油茶林，新开油茶180亩，建设鸡舍2300平方米，饲养三黄鸡2.5万羽。贫困户免费享受合作社40%的股权，实现25户贫困户97人全覆盖，年底享受分红，当前合作社年收入115万元。

产业扶贫为主线，就业扶贫为辅线，只有双管齐下，才能保障扶贫的全面覆盖性。阳国清成立衡东汇溪谷食品有限公司，专注就业扶贫，设立扶贫车间，对贫困户进行敞开式、低门槛式招聘。不仅帮贫困户缴纳社保，还毫无保留地培训贫困户咸蛋、咸蛋黄的生产技术，帮助贫困户习得一技之长；同时将政府扶贫车间的补助资金全额发放给贫困户，贫困员工年均增收5万多元。

2014年，阳国清发起成立“李花村乡贤会”，在全镇掀起了献爱心、助扶贫的热潮。募集善款30余万元，全部用于扶贫济困、大病救灾、捐资助学，防止村民因病致贫，因灾返贫，因贫失学。贫困户段小平家庭极为困苦，他本人瘦弱多病，妻子患有严重的精神疾病，大女儿因交不起高中学费面临辍学。一次走访中，阳国清见其大女儿在屋檐下哭泣，在了解情况后马上免费为段小平家提供鸭苗、饲料和鸭棚，帮助他建立起2500羽的蛋鸭养殖场地并帮其销售。在其帮扶下，段小平的大女儿成功考上了湖南第一师范学院。收到录取通知书当天，段小平激动地表示："没有阳国清，就没有我全家的今天啊。"

目前，李花村建有全省第一个"农家书屋"，开展了"好媳妇、好婆婆"评比活动，成立了"李花村巾帼腰鼓队"，呈现出了奋发向上、团结拼搏的精神风貌。现在，阳国清的第三个梦想是：为乡村振兴而奋斗，打造李花村"五点一线"的风光带，让李花村成为"村美、水清、岸绿、河畅"的美丽乡村。

饮水思源，无数"阳国清"们成为扶贫路上的"逆行者"，投身于扶贫第一线，为乡村振兴而奋斗。习近平总书记说，"脚下沾有多少泥土，心中就沉淀多少真情"。心中有阳光，脚下才会有温暖；心中有群众，扶贫才会见真招；心中有大爱，扶贫工作者才会有"花样"的扶贫生活。在照亮那些需要被帮助、被关爱的人的同时，也照见了自己的良善和初心；照见了无数扶贫工作者同时间赛跑、决战决胜的决心；更照见了无数共产党员人民至上、民生至上的信仰与担当。

后记：自身感悟

我的父母都是奋战在扶贫第一线的党员，每每回家，总是能听到一些真切发生在身边的扶贫故事。我很荣幸能够见证家乡慢慢的脱贫致富，见证全面打赢脱贫攻坚战的进程，见证奋战在第一线的脱贫工作者为实现全面小康和中华民族伟大复兴的历史使命而做出的努力。我亲眼见证了父亲驻村扶贫彻夜不归、母亲放弃午休走访贫困户，也亲自去过返乡扶贫的企业家叔叔的枇杷生态园，听他们说起一路走来的心路历程。作为一名新闻传播学子，关注时事之际，也为32岁牺牲在扶贫第一线的扶贫干部所恸悼。

“衙斋卧听萧萧竹，疑是民间疾苦声。些小吾曹州县吏，一枝一叶总关情。”故事并不只是故事，更是一位位扶贫工作者为扶贫事业所倾注的心血的结晶，他们的精神值得我们去学习。我很荣幸能够在此讲述他们的故事，让更多人了解当下真实的扶贫现状，也为家乡涌现这些扶贫故事所感到骄傲。2020年注定是不平凡的一年，我的家乡在风雨兼程的扶贫路上留下了属于自己的故事篇章，也向家乡人和历史交出了属于自己的答卷。脱贫攻坚收官在即，我想借用毛主席1954年报告中的两句话来结束我的分享：“我们的目的一定要达到，我们的目的一定能够达到！”

（本文作者为湘潭大学文学与新闻学院2020级新闻与传播专业研究生）

合力鏖战铸辉煌，众志弥坚奔小康

李甜甜

“天下之治乱，不在一姓之兴亡，而在万民之忧乐。”2020 年是全面建成小康社会的目标实现之年，也是全面打赢脱贫攻坚战的收官之年。全面建成小康社会不是口号，而是我们使命必达、坚定不移的目标。我们要拿出“敢教日月换新天”的气概，以“不破楼兰终不还”的决心，向贫困发起总攻，坚决打赢脱贫攻坚战。

公而忘私，用脚步丈量民情。

“物有甘苦，尝之者识；道有夷险，履之者知。”走遍基层，自然心有灵犀一点通，该做什么、该怎么做，心中就会有数。有那么一个人，没有华丽的豪言壮语也没有惊天动地的英雄壮举，但却在平凡的工作岗位上做出了令人难忘、令人敬佩的不平凡业绩。他是精准扶贫的践行者，他也是铁军扶贫的首创者，他就是六年坚守扶贫一线的基层干部张渠伟。

2014 年 3 月，张渠伟担任四川省达州市渠县扶贫和移民工作局局长，为渠县 143802 名（居四川省第二）贫困人口脱贫、130

个贫困村脱贫和整县摘帽贡献了健康、智慧和热血。由于长年熬夜和超负荷的工作，他患上了严重的“耳石症”和“青光眼”，几致失明；大山之中道路难行，他数次与死神擦肩而过，他踏遍了黄土，渐白了青丝。正如2018年度感动中国十大人物颁奖词所总结：“扶贫必须精准，不落一人一户。病情迫在眉睫，却一拖再拖。扎下帐篷，扎下了根，签上名字，就立下了军令状。没有硝烟的战场，你负了伤，泥泞的大山，你走出了路。山上的果实熟了，人们的心热了。”

牢记使命，用青春书写答卷。

“为中国人民谋幸福，为中华民族谋复兴”，铿锵的誓言，怦怦跳动的一颗红心，黄文秀就是带着这样强烈的社会责任感踏上了村第一书记的岗位。她放弃大城市的舒适便捷，放弃自己的远大前程，主动选择扎根基层，为脱贫攻坚，为基层人民的美好生活而奋斗。用美好青春诠释了共产党人的初心使命，谱写了新时代的青春之歌。

“逝者长已矣，生者如斯夫。”徐梅、潘玲玲……精准脱贫以来，已经有上百名扶贫干部因公殉职，不幸倒在扶贫路上。他们中绝大多数像黄文秀同志一样风华正茂，冲锋在脱贫攻坚战的第一线，却瞬间燃烧自己的青春，献出了年轻宝贵的生命。他们数九寒天迎风站，却顶天立地，气宇轩昂。征程万里，重任千钧，他们接过使命的那天起，便以使命为笔，以奋斗作毫。他们只愿把汗水洒在扶贫路上，把青春刻在为民碑上。他们精神永留，值得我们每一个人致敬。

苦尽甘来，全面小康胜利在望。

时间给予了最严峻的磨炼，也给予了最温暖的回馈。梦想终会开花结果。从 2015 年 9 月至今，一个个贫困县宣布脱贫“摘帽”，贫困率大幅下降，大部分地区实现全面消除绝对贫困。拿我的家乡贵州遵义来说吧，住房从“蓬户柴门”到“青砖绿瓦”，饮水从“肩挑背驼”到“活水自来”，电讯从“基本覆盖”到“全面覆盖”；公路通了，信息活了，心情畅了，锁在大山深处的村落与外部世界接上轨了。让无数像我们这样的农村孩子，走出了大山。这硕果累累的背后凝聚的是无数基层干部、无数人民的努力。这是他们风雨兼程、砥砺前行得到的回报，是他们心怀信仰，脚踏实地交出来的答卷。

走过去，就是苦尽甘来，就是山河如新。站在历史与未来的交汇点，同步小康的奋斗目标指日可待，全面建设社会主义现代化强国的新目标催人奋进。

历史的画卷，总是在砥砺前行中铺展；时代的华章，总是在新的奋斗里书写。作为接班人的我们是今日的生力军，明日的主力军。同学们，让我们将个人之小我融入国家民族之大我，将个人之前途融入国家民族之命运，在创新创造中突破自身局限，在拼搏奋斗中实现人生蜕变，以不懈的奋斗做出无愧于青春的业绩！

（本文作者为湘潭大学物理与光电工程学院 2020 级微电子科学与工程专业本科生）

扶贫攻坚奔小康

张思睿

有一种温暖叫牵挂，牵挂的是一方黎民；

有一种奉献叫帮扶，帮扶的是多少穷亲；

有一种幸福叫微笑，灿烂在每一个贫困户的脸庞。

习近平总书记曾说“在扶贫的路上，不能落下一个贫困家庭，丢下一个贫困群众。”我们有目共睹，正是因为有无数个有情怀、有担当的志士在扶贫一线挥汗如雨、胼手胝足，才使我们牢牢掌握了脱贫攻坚主动权、制胜权，书写了“中国减贫奇迹”的绚丽篇章。他们用真情书写出爱心的诗篇，用奉献烙印下感人的故事。今天我想和大家分享湘大校友彭国甫的故事。

彭国甫，1980级湘潭大学哲学系校友，先后担任过湘潭大学党委书记、岳阳市委副书记、湖南省科技厅厅长，2014年一纸调令将他调去怀化担任市委书记，“崎岖颠簸的山路、昏暗斑驳的光线、饱经风霜的面容”，这是他初到怀化的印象。但他不畏艰难，不惧挑战，牢记使命，“要以不获全胜决不收兵的气概，一鼓作气啃掉最后的硬骨头”。关于他的扶贫行动，可以概括为三点。

“听”——走进百姓门。“让百姓觉得我们是自己人，有空就往百姓家里走，即使工作再忙再累，也要经常去了解他们的情况。这样才能让贫困情况由枯燥的数字变为具体的详情，让一次次的帮扶走访变成走亲戚。”当然，他也是这样做的。在一次走访慰问中，彭国甫来到了退休职工陈安明家中，和老两口拉起了家常，当他得知陈安明腿部有疾且其老伴双目失明，昂贵的医疗费用使他们负担重重时，他突然不说话了，眉头紧锁，紧紧握住老两口的手，最后终于挤出几个字来：不着急！相信我们！走访之后，他立刻针对退休老职工的家庭经济困难问题采取了应对措施，真正做到了让他们“病有所医、老有所养”。彭国甫坚持只要有空就去老百姓家里串串门、话家常，彼此建立起了亲密的联系与感情。

“扶”——撅起贫穷根。曾经有一篇名为《我叫山果》的文章在怀化地区广为流传，讲述的是一位来自贫困家庭的小姑娘“山果”卖核桃的故事，早早挑起家庭重担，令人心酸。当读到《我叫山果》的时候，彭国甫的心情是格外沉重的，他想到贫困深重的大山中，不知还有多少和“山果”一样的孩子？于是他连夜撰文，向全市党员干部发出倡议：“为了‘山果’，我们一起加油干。”正是在彭国甫的号召下，怀化市大力推进教育改革，加大在教育领域的资金投入。我们从家长、老师、学生的笑容中，读懂了初心，悟到了使命，享到了幸福。

“思”——铺就致富路。在这场脱贫攻坚的伟大决战中，彭书记怀着“衣带渐宽终不悔，为伊消得人憔悴”的意志，以“红军不怕远征难，万水千山只等闲”的精神，举全市之力坚决打好打赢脱贫攻坚战。他深入了解、分析了怀化市的自然资源优势之后，决心带领怀化市乡民发展“一村一品”，推动农产品迭代升级，走上了精细农业之路。特色“山品”遍地开花，生态旅游也风生水起。从此怀化市既守住了绿水青山，又让群众“坐地生金”。这大大增加了人民的幸福感和获得感。

“悠悠万事，脱贫为大。”在彭国甫的带领下，山还是那些山，但已成为全产业的农业工厂；水还是那些水，但已融入生态旅游产业链；人还是那些人，但已经走上了乡村振兴的康庄大道；我们的党，还是那个党，与人民群众心连心的党。彭国甫不仅用山一般的意志和信心，让脱贫攻坚硕果累累，也为我们湘大学子树立起有担当、有情怀的榜样。

（本文作者为湘潭大学公共管理学院2019级行政管理本科生）

扶贫路上的爱与牵挂

邹小欢

这条路他已经走了一年了，每周六是固定的扶贫日，也是他固定到这个村子里的日子，从他工作的城区开车到这里差不多有一个小时的路程，今天下雨，花的时间稍多些。车到这里便必须要停了，前面是一段车过不得的小路，他把车靠路边停下，开车门的瞬间撑起了伞，找了两块砖头垫在后车轮上，甩了甩手上的泥，撑着伞向那条小路走去。

走路两三分钟便看到了一间一层的红砖平房，这是由政府出资为一些还在住老式土屋却无力建新房的家庭建造的，大雨洪水之下，倾倒的土屋确是不少。他抖了抖伞上的水后收起来，靠在贴着门框放着的木制门墩上，踏进了屋。第一眼看到的是一个坐着长凳，伏在一张老式八仙桌上写作业的八九岁小女孩，女孩毛躁的头发简单地束起，脸色黝黑得很健康，只是，略瘦了些。在他进屋的同时，女孩抬头看到了他，微笑从她脸上漫开，叫了句平哥哥便往后屋跑去，女孩已没有第一次见他的局促与不安，他笑了笑随着她往前走，他知道女孩去叫她爷爷，她唯一的亲人。

后屋15平方米的空间里放满了竹子和竹篾，从窗子里透进的光照着一个佝偻的老人，正在用竹篾绑着弓成U型的生竹，由于中风，他右脚已失去知觉，右手也无力应付一支竹子的反抗，只能用手肘抵着肋骨，把竹子压弯在凳子上，左手娴熟的用篾绑上。他知道，后续老人会把竹子放在火上慢慢地烤，等竹子固定成U型再把篾解开，然后用若干修过的竹子和竹篾做出一张张竹椅，老人的手工很细致，做出的竹椅很漂亮亦很耐用，只是，在如今这个木制家具盛行的时代，这样的竹制品又能多大市场，而老人，又还能支持多久。

老人把绑好的竹子放下，对他打了句招呼："平，出去喝杯茶吧。"

"好！"

老人拄着一支竹子，由小女孩护着往外走去，他急忙让开一步，老人与女孩出去后他随着跟出去。

坐下，女孩摆好杯子，在杯子上放好茶叶，开水倒入的一瞬间，茶香随着水气溢出杯子，沁人心脾。这是在采茶季节老人和女孩一叶一叶摘下来的，由自己烘焙、揉捻、晒干制成的，在他第一次来抿的第一口，老人便知道他喜欢喝这种茶。然而他拒绝了老人说送他一点茶叶的好意，只是每次来少不了的是坐下来喝杯茶。

他直接说明了来意，政府有了一项新的补贴政策，补助那些生活难以自理的人，补助金额大概每年3000元，老人的条件是符合的，他希望老人可以试试去申请。说完他静静地看着老人，希望得到老人的同意。他看到老人在沉默，沉默过后轻轻地摇了摇头并说道："我们不需要。"他预想到会是这个情况，只是他没预想到自己亲耳听到时的惊讶与不知所措。他抬头看了看这还没过腻子的粗墙，上堂贴的是一张大大的毛主席的画像，画像旁边贴满了女孩的奖状，他慢慢地把目光转向女孩。

“可是，小花，小花她需要的。”女孩的名字叫小花。

“她的学费国家给免了的，还定期给我们补助，我还会砍竹，切篾，还会做椅子，养活的了我们，一定还有人比我们更需要这笔钱的。”

他知道，老人的竹椅一个月也难卖几张的。

只是，他到最后也没能劝动老人，他重重的饮了一口茶，从喉咙到胃里一股滚烫，香气瞬间涌出来，他觉得自己好像开始了解老人的坚持了，咳了一声，他起身告别，临走之际，他从怀里拿出一盒文具，交给了小花，告诉她要好好学习，好好照顾爷爷。

还有一家他要去的，他大学毕业来这里工作刚满一年，第一天便接到了扶贫的任务，对于一个新人来说挂点两家是合适的，另一户在不远处，几步子路程。房子是一样的，他走进去时屋里正坐着一个中年男人，身材略显肥胖，这是糖尿病的并发症，他还有一个儿子小良，18 岁的年纪，儿时贪玩摔断了腿，父母错信了土方子，致他落了个终身残疾，父母心中总有些愧疚，初中辍学后他便一直在家，后来母亲病逝，而现在，如果他猜得没错的话，小良应该在房间玩游戏，用一个他家半年积蓄买来的手机，他亦进行过劝阻，最后也没有敌过小良在他父亲前的哭闹，到头来只是无奈。

他今天来主要是为了小良，他在城区找了一家扶贫企业，费劲辛苦，说服老板接受一个脚有残疾的员工，负责包装一些电子器件，算不得辛苦，手上勤快点一个月也能有 3000 元左右的工资。以一个接触了一年的哥哥的身份，他当然希望小良能振作起来，但这事须征得小良本人的同意，不过他还是习惯于先和小良父亲商量，说清道明，小良父亲唤了小良一句。

房间里首先探出一个脑袋，面色蜡黄，头发许久没修剪打理而略显凌乱，在看见是他的一瞬间目光在他手上和桌上巡了一圈，略有些失望，他知道何意，但他不是每次来都会带东西的，他能想到男孩的失望，只是他想不到的是男孩在听到要工作时的狂怒，他在抱怨父亲不想抚养他的无情，在大声斥责他想侵吞该发到自己手上的那笔扶贫款。他想解释，只是他除了听到狠狠地摔门声外还听到了门从内部反锁的声音，作罢。小良父亲对他略带歉意的一笑，他苦笑地摇了摇头，嘱咐几句后转身出了门。

他没有怪小良，每个人都有追求幸福的权利，只是，他希望小良能知道什么是真正的幸福。

县扶贫督导组来视察扶贫工作，这次随机检查抽到了他，他觉得是幸运的，有些事情领导现场看一下，他当场汇报一下总是好的。小花她爷爷依旧坚持不需要多的补助，预料之中，他没预料到的是小良在扶贫督导组面前无尽的摇头否定，表示自己从未见过这位扶贫干部，也未领过什么扶贫的补贴。

他错愕。

从一堆文件里抽出一份发放记录，沉重地放在桌子上。

领导视察完找他谈话，在村部的接待室里，两人相向而坐。

“平同志，我们找村干部和群众核实过了，你是一个尽职尽责的好同志，今天你所遇到的问题，是我们扶贫干部在帮扶过程中都会遇到的，但请你务必克服，嗯，组织会一直相信你的。”

谈话结束后他向领导深深地鞠了一躬，转身出门，眼前又是那片他在此付出了一年的土地，他觉得有些事要坚持下去。

一场新冠肺炎疫情打乱了他的计划，疫情之下人心惶惶，他每日的工作变成了拿着冰冷的体温枪，守着沉沉的关卡。

防疫工作关乎群众生命，扶贫工作亦关乎群众生命，他知道自己也该去一趟村里了，时下这场雨下了这么久，他是避不开的，买了两袋米——算起来两家的存粮都快吃完了。

进村的路被雨水冲下来的泥石堵住了大半，在离他的目的地还有1公里的地方，车已是开不进去了，他以前也遇到过这种情况，只是以前没有下大雨时还带上两袋沉沉的、加起来有50公斤的大米，但他已经顾不得许多了，他收起伞来放回车里，肩头一沉，他把其中一袋扛上了肩，两包一起他是有些困难吃力的，多走一趟罢。

大米是有一层油纸包装的，淋不湿，只是他依旧感觉肩上的负担越来越重，身上的羽绒服也浸透了，他低着头一步步向前走，好让雨水不会顺着额前湿透了的头发流进眼睛里。

脚步越来越沉，途中歇了两次，来到小花家里时全身都湿透了，他在小花和她爷爷的惊讶目光下把米轻轻放在门口，小花爷爷赶紧招呼他进去暖暖身子，他拒绝了，连女孩急急忙忙跑去拿过来的毛巾他也一并拒绝了，特别时期安全至上。

他看见女孩与老人满眼的心疼与不舍，但他不能像以往一样进去坐下来喝茶。一字一句地嘱托好所有的事，他抖了抖身上的水转身打算走了，他听见小花轻轻唤了他一声平哥哥，他回过身来。

“平哥哥，我以后能当医生吗？我想……我想去救他们。”小花手指着的电视里播放着满是白色防护服忙碌的画面，眼里满是坚定。

他突然觉得原来自己肩上承受了那么重的爱。

他重重地点了点头，你可以的，你一定可以的。

他一个重心不稳差点摔倒在小良家里，他以为男孩伸过来的手是来接他拿的东西，没想到小良扶住了他，他抬头看见的是男孩悲伤歉意的眼神，他不知道该怎么回应，男孩从没有这么亲近过自己，他还是轻轻推开了男孩的手，这个时期的善意是保持一定的距离。

男孩哽咽着在说对不起，说自己知道现在每个人都过得很艰难，说自己记得有个哥哥在他生病时守了一夜，还有今天为自己淋的雨，还有，他想以后好好工作。

他告诉小良，他不再记怪他了，国家和他都不会不管他的，哪怕再艰难的时光，他也会把他当成自己的弟弟，希望他能幸福，能振作起来。他看见了小良眼里的泪，也许，还有自己的。

他知道小良开始理解与追求真正的幸福了。

往后的事情都在往好的方向发展，疫情慢慢过去，他找了一家家具加工企业为小花爷爷做的竹椅进行再加工，市面上卖得很好。小花拿回来很多的奖状，小良在很努力地工作。

他们打电话来说他们已经脱贫了，还有："谢谢你，那永远爱着与牵挂着我们的人!"

（本文作者为湘潭大学机械工程学院2020级硕士生）

为扶贫交上青年答卷

陈佳伟

朋友，你对青春是如何定义的？是叛逆，是放纵，还是不靠谱？在扶贫一线，青春是责任，是担当，是不畏艰险，冲锋在前！2020 年是脱贫攻坚决战决胜之年，一批批年轻的“90 后”群体投身扶贫工作，用青春点燃激情，带领贫苦人民一同奔向小康，他们正用实际行动为扶贫交出了令人满意的青春答卷。

扶贫的成功，由一个个故事组成，而故事由一个个有血有肉的扶贫工作者和村民一同书写的。而我今天给大家讲这么一个人，同学们对她的印象是：爱美，喜欢穿裙子，会弹古筝，写得一手好字。她身上总散发着一种热情阳光的感染力。但是这位笑起来特别甜的女生，她的一生却定格在 30 岁，她就是黄文秀。

毕业季，当北京师范大学的朋友大数都在选择去哪个城市工作，在北上广深徘徊不定的时候，黄文秀放弃了在城市工作的机会，选择来到家乡，毅然奔赴偏远贫困的百坭村担任驻村第一书记，还向所有人隐瞒了父亲患癌的事情。她说：“很多人从农村走了出去就不想再回来了，但总是要有人回来的，我就是要回来的人。百色是脱贫攻坚的主战场，我有什么理由不来呢？我们党是切实为群众谋发展、谋幸福的党，我是一名共产党员，这就是我的使命。”怀揣着这一份使命，黄文秀开启了她的扶贫之路。

原先爱美的她，早已悄悄藏起了爱美之心，穿上运动装在乡村中奔忙，散发着浓浓的乡土气息。但仅仅衣着的变化绝对不可能触动村民的心。“一个20多岁的女娃，白白净净的。我们穷了那么多年，你来扶贫，能行吗？”村民们满是鄙夷和不屑。而语言的差异又拉大了黄文秀和村民之间的距离，说着普通话，拿着本子和村民交流。好不容易得到准许进了群众的家门，鼓足了勇气开口，却展开了艰难的“双语交流”，这让黄文秀很少能收集到真正有用的信息。

脱贫攻坚时不我待，刚刚上任的黄文秀，努力没有得到认可，她也偷偷哭过很多次，但是脱贫的任务就在眼前，摔倒了必须要擦干眼泪爬起来，继续想办法。想做好脱贫攻坚，肯定要与村民打成一片，于是她认真地请教其他有驻村经验的同事，终于找到了门径。开启了可爱的死缠烂打模式，不再拿着本子问东问西，而是和村民一起做事情，和村民一起干农活，在田地里采砂糖橘、唠家常，慢慢地，黄文秀成了“正宗百坭村”人。

有村民因不符合低保的条件难以申请医保，就不给黄文秀开门。一次不开，就去三次、四次。她耐心地给村民做思想工作，告诉他们不能仅仅靠低保政策，大哥又勤快又能干，一定可以干出一番事业。大哥还能够成为扶贫的标杆，全村的希望。思想工作做通了，黄文秀又给村民申请了产业奖补资金种水果，最终成功实现了脱贫。为了解决某位村民的问题，她往那位村民家跑了12次，分析贫困原因，商量措施，帮他申请扶贫贴息贷款种植了

20 亩油茶树。黄文秀还细心走访，绘制扶贫图，把每一个扶贫户的详细情况一一记录。村民从开始的不信任她，到慢慢接纳她，再到打心眼里喜欢她、敬重她。一些人开玩笑说："你这个女娃娃还真是难'缠'得很哩!"

但是要实现百坭村的振兴，必须还要加强基础设施建设，发展扶贫特色的产业。扶贫先修路，黄文秀带着"村两委"班子熬夜做方案、拿对策，再去上一级申请项目，扎扎实实组织实施。为了解决山里产业短缺问题，黄文秀带领村干部和群众学经验、找路径，立足当地资源，大力发展杉木、砂糖橘、八角等特色产业，请技术专家现场指导，挨家挨户宣传发动，鼓励党员带头示范。为打通销路，黄文秀多方联系，把客商邀请到村里来，还在微信朋友圈发销售信息。加上电商服务站的建立，种植砂糖橘的贫困户每户增收 2500 余元。一切都在不断向好的方向发展，2018 年，百坭村 88 户贫困户实现脱贫，贫困发生率从 22.88% 下降到 2.71% 。但是在这欣欣向荣的时候，一场暴雨却带走了黄文秀。

她周末回家看望做完第二次肝癌手术的父亲，看着天气突变，急着返回百坭村。病床上的父亲非常担心："天气预报说晚上有暴雨，现在开车回村里不安全，明早再回吧?""正因为有暴雨更得赶回去，怕村里受灾，我马上得走了。"面对父亲的挽留，黄文秀叮嘱了一句"按时吃药"，便启程回村。谁也没想到，这竟成了黄文秀留给父亲的最后一句话。一路上，她不断与村党支部和村委会干部联系，询问当地雨势和灾情，特别叮嘱要关注几个重点村屯，要立即组织群众防灾救灾。车窗上的雨刮高频地刮动，车灯下却看不清前行的路，只有滚滚洪水从眼前涌过……从黄文秀用手机最后拍下的画面，可以看到当时的情景是何等危险。在单位的工作群里，同事们纷纷给黄文秀留言：“太危险，赶快掉头!”“注意安全!”“不要走夜路……”然而，凌晨1点后，群里再没有了黄文秀的回复，她的电话也拨打不通……路段塌方，同事们的劝阻，父亲的挽留，都没能留住黄文秀。

黄文秀的生命正值盛年却戛然而止，令人无比伤痛。她坚守初心使命，用生命践行了一个共产党员对信仰的无比忠诚，无愧于‘时代楷模’的称号。黄文秀的好友，曾经在百色凌云县泗城镇上蒙村担任过第一书记的路艳说：“她是我们青年的榜样，将激励我们为党和人民的事业勇于担当作为。”

黄文秀是英雄，是激励我们前行的动力，是许许多多脱贫攻坚一线青年的缩影。“90后”的扶贫一线工作者拿过这接力棒，书写着平凡又伟大的故事。一向以车技为傲的小哥两小时开车去村中，就受到来自“连环发夹弯”的暴击，才发现原来自己也会开晕车；村民习惯性的哭穷、普遍性的诉苦，村主任一个人尬坐；压力成就奇迹，三天练就了本地方言……这些可爱的青年们在扶贫路上慢慢探索，他们的努力与坚持彰显着当代青年的活力，凭着一腔热情，扎根基层，脚踏实地，在脱贫攻坚一线绽放青春的光彩。

习近平总书记说过，每一代青年都有自己的际遇和机缘，都要在自己所处的时代条件下谋划人生、创造历史。在这场收官之年的“期末考试”中，无数的扶贫一线工作者用行动为“90后”正名，在脱贫攻坚大考中奋力书写青春奉献的答卷。为时代而战斗，以青春之我，描绘绚丽乡村，铸就泱泱华夏。

（本文作者为湘潭大学公共管理学院2019级行政管理专业本科生）

教育扶贫，扶起祖国未来

刘桑桑

山城的那边是什么？

2019年8月，作为湘潭大学第二十一届研究生支教团的成员，我来到了湖南省怀化市会同县开始了为期一年的教育扶贫志愿服务，开始了一段爱与梦想的故事。

刚到会同的每一天，我的耳畔都萦绕着孩子们的各种问题。最让我印象深刻的是他们带着极度好奇的眼神问我："老师，大学是什么样子的？"

大学是什么样子的？也许，在他们眼中，从山城外走来的我，就是他们心中对于大学最直接的期待。我告诉他们："好好学习，你们将来都有机会上大学的！"作为一名志愿者，我一直坚信，在国家的大力支持下，每一名学子都能接受良好的教育，为梦想插上翅膀！

2020年8月，我结束了为期一年的支教服务，但每每想起怀化市会同县第三中学的校园，那鲜活的一幕幕都会立马在我脑海中自动放映：地理课上，初一的孩子们对着屏幕上空白的世界地图，托着下巴，眯着眼睛，一个个地填出国家的名称。一开始，班上有两个孩子，特别喜欢在课堂上比拼，从举手到发言，比比谁能先说出正确的答案，课堂上好不热闹，慢慢地，举手的人数从两个人变成五个人、十个人、十五个人……到后来全班齐声回答，这个过程我看到了一个班级的成长。政治课上，初二的孩子们轮流上台分享每周了解到的时政新闻。刚开始，大部分的孩子站在台上非常紧张，小脸通红，声音细微，有些孩子甚至紧张到浑身发抖。但当他们听到台下的掌声、老师的表扬、同学的鼓励，脸上露出的笑容却是那么纯真和幸福。随着课堂上锻炼的次数越来越多，班上的孩子变得自信、勇敢。他们的声音越来越洪亮，姿态越来越大方，大家的掌声从鼓励变成了发自内心的赞美，我真实地看到了什么是希望！

希望是什么？在会同县第三中学，希望是早自习的琅琅书声，是晚自习的奋笔疾书；是课间的虚心学习，是熄灯后的挑灯夜读；是见到老师的热情问好，是面对长辈的关怀备至；是看到抗疫视频的热泪盈眶，是面对祖国国旗的庄严肃穆……一切的一切，让作为一名教育扶贫一线教师的我，感到何其幸运，能够有这样的一年时光，为国家奉献，让自己发光！

离开会同县的时候，我给每个课代表赠送了书籍。回忆起刚刚成为课代表的他们，第一次收到我赠送的书籍，那渴望、激动、感谢的表情，那一刻也不愿意离开手中书籍的眼神，那仿佛怀抱亿万珍宝的动作，让我坚信，少年强则中国强，少年有梦想，中国一定能富强！

我想告诉孩子们：山城的那边，有山，有海，还有无尽的梦想与希望！

这就是我的故事，还有无数的青年志愿者在教育扶贫的路上努力着、憧憬着、奉献着。青春因磨砺而出彩，人生因奋斗而升华。或许一年不长，但教育扶贫的道路很长。愿你我皆成开窗人，让学生望见梦想，让大山望见希望！

（本文作者为湘潭大学商学院2020级工商管理专业硕士生）

最真实的脱贫故事就在身边

——致一位巾帼扶贫创业英雄

谭　娅

有这样一个人，常常在我耳边说起扶贫故事，常常教导我，一个人生于社会要有责任感，心中有大爱，尽自己所能，做自己的所能去帮助他人。这个人便是我的母亲刘建萍，来自湖南衡阳，长沙市望城区山亭阁蜂业养殖专业合作社原法定代表人，长沙市望城区的一名扶贫负责人。

“妈妈带你去看一看我帮扶的贫困户好不好?”就是妈妈的这一个问题将我带入了她的扶贫故事，从那以后，我以亲历者的身份配合妈妈的扶贫工作，帮助她缓解工作压力，同时也以旁观者的角度倾听和记录她的扶贫故事。几年时间，她与当地贫困户共同在当地养殖上百箱蜜蜂，属贫困户个人财产，并建设有三个养蜂基地。她多次组织蜜蜂养殖学习培训会，耐心负责地为贫困户讲授养蜂知识。同时也负责将农村部分危房或废弃的楼房重新改造利用；创建蜂疗蜜蜂专供基地等。更亮眼的是，她创造并拥有一项个人专利，一种利用蜜蜂授粉的大棚黄瓜的授粉方法。

到访看望特别困难的家庭时，妈妈总会自费买上大米、食用油、蔬菜和牛奶给他们补贴家用；一旦他们遇到任何养殖和销售方面的问题都会打电话过来询问。如今，长沙市望城区脱贫事业的发展蒸蒸日上，中国决胜脱贫攻坚战、全面建成小康社会蓬勃向上，越来越多的人过上了幸福的小康生活。

妈妈经常被咬得左肿一块儿，右肿一块儿地回家；手中工作好不容易轻松一些就立马去查看各户蜜蜂的健康情况；每一年国、省、市、区农产品博览会都会看见她忙碌的身影，她总是乐此不疲地忙碌着把望城区特色蜂蜜农产品推广向更大更远的地方……从蜂蜜生产到销售任何事情她都亲力亲为，正是她这种事事落到实处的工作作风，乡亲们看在眼里，记在心里，都亲切地叫她“蜜蜂子”。在我的印象里，这几年妈妈陪伴家人的时间越来越少，她回得比我们晚，起得比我们早，可能一天都见不上一面，舍小家为大家早已是常态，那时我还不懂事地责怪她没有给予家人足够的陪伴。现在我慢慢明白了，体会了她教导给我的话，我敬她、爱她、感恩她。如果要问我的偶像是谁，我会毫不犹豫地回答：我的母亲。这个答案也许听起来是孩童般的回答，但这是我爱她的真真切切地流露！

长沙市望城区茶亭镇党委和茶亭镇人民政府这样高度赞赏她：“茶亭花海因为有了她，才有了叫得响的产业；茶亭农会有了她，才有了引人注目的品牌；山亭阁有了她，才能享誉三湘四水；谭家园村有了她，才有了巾帼创业先锋。她在工作上像蜜蜂一样勤劳智慧，这个叫‘蜜蜂子’的女人在茶亭乃至望城区河东片区家喻户晓，她是常年在山野花丛中养殖蜜蜂的女人，她也是茶亭乃至长沙市精准扶贫工作中做得最上心的女企业家！在产业脱贫路上，她是千百个贫困家庭的福星！”今年（2020年），是脱贫攻坚决战决胜之年，她帮扶的上百贫困户已基本摘下贫困帽，乡亲们的笑脸在她致力于“把长沙市望城区的甜蜜事业越办越好！”的愿景中绽放着、洋溢着。

如今，长沙市望城区脱贫事业发展蒸蒸日上，我们决胜脱贫攻坚战和全面建成小康社会蓬勃向上，越来越多的人过上了幸福的小康生活。九峰山上的五倍子花已经盛开，最爱它的人却走了。愿她在天堂能看见脱贫攻坚的喜人成果，能看见贫困户脱贫的一张张笑脸，能感受到我们对她的尊敬与感谢！脱贫攻坚战即将收官，我希望大家能够记住，中国脱贫事业，有她一份！

（本文作者为湘潭大学公共管理学院2020级档案学专业本科生）

载着希望的“小慢车”

周志全

九曲峰峦触云彩，星罗村野布其间。在四川大凉山深处，有一趟非常特殊的列车穿梭其间，这趟车叫“小慢车”。虽小虽慢，但“小慢车”却是中国大地上的一趟载着希望的列车。

小，是因为全列车只有十三节车厢。慢，是因为全程三百五十三公里，中国高铁一个小时就能跑完的车程，这趟车却要“慢悠悠”地跑九个小时。“小慢车”在当地被誉为“移动的集市”，很多人都坐着“小慢车”把自家的农副产品卖到附近镇子的集市上，然后再买上日用品坐着车回家。“小慢车”每天往返对开一列，横穿四川大凉山最贫困的地区，其中有两个国家级贫困县。而且，“小慢车”是沿线那些最不起眼的小站上唯一一趟停靠的列车。

在中国高铁日新月异的时代，“小慢车”的票价却还是1995年的标准，最低只要两元，全程三百五十三公里也只要二十五元。在列车内，有专门的车厢给大家摆放农副产品，并有专门的列车员看守，携带货物不额外收钱。得益于此，村民们自家产的农副产品有了更高的利润。但是，国家铁路集团有限公司每年要为“小慢车”提供亏损补贴一千多万元。没错，“小慢车”是一趟扶贫列车，它是国家精准扶贫政策的具体落实，它也真正扶起了沿线很多村民的日子。

对于沿线的村民来说，“小慢车”是他们全部的生活。有的人坐着“小慢车”去看病，“小慢车”就是他们的“健康线”；有的人坐着“小慢车”去走亲访友，“小慢车”就是他们的“亲友线”；有的人坐着“小慢车”去结婚，“小慢车”就是婆家和娘家的“连接线”…… 不仅如此，大山里的人们对于这趟列车还有了新的寄托——它渐渐成为“校车”了。孩子们依靠着它到山外上学，踏上了人生的第一站。大凉山里的人依靠“小慢车”走出大山，到城市里接触了更好的生活，领略了更开阔的视野，带回了更好的生产生活理念，跨越了当地难以发展的鸿沟。这一切，都得益于国家对“小慢车”这样一种列车扶贫模式的精准施策。

如果说先进的高铁是我们国家的大动脉，那么“小慢车”就是毛细血管。它时时刻刻在为中国最细小的细胞组织提供营养、维持生命，它是很多贫困人口的“生命线”。

既然是毛细血管，“小慢车”这样的例子就不是个例——我的家乡广西宁明，自治区级重点贫困县。在这个广西西南边陲的小县城，每天会有四趟“小慢车”往返。它们从中国和越南交界的贸易城市凭祥出发，经过我的家乡宁明，最终到达省会南宁。和四川大凉山的“小慢车”一样，这些列车同样承载着把农副产品对外推广的心愿，承载着广西西南边陲很多人脱贫致富的心愿。而这样的一趟希望列车，最低票价也仅要九元。在中国的大地之躯上，有 21 个省份遍布着共 81 对“小慢车”。正是这些毛细血管的广布和输养，让祖国躯体上褶皱的细胞得以重新焕发生机。

虽然“小慢车”很慢，但我们前进的步伐并不会一样慢。就在今年（2020 年）7 月 15 日，一则振奋人心的消息传入我们耳边——“宁明花山号”冠名列车在南宁首发。列车内从视觉到听觉都进行了巧妙的设计，力图让乘客全方位感受到宁明所拥有的世界文化遗产——“花山”岩画的魅力。没错，和“小慢车”不同，“宁明花山号”是旅游列车，它朝着多个省份进发，以自己的方式向乘客诉说当地的传奇画卷，希望通过旅游业这一条新路径实现更深远的脱贫致富。

习近平总书记曾言：“开对了‘药方子’，才能拔掉‘穷根子’。”时光荏苒，通过“小慢车”承载的希望，四川大凉山贫困地区的生活与发展蒸蒸日上，“幸福感”成了村民口中的高频词。云霓之望，在脱贫攻坚决战决胜之际，我的家乡宁明以及华夏大地上千千万万个像这样的地区，也即将通过这些承载着希望的列车满载而归。

（本文作者为湘潭大学法学院·知识产权学院 2020 级硕士生）

再见青山多妩媚

李　翀

跨越五年的时间维度，超越数千米的海拔高度，往返于处处贫穷之地，不屑于繁华街巷的雕梁画栋，扎根扶贫深处，回首，再见青山多妩媚。

——题记

马形山在村前矗立，清澈见底的濂溪水在山脚下蜿蜒流淌，竹子寨在远方伫立，莴苣在田间茂盛，花朵的清香在鼻尖萦绕，生机的景象惹人怜爱，院落二横三纵的坐落于一隅，夕阳下炊烟袅袅，氤氲着烟火的气息，宽大的石板在小巷间静静的长眠。在这宁静的乡间之景中，你能否想象曾经的困窘呢?

曾经的这里，农民除了种田和外出务工基本没有额外的收入来源，灰蒙蒙的雾气笼罩在上空，长满青色苔藓的“下坪大桥”石碑横跨河水，颇有遗世独立的味道，风起，苇草在风中摇曳，夕阳下那落寞的背影似乎在向远方的人儿诉说着此处的荒凉与贫穷。村中最繁华之时也不过是丰收之际的金色麦浪和点点菜香。

一切的改变要从一位年轻的苗家女子——杨淑亭说起。

深蓝色的苗族服饰勾勒着她窈窕的身形，经典的银饰点缀于耳垂之上，小巧的脸上挂着乐观的笑容，随着轮椅的缓慢移动向花海的方向前行。没错，就是这样一个家境贫苦的苗族女子，在身体遭受病痛的折磨之后，乘着网络信息技术的列车做起了淘宝生意，移平了家中债务这座大山，摘下了自家脱贫的帽子。坐在轮椅上的她加倍感受到贫穷的可怕、拮据的艰辛，她萌生了要带着乡亲们一起脱贫致富的强烈愿望。起初，她敏锐地觉察到仿真花巨大的国内外市场，于是选择利用当地花苗种植的优势，因地制宜，在家乡建立城步万红花卉种植专业合作社，带动周边 200 多户贫困户签订协议，发展真花卉半成品产业，让乡亲们获得除了农闲之外的收入。田间撒下的花种是脱贫的希望，绽放的花朵是攻坚的果实，弥漫的花香是胜利的味道……

洪灾湮灭不了脱贫的决心和信念。雨水淋湿了脊梁，却浇不灭她扶贫的心志，2017 年的洪水再次席卷了这个贫穷的村庄，杨淑亭丝毫不畏惧公司经营额的减少，反而带领着员工在白毛坪乡的乡间小路奔波，让被雨水浸泡的村子不只有黑暗和寒冷。泥泞的道路上载着的不仅是物资，更是困窘中的希望，为村民带来生活的基础保障。

由于村庄个体户家庭情况的限制，妇女们兼顾家庭，除了生活琐碎之事和务农，无法获取收入补贴家用。随之这位聪慧的女子想出了一个两全其美的法子，将工厂扩展到留守妇女的家门口，让更多的劳动力在兼顾家庭的同时提高经济水平。为了帮助更多的乡亲们，她又在城步儒林镇、兰蓉乡、白毛坪镇增开了 3 个扶贫车间，优先让村里的贫困户到车间工作。这些年来，扶贫车间解决了200余人的就业问题，带动全县700多户村民增收，其中220多户贫困户脱贫，59位残障人实现就业脱贫。仰望村口的天空，灰蒙蒙的雾气似乎散了，阳光轻洒，苇草重新舒展了腰肢，微风拂过柳树的面庞，淡雅的青绿色惹人怜爱，鸟儿在枝头轻吟，似乎也在歌唱这脱贫的战歌，劳动者的身影犹如剪影般映出，充满活力与干劲，原本以农业为唯一生活来源的村子一改贫穷的状态，焕发了生机与活力。

鲜花在田间绽放，车间在村中伫立，杨淑亭带领乡亲们脱贫的故事在苗乡流淌，城市的车水马龙、雕梁画栋没有阻止她扶贫的脚步，她扎根于穷乡深处，不屑于富庶地区的灯红酒绿、高楼林立，坚守初心，响应国家的号召，带动村民走向致富的道路，让祖国山河的一隅重新焕发生机，再现妩媚。

小小的村落，动人的苗族姑娘在演绎着脱贫的故事，而在我国广阔的土地上，千千万万个扶贫者扎根于深处——大学生村官改变传统种植模式，促进观光农业发展，提高低收入村民的收入水平，改善贫穷地区的发展模式；为慈善事业捐款的爱心人士，使得贫困村落奠定脱贫经济基础、物质基础；深入基层的志愿者驻扎穷困地区助力教育，助力教育事业的发展，提供精神食粮……他们在960万平方公里的庞大版图上将扶贫发挥到极致，不畏惧海拔高度，往返于穷乡僻壤之间，积极响应脱贫的号召，在党的鲜红旗帜之下，寻觅红色的脚步，坚持大扶贫格局，注重扶贫同扶志、扶智相结合，深入实施东西部扶贫协作，重点攻克深度贫困地区脱贫任务，为实现农村贫困人口实现脱贫，贫困县全部摘帽，解决区域性整体贫困而不断奋斗努力。

于近脱贫攻坚战收官之际俯瞰我大好山河，勃勃生机之景跃然于眼前，扶贫先扶志，贫困的人民站起来了，扶贫的人儿挺直了腰杆，国家经济发展的曲线逐步完善，觉醒的雄狮更加强壮，中华民族的伟大复兴开启新的篇章。高山巍峨，江水泱泱，四季轮回更替，再不见灰蒙蒙的拮据困窘之景。

万众扶贫听号令，余载新貌替旧景，贫去富来华夏兴，再见青山多妩媚。

（本文作者为湘潭大学公共管理学院2019级行政管理专业本科生）

茶　山

黄　婧

“你要是去当那什么大学生村官，就别再想进这个家门!”

沉闷的车厢里，他再一次惊醒。混杂着汗臭味的空气裹挟着，难以呼吸，父亲震怒的脸庞，泪流满面的母亲，家里待修的房屋，刚拿到的毕业证书，光怪陆离的影面闪现在脑海中。

几个月前，这张脸上还是满怀喜悦的，作为村里第一个走到大城市的大学生，他一路顺风顺水，毕业后更是有数多的企业争着要他，他爸妈也在计划着拿出积蓄来为他在工作的城市买房。而一切欢喜都在那天戛然而止，他拿着学校发的宣传单，回到乡下，对爸妈说：“我要去这里，当个村干部。”

他满怀热血地说：“我从农村走出来，看到了城市与农村的差距，学到了那样多的知识，我应该再回去，带领更多的乡亲们走出来。”但面对父母的不解时，他哽咽了，父亲佝偻的脊背，母亲粗糙的双手，无形之中扼住他的喉咙。但他还是乘上这班列车了，在这样一个逼仄的空间，只有他知道自己眼间的信念是什么——要做一个好的村干部，管理好这个乡村，让爸妈觉得回到乡村也很好。

踏上崎岖不平的山地时，他着实还是有点惊讶，虽然自己也是从落后农村里走出的人，却也没想到还会有这样贫困到极致的地方。村内的联络员一直微躬着背，诚诚恳恳地将他引至办公室——不大，破旧，但是很整洁。看着年纪阅历都比自己深厚的老辈对自己“毕恭毕敬”，他一时拘谨地不知做何反应，只能有求必应，等到反应过来时，才发现下午立刻就要召开村民大会，他顾不上休息，打开包拿出研究了一路的材料，即刻准备了起来。

“我们村土地广阔……呃……但大多都是酸性土壤……”

他拿着写了一路的报告，站在台上，像最蹩脚的老师那样，干巴巴地念着。村民们烦闷地坐着，为这无聊至极的集会耽误了做农活的时间而不耐烦，哪怕是最调皮的小孩在午后也昏昏欲睡，黑黝黝的脸庞上不小心挂上了口水。没有听众的独角戏让他愈发紧张，节奏忽快忽慢，声音时高时低，甚至还劈了几次嗓子，全然没有了在学校演讲台上时的意气风发。

最后一句话了，要结束了。

“综上所述，我认为我们村应当改柑橘种植为茶树种植！”

话筒的回声带着“茶树种植”四个字荡进在场所有人的耳中，他没想到，这会引起这么大的反应。

“又要改？怕不是又是个啥也不懂的来捉弄我们。”

“不改，不改，我们坚决不改！”

磕磕碰碰的拖拽声响起，乡亲们愤然离场，他还是没反应过来是哪句话引得众怒，只能将求助的眼光转向村支书。只见那位勤勤恳恳的老人家无可奈何地摇了摇头。

回到办公处，村支书长长地叹了口气。

“在你之前，我们村来过好几任干部，每次也是长篇大论地分析一通，说要改种这个改种那个。从玉米到土豆到柑橘，干部换了几任，田里的东西就换了几茬，但收成还是没有起色。不是我们老百姓不想配合你这个大学生，是谁也不敢再折腾了。”

“但我是经过认真研究的——”村支书抬手打断了他。

“我知道你是个好同志。”村支书拍拍他的肩，“但你拿不出实据来，就不会有人跟着你一起做，唉，换条路走吧。”

“没有转圜的余地了吗，或许给我一块地，我种出来给他们看！”他紧握着村支书的手，像是抓住了自己的信念，不肯松开。

村支书沉了口气，黢黑的脸庞皱了起来，眉间是难以抹去的积年的愁绪，眼神明灭难辨，在他几近绝望的那刻，村支书的眼神又亮了起来对他说：“你跟我来。”

他们绕上那坑坑绕绕的山路，一切果真就像他报告里所写那样，土壤肥沃，坡度大，排水性良好，但偏红的酸性土壤实在不适合种植柑橘，极易烂根烂叶，无法拥有个好收成。思绪间，他被领到一块空地前。

“这是村东老李的地，如今没人打理了，你来试试吧。”

“那老李……”

“老李没了，独身了一辈子，年纪大了，种田又收成不好，养不活自己，如今倒是解脱了。”

他不自觉地在往脚下踩了两脚，似是去感受这片土地的真实，又像是去抚慰地下老人孤独的灵魂，要干好，一定要干好！他把心间呐喊声压抑在脚尖，深深碾进土里。

夜以继日地实地勘察、测量，用简单的仪器算出尽可能精确的数据，他的工具不是犁或锄，而是科学。但村民们看不到他耕作的身影，便认定了他是个“水货”，没人愿意为他递杯水，更不必说搭把手了。他默默地在不信任中飞速成长，以沉默去面对不理解，只等种出结果来的那一天。

“书记！这是我刚收的茶，给您尝尝。”

村支书有点惊讶地看着这个黑了几度的年轻小伙，一时没反应过来。啊，原来已经过去这么久了吗，先前一直听乡亲们说他连地都不会下哩，嘶，好像是有一段时间大家在谈论老李那块地上拔高的茶树苗。

“这是种出来了？”

“是啊，种出来了，您快看看！”

书记也是见过些世面的人，只见他捏起几粒茶叶，轻轻一搓就碎了大半，书记顿了一下，又凑近了些，抓起一把茶粒，细细品嗅，虽看似脸上神色莫测，但眼里一闪而过的喜悦难以抑下。

“是好茶啊……”书记低沉的声线中夹杂着一丝连自己都没察觉的颤抖。

“是啊！”得到书记的认可后，他愈加兴奋，拿出手机递给书记看，“我这期茶已经卖出去了，您看，三千块钱呢！”

“已经卖了？”书记掏出眼镜，急急地戴上，迫切地想看清楚那小小屏幕上的每一个字，“你又没出过村，这是怎么卖出去的，不会是在哄我吧。”

“我是通过电商平台卖的，您看这都是一笔笔订单呢，把茶叶寄出去，钱就收进来了！”

三千块钱，比大多数人家的年收入还多，书记沉吟着，紧紧盯着茶叶，凝滞的空气似乎是分成了两拨。他看出了书记平静无波面色下的万千思绪，拿出一早就备好的茶种，塞进了书记手里。

“您要是遇到了什么问题，尽管来问我。”

许多人慢慢发觉，书记家的地里，改种茶叶了。农忙闲时拉家常，书记总是被簇拥着问这问那，“茶叶好啊”“赚了三千块”“你也想来？我这还有一些茶种”“太多人了，太多人了，我这也不够啊，要不你们自己去向小伙要？”

他依旧是孤身一人奋战在田里，想挺起身来抹把汗，脖子上毛巾却掉了下去，脏了，踌躇莫展之际，旁边有人递来了一块毛巾。村民黝黑的脸庞被晒得通红，一手递出打满补丁的毛巾，嘴唇嗫嚅着却不知怎么开口。他绽开一个大大的笑容，接过毛巾的同时塞了把茶种在老农手上，两人未言一词，却胜过千言万语。

就在这样的不言中，茶色逐渐铺满了山村，他免费向乡亲们传授经验，想尽一切办法买到最优惠的耕作工具，联系到大学时的好友，用网线为偏僻的小乡村搭建起连接城市的桥梁。他慢慢地被大家所接受，而与乡亲们隔阂的消融，与父母的握手言和，都要归功于那一个个不断创收佳绩。“茶山”，成了当地脱贫攻坚的代言词。

父母打了个久违的电话给他。“娃儿啊，你那个村建设的这么好咯，啥时候回城里工作啊？”

这时的他不再有愧疚之心，而是坚定地说：“我不回城了，我要去创造下一个茶山！”

（本文作者为湘潭大学法学院·知识产权学院2020级法学专业本科生）

都会好

李雯锐

“看到这里的路了吗？以前都是泥巴路，这个是一几年的时候国家给建，为了能让我们把种植的东西带出去。”

“看这边的小梯田，这以前是旁边的村子种油茶的地。以前县里说种油茶有补贴，国家管卖，鼓励大家种，但是之前的规划未完善好，油茶成熟的时候，不便利的交通，不对等的市场信息，参差不齐的质量，一批批的东西坏在家里，每一条都是压在村民身上的石头。农民们开始有了怨言，渐渐的，就要么走出去打工，要么随便开个土地就种。之后对于村里面下的指令，要么就是不听，要么就是消极反抗，隔壁村就一下子少了好多劳动人力，现在还留下的就是一些老人。”

“我们村比隔壁村好一点。我们村是这周边几个村里面最先行动起来的。我和村子里的几个同龄人，天天泡在地里。一遍又一遍，一次又一次地考察，翻看土质，查资料。就这样跌跌撞撞、磕磕绊绊的也探出了一条门道。加上前几年国家给我们修路，村子里呢，也就有了一点儿钱，盖了一小间房子，给村子里的十几个孩子当学校。我儿子应该和你说过齐老师吧，我儿子可喜欢他了。他就是下来支教的。本来都是向着好的方向发展的。上一个村主任的不理智决定，把这一切又拉回了谷底。不知道从哪里得到消息，说是隔壁村得到了国家的鼓励种药材，为了不让我们村被比下去，村主任决定抢先一步在他们之前种药材。他就挨家挨户地进行劝说，让大家先放弃农田里的作物，去种药材。当时我们并不知道这些是需要得到批准文件的，听村主任说的时候，我也觉得这是个好主意，就和村主任一起鼓励村民们种药。那年收成特别好，我们都特别高兴，每一个人都觉得，今年一定赚大发了。等拿去卖的时候，我们没有销售渠道也没有批准文件，根本没有人买，很多的药材就积压在村子里，我就看着那么多药材被烧掉。村民们都有了怨言，就又开始改种之前的东西。老天爷可能也看不过我们，这么一年一年的变，接下来的几年收成不好，干旱缺水，种出来的农产品个头质量都远比不上以前，也失掉了很多老主顾。前前后后的事情搞到一起，人祸加上无可避免的天灾，村民们对村主任和上面的政策有了很大的不满。爆发产生于一个很小的事情——齐老师走了。不少村里人就开始埋怨，说是因为村子里太穷了，老师就走了，孩子们也没有老师教了。前任村主任迫于压力下去了，现任村主任顶着争议上来，选择走之前的老路。但是别的村也发现之前我们探索出来的办法好啊，都开始效仿，使我们失去了老主顾又脱离了几年市场的我们毫无竞争力。现在又回到了起点。”

王仲说了长长的一段话，其中的信息量让向阳一时间没有办法反应过来。他愣愣地看着前边的地。

王仲看了一眼向阳，接着说，“我就是想告诉你，我们村的情况可能不是你想象得这么简单，你所面临的比我那个时候还要困难。不只是艰难的自然环境，还有已经失去了信任的心。我一个人探索了很多年了，我也很希望有人来帮我，但你要是抱着玩一玩的心态来的，没有认识到情况的严重性，希望你还是认真严肃的思量。”

王仲说完拍了拍向阳的肩，然后转身离开了。

向阳坐在地上，看着前方的地和远方的太阳。王仲的话，妈妈的话，他自己所想象的未来，他来到这里的初心，在他脑子里激烈地碰撞，搅得他头痛欲裂。

“哥哥，这个字念什么啊。”王勇拿着那本书，指着上边的字问向阳。

“这个字是‘博’。”

“好，谢谢哥哥。”说着就到旁边继续念下去了。

“小勇啊，你很想读书吗?”

“是啊，是啊，我可喜欢读书了，我把齐老师给我们留下来的书都看完了，我还看了两遍呢！而且不只是我，我的小伙伴们都喜欢读书。我们想像我爸爸一样走出村子，去外边学好多知识，再回到村子里，让我们村成为最有钱的村子，再盖好多好多学校。”

“说得很好啊。”向阳摸了摸他的头，“加油吧——我也是。本来我的脑子里是很乱的，但是听完你的话，我就想明白了。谢谢啦。”向阳揉了揉王勇的头，笑了笑。

“王仲哥，我有一个想法。我可以白天的时候带村子里的孩子们读读书认认字，就在之前那个小屋子里就可以。晚上还有周末我就跟你们一起去观察村子里的情况。”

“好啊，好啊。我这就去告诉我的朋友们，我们又可以一起读书啦!”王勇蹦蹦跳跳哼着歌地跑出去。

充实和忙碌催着时间的滚轴运动，时间过得很快。经过实地考察，向阳建议村子里可以试着种种油茶，但是王博和王仲并不同意，他们认为隔壁村就是失败的例子。向阳和两兄弟分析，隔壁村不正确的种植方法和不科学的观点才导致了失败。几天的努力，向阳说服了他们，他和王博王仲两兄弟跑前跑后，申请采购，每家每户地进行劝说，之前隔壁村的失败历历在目，就算立下各种保证，反响都不大。

虽然没几个愿意加入的人，但算上他们，也组成立了一个六人的小组。确定了方法，选好了幼苗，向阳又奔波在寻找卖家的路上，油茶确实是好的商品，但是偏远的小山村运输不便以及运输过程中可能造成的损失，无疑加大了成本。从村子里到集市，他不记得那条路在阳光下的样子，伴他而行的只有夜空和微亮的星星。他找到了买家，买家对他们的东西很满意，但是中间的过程是个大阻碍。他把遇到的问题反映给他的上级，层层上报，等来了车开在颠簸路上的声音。

向阳站在村口，看着在路上的车，高兴地朝着王家两兄弟大喊:“快看快看，来了，来了，车来了，销售有保障了!”

开过来的车，带出去的果实，带回来的钱，无一不鼓励着那些犹豫的村民，更多的村民找到向阳他们，更多的合适土地被开垦，更多的方法被找到——种树苗、种红薯售卖或进行二次加工制成红薯粉条售卖。大家因地制宜，顺应自然规律，在政策的带领和资金的扶持下，村子又回到了之前的成功，也有了向更好发展的趋势。

王勇和几个孩子也考上了县里的中学，一切都在慢慢变好。

“都会变好的，对吧。”向阳看着一片片茶树说道。

“是啊，会变好的。”王仲说。

“你好像瘦了很多啊。”

“你也是啊，不过还好，大家的钱包都胖了。”

（本文作者为湘潭大学外国语学院2020级英语专业本科生）

致知力行，踵事增华

李雨果

水木清华，万法缘生，斗转星移，江山如画。决胜脱贫攻坚，奔赴全面小康，青年人当承前辈之志，启新征程之始，致知力行，踵事增华。

承前启后，积小流而成江海，积跬步而至千里。青年应当学习前辈的奋斗精神，全力以赴，为祖国建设奉献自己的一份力量。

功不唐捐，玉汝于成。“日拱一卒无有尽，功不唐捐终入海”全面建成小康社会目标的实现，离不开每个人在每个方面的每一点努力，前辈们一点一滴的努力，夜以继日的奋斗，造就了新时代的中国。全面小康离不开国防建设，于敏默默无闻地从事核武器研究、攻关克难，为的是强我国防，使人民生活安定；全面小康离不开科技创新，袁隆平持之以恒地研发杂交水稻、勤勤恳恳，为的是改善民生，人人能吃饱饭；全面小康离不开对点帮扶，申纪兰公而忘私地投身脱贫事业、兢兢业业，为的是扶贫济困，小康的路上一个也不能少。一代革命党人，栉风沐雨、朝乾夕惕，用奋楫笃行造就一个时代的辉煌，他们守心耐劳、刻苦钻研，是伟大的劳动者；他们倾情奉献、任劳任怨，是伟大的奉献者。“江山代有才人出，各领风骚数百年”，青年人接过梦想的火炬，学习前辈们在平凡岗位上成就的不平凡事业，使奋斗精神薪火相传。

不啻微芒，造炬成阳。像黄大年一样做一朵小小的浪花奔腾，呼啸加入献身者的滚滚洪流中；像李娜娜那样，做一粒扎根农村的种子，用青春担负起新时代赋予共产党员的历史使命；像李莎那样，用全部的热情和阳光去温暖他人，用生命践行着新时代赋予青年的使命与担当。他们在青春里挥洒热血，播下梦想的种子，顽强拼搏、勇攀高峰。正是有许许多多这样恪尽职守、不忘初心的奋斗者，才能确保如期打赢脱贫攻坚战，只有每个中国青年再接再厉、一鼓作气，才能确保如期全面建成小康社会。少年勤学，青年担当，中国青年要行动起来，做一朵小小的浪花，加入建成全面小康的海洋中，让扶贫事业如日中天；做一只小小的萤火虫，让点点亮光汇成星辰大海，照亮通往美好明天的大道。

继往开来，行路致远，且行且思。青年应当学习前辈的刚毅品性、锲而不舍的精神，为社会主义事业奋斗。

行远自迩，踔厉奋发。“九层之台，起于累土，千里之行，始于足下。”由浅入深，循序渐进，真抓实干。46 万名“第一书记”，走崎岖的路、翻连绵的山，从黄土高坡到雪域高原、从西北边陲到湘西小镇，处处有他们奔走的身影。他们在贫瘠上奋斗，于困境中思考，在泥泞中蹚出一条希望之路。他们是真正的真抓实干，也只有真抓实干、脚踏实地，才能真正做到精准扶贫。而精准扶贫不仅需要“心与百姓同忧喜，不拔穷根不回还”的坚定决心，更需要“苦干实干加巧干，富泽百姓俱欢颜”的正确战略，还需要“嘘寒问暖篱笆院，访户谈心左右邻”的实事求是，最需要一代又一代人的奋斗。奋斗是打倒贫困的原子弹，为祖国事业建设和人民幸福生活而奋斗终生，是所有坚守岗位的劳动者和奉献者一生的写照。青年是打倒贫困的主力军，我们中国青年要进一步坚定理想信念，以热血唱响“生命不息，奋斗不止”的慷慨壮歌，砥砺奋进、行稳致远。

行而不辍，未来可期。“道阻且长，行则将至，行而不辍，未来可期。”千帆竞发，百舸争流，一代又一代的人为实现全面小康不断奋斗。为了实现渠县脱贫摘帽，张渠伟推迟手术，奋战脱贫一线；为了解决村民用水问题，黄大发带领村民在绝壁凿出通天渠；为了走好扶贫这条长征路，黄文秀用双脚走遍百坭村的每一寸地方；为了让村里的老人喝上水，潘志艳用瘦弱的肩膀扛起一桶桶水。他们脚踏泥泞，躬身走向贫穷；他们攻关克难，奋战在扶贫一线。一代又一代的中国人牢记“为天地立心，为生民立命，为往圣继绝学，为万世开太平”的人生信条，带着这种信念，他们一路走来，一路坚持，一路磕碰，一路自勉，像是永不凋零的浪花，跳跃在奉献的海洋里，奔腾不止、生生不息。一代又一代地传承，一代又一代地坚持，现如今该是我们青年接过这重担，冲向这一站终点开启下一站征程，怀揣信念、肩负理想而执着前行的时候了。

“横空大气排山去，砥柱人间是此峰。”在即将达成第一个百年奋斗目标之际，青年学子要补足精神之钙，积极响应时代号召，以青春之名助力全面小康，用青年的声音讲述大国扶贫。

（本文作者为湘潭大学土木工程与力学学院2020级测绘工程专业本科生）

你以为农村还是你以为的那样吗

路　一

第一幕：农村应该是什么样的?

我的过去是满目疮痍——我面对着贫瘠的黄土地，每天牵着一头从隔壁村借来的老黄牛犁地。有一天，它突然就迈不动步子了，于是我就只能一锄一锄的挖开大地，把辛苦存攒下来的庄稼种子连同汗水一起种下，傍晚回去挨家挨户敲开门，黑灯瞎火的商量着如何再弄一头牛，帮助大家伙更好的种田犁地。于是，跨过千山万水，终于在远方牵回了一头能干的大水牛，就这样乐乐呵呵地回家了。

我的现在是日渐美丽——我推开窗，看着窗外的美景：山山水水，河湖稻田，处处青绿。山间的清晨最是静谧，飘着雾气，宛若一幅幅精美的山水画卷，画着山上的田园人家，画着山下的往来行人。待午间时，错落排列着的房子里，炊烟开始慢慢升起，有的杀鸡宰羊，有的则是到池子里抓鱼，或是到屋旁的小院里采摘新鲜蔬果，有的索性去农家乐在体验新式娱乐项目的同时品尝新菜品。山间渐渐响起了流行音乐，路边也贴上了各种海报，男男女女都在寻找自己的游玩去处，可能是去爬山远足，可能是去临近的景区观景旅游，也可能是去林子里寻找好看的景观植物。夜晚临近，乡村妇女开始成群结队，相约去广场跳舞，她们衣着鲜丽，笑容满溢；孩子们也在吃饱喝足后出去玩耍了，有的和小伙伴在体育场打球，有的在家上网学习，有的在看电视，各式各样，层出不穷；老人们则躺坐着摇椅上，给小朋友们诉说黄历，陪着孩童游乐玩耍，又或是在摆弄门前的花花草草。家家户户，其乐融融，好像晚上比白天更热闹了。

我的将来是智能便利——送货到家、上门维修、智能门锁、扫地机器人等智能家居以及用于农用的各种各样的新式机器不断添置着后院。家里的灰尘少了，饮用水终于也能杀菌消毒了，即使是恶劣天气也不用担心作物产量了，家里的灯光总是会自动调试到舒适状态，沙发也可以按摩放松了，一切都是那么的舒适惬意。

第二幕：农村人应该是什么样的？

在以前，农村人的脸总是又黄又黑，因为漫天黄沙总是粘在脸上，用手去擦，反而更脏了。他们日出而作，日落而息，反反复复，毫无波澜。没有多余的心思去读书写字，每天都在为如何填饱肚子奔波劳作，早上去砍柴，下午去种地，早晚出门或回家时都要先去喂喂牲畜，看看家里的老母猪又下了几只小猪崽，若哪里出了问题，过年就难得吃上肉宴了。

但现在，种地成了一门技术活，农民也成了兼具休闲养生的技术工人。乡村居民们总是笑容洋溢、如沐春风、笑声爽朗，动不动还会哼唱几句民间小调儿。她们的穿衣风格越来越前卫大胆，隔壁的阿妈也学会了网购，这不才刚给自己团了几件新衣裳，就着急忙慌地拍照发朋友圈向老姐妹们炫耀。邻村的二婶最近研究上了直播，竟开始在网上拍卖她家园子里的杏李果子。就连刚从成人师专毕业的伯伯也开始用网课系统给孩子们朗诵诗歌。一切都是那么地新鲜和奇妙，仿佛变了很多，又好像什么也没变。年轻人们不再一味地往外跑，去进厂打工，也在尝试把外面的技术带回家乡回乡创业，他们打造网红民宿、开办手工作坊、分享各种自创的新鲜玩意儿，衣着靓丽、发型时髦、妆容清秀，无一不透着乡村男女的自信，到处散发着青春独有的美丽与热情。当然他们也会读书，以前那些辍了学的孩子终于还是看到了读书的益处，于是纷纷开始采购书籍，计划把生活过得像诗一样美好。

第三幕：我们的家国

户口本不再分城镇和农村，而是成了居民户口本；派出所也有了专门负责的片区民警，总是会四处巡逻和检查监控；交通治理也变得井然有序，终于不会再有严重超载的摩托车，人人都知道不能无证驾驶；就连政府也有了分办不同业务的综合政务大厅，人们终于不用四处奔波还总是凑不够材料，高效便捷的办事效率让老百姓着实放了心，开了颜；以前居住的环境卫生脏乱差的小村庄，终于也变成了现在整洁干净的美丽乡村；助农惠农政策更新，农民也可以大胆兴办自己的产业；孩子们上学有校车接送，校服总是穿戴得干净整齐，脖子上还系着随风飘扬的红领巾，学校有各式各样的新游乐设施，放学了总是舍不得回家。

看到这里，相信你也能感觉得到，没有农村的农村人应该是什么样的。人们的生活在变好，社会的秩序在变稳，国家的步伐在变快，一切都会越来越好，没有哪个人会永远落后，没有哪个地方会永远贫穷，至少在中国，只要跟党走，就不会被抛弃放弃。也只有这样，国家才会变得富强，人民就会感到幸福，中华民族的伟大事业、伟大梦想也就不再遥远了。中华民族终究会和世界一起，共同进步、共同发展、共建美好家园！

（本文作者为湘潭大学碧泉书院·哲学与历史文化学院2020级硕士生）

万民之忧乐，天下之治乱

薛　琪

明末清初思想家黄宗羲有言：“天下之治乱，不在一姓之兴亡，而在万民之忧乐。”早在几百年前，中国古人就已经认识到了这样一个真理：一个国家、一个民族的兴衰浮沉不在于领导者的荣辱兴亡，而在于天下百姓的忧乐福难。

战火连绵的春秋战国时期，孔夫子提出“足食”“富而后教”，提出“因民之所利而利之”，提出“百姓足，君孰与不足；百姓不足，君孰与足”，可谓振聋发聩；百二河山，阔大辽远的汉室王朝，又有“五谷丰登，物阜民康”之语，寄托着多么热切的盼望；到朱熹的“足食为先”，再到杜子美的“安得广厦千万间，大庇天下寒士俱欢颜”、太平天国“无处不均匀，无人不饱暖”的淳朴理想，无不承载着先民对吃饱穿暖，殷实富足生活的殷殷期盼。这深沉不绝的声声呼唤，在中国历史的长空下回响了上千年。

作为全球最大的发展中国家——中国，始终把脱贫攻坚摆在治国理政的突出位置。消除贫困、改善民生、逐步实现共同富裕，是社会主义的本质要求，也是我们党的重要使命。党的十八大以来，我们党把扶贫开发工作纳入“四个全面”战略布局，作为实现第一个百年奋斗目标的重点工作，大力实施精准扶贫。2015年11月29日，中共中央与国务院颁布《中共中央 国务院关于打赢脱贫攻坚战的决定》，提出到2020年，稳定实现农村贫困人口不愁吃、不愁穿，义务教育、基本医疗和住房安全有保障的目标。

但所谓“掘井九轫而不及泉”。贫穷，这个困扰了世世代代中国人上千年的永恒命题，注定要历尽坎坷，踏遍荆棘，精准施策，久久为功。无数仁人志士在这条漫漫长路上奉献了自己的青春，挥洒了自己的一腔热血，甚至牺牲了宝贵的生命。

肩负两村脱贫重担的杨明，不畏不惧，思路明确。他潜心走访，走村串户，无论是田间地头，还是红白喜事，总能看到他的身影。完成摸排，他带领干部精准施策，一户一规划。面对村子“晴天一身灰，雨天两脚泥”的交通现状，他跑村组、跑政府，组织队伍，争取资金，终于解决了大堰村和芙蓉村长久以来的交通“顽疾”。杨明并没有满足于眼前的改善，而是进一步着眼于长远的发展。根据实地调研结果，他“对症下药”，为大堰村制定了走以猕猴桃种植为主的康养观光的路线，芙蓉村则逐步探索绿色生态蔬菜种植之道。在广元监狱驻村第一书记杨明以“尺寸之力积千秋之功”，助力两村贫困户全部脱贫，他用自己的脚步丈量了两村村民的小家梦想，用自己的时间编织了中华民族的复兴未来。

内蒙古自治区是我出生的地方，我的家乡，也是人们心中封闭落后的边疆地区，在茫茫大草原走向脱贫致富的路上，有这么一位“巾帼不让须眉”的蒙将——梁旭滨。她曾担任科尔沁左翼后旗巴胡塔苏木党委书记，现任旗政府副旗长。巴胡塔，蒙语意为“小草原”。在这片小草原上，有 17 个嘎查村、53 个自然村、5092 户农牧民，这些简单的数字曾经像一块块巨石压在梁旭滨的心头，“小康路上可不能少了一个人”是她始坚持的信念。梁旭滨秉持着“扶贫扶长远，长远靠产业”的理念，立足巴胡塔苏木的本地资源，以黄牛产业为主导，坚持“为牧而农，农牧结合”“贫有百种，困有千样”。梁旭滨平均每周下乡三次，在家时间寥寥无几，了解各家各户的不同情况，把脉开方，切实做到精准扶贫。曾受到她帮助的小女孩说：“我希望长大以后成为像梁书记一样的人，可以帮助很多很多人，为家乡为国家贡献自己的力量。”在梁旭滨六年的不懈努力下，巴胡塔苏木 17 个嘎查村、668 户贫困户全部实现脱贫。梁旭滨，这朵“铿锵玫瑰”，在辽阔的大草原上灿烂骄傲地绽放，将小康的香意传播到祖国的每一个角落。

扶贫干部千千万。还有那因长期超负荷工作而患上青光眼，几致失明，但依旧坚持用信念的微光点亮乡民的致富之路的基层干部张渠伟；还有那不忘赤子之心和为农情怀的北京师范大学毕业生黄文秀，自愿放弃光明前途，毅然走入山村，成为乡亲脱贫路上的一块铺路石，年轻的生命最终消逝在汹涌的山洪之中。还有很多很多……

张晓风曾说：“真正伟人的双目并不凝望最翠拔的高峰，他们常俯下来看一个卑微的贫民的病容。”正如习近平总书记强调的“决不能落下一个贫困地区、一个贫困群众”的指示。2013 年，习近平总书记到湖南省花垣县十八洞村考察扶贫工作，首次提出了“精准扶贫”的重要思想。自此，十八洞村因地制宜，以猕猴桃、矿泉水、旅游业为三大支柱，基层干部因人施策，苗绣、种果树等一系列举措轮番实行。十八洞村进入了脱贫致富的“快车道”。

高楼大厦、灯红酒绿，是中国；蛟龙入海、嫦娥飞天，也是中国；山峦叠起，闭塞落后，还是中国；使泥泞小道变通途，荒芜土地变肥田，这，更是中国！

“救助和扶贫带给受助者的未必只是摆脱贫困的境遇，还可能是爱心和善心的接力。”从被记者拍下一组“我要读书”的照片，成为希望工程的形象代表，到成为如今的中国工商银行安徽省分行团委副书记，苏明娟不仅做到了物质上的“脱贫”，更实现了精神上的“小康”。扶贫，更要扶志。

“与天下同利者，天下持之；擅天下之利者，天下谋之。”中国的脱贫之路，注定是艰辛的，充满坎坷失败的试验之路。要在这条泥泞小路上踏出通天大道，关键在人，在那些“捧着一颗心来，不带半根草去”的基层干部。正是这些扶贫干部与贫困群众之间的故事点亮了中国历史的夜空，宛如一颗颗或大或小的明星，一颗虽不足提，但千万颗、万亿颗，便汇聚成了璀璨浩瀚的星河，为我们国家和民族的繁荣复兴照亮前路！

（本文作者为湘潭大学文学与新闻学院2019级汉语言文学专业本科生）

不忘初心、牢记使命

——常德石门扶贫队长张忠富的驻村故事

张　可

今天我要讲述的是关于我叔叔张忠富驻村的扶贫故事。他是湖南省常德市石门县文化旅游广电体育局驻南北镇金河村帮扶工作队队长、第一书记。2016 年驻村以来，他始终牢记自己的党员身份，不忘初心，牢记脱贫使命，把群众当亲人，和群众同奋斗，于 2019 年被评为湖南省“百名最美扶贫人物”，他的事迹也于 2020 年在中央电视台中文国际频道的《中国新闻》之“新春走基层”特别栏目中进行首播。

金河村位于湖南省常德市石门县一隅，由 5 个自然村合并而成，面积 54 平方公里，平均海拔 1200 米以上。这里山高路陡，地势险要，是常德市唯一不通公路的自然村，老百姓要出村有三条路，一是走过荒无人烟的 10 多公里悬崖绝壁到镇上，二是翻过一座大山到镇上，三是过十八道水路到镇上。但无论哪条路都要走 6 个小时以上的艰辛路途，全村 378 户 962 人，其中建档立卡贫困户共 181 户 572 人，村里没有村部，也没有卫生室，更谈不上广播、电视和网络。

要想富，先修路。为了解决当地交通历史遗留问题，2017年，他徒步上下山20多趟，召开户主会议20多场，积极做群众工作，在争取到道路建设项目后，他又挨家挨户地进行宣讲解释，鼓励大家踊跃参与，并发动党员群众进行捐款投劳。在他的主持下，出现了干部群众齐心协力开山碎石，只为天堑变通途的动人场景。终于，在2018年春节前夕，一条长19.2公里的简易公路，就像一条“天路”挂在了金河村平均海拔1200多米的崇山峻岭之间，终于结束了常德最后一个自然村不通公路的历史，这条路也被村民们亲切地称为“幸福路”“致富路”“生命路”。中央电视台大型扶贫纪录片《承诺》摄制组也先后两次来金河村实地拍摄，称赞老百姓不等不靠、自力更生、“有一块钱修一寸路”的精神，为现代版的“愚公移山”。

“天路”修通了，但想要致富，还得靠实物产业。“绿水青山就是金山银山。”习近平总书记关于生态文明建设的思想让他豁然开朗。金河村海拔高，山高林密，气候特殊，生态环境极其优越，这里盛产优质茶叶、烟叶、土蜂蜜、中药材、魔芋等，是乡亲们得天独厚的致富之源。他认为只要认真贯彻执行习近平总书记所强调的生态发展观，就一定能够找到一条可持续的发展之路。于是，金河村极具优势的野茶、金钱柳、中药材、土蜂蜜、魔芋、烟叶、山羊以及冷水鱼等特色产品，金河龙门出水、红耀十八道水、黑洞、白竹山曲家大洞、红军排牺牲纪念地、卢次伦铜矿遗址等丰富的旅游资源，也被挖掘了出来，成为张忠富心目中产业发展的“金疙瘩”。如今，不仅路通了，村民人均年收入也由2014年的不足3000元增加到2019年的8000多元。

2018 年，石门县实现整县脱贫摘帽，76 名村民在写给县文化旅游广电体育局的报告上自发签满了名字并摁上了 76 个鲜红的指印，报告中写道："感谢我们的后盾单位县文化旅游广电体育局给我们派来了一支为老百姓办实事、谋福利的工作队。扶贫工作队队长张忠富来村里以后，他不畏艰难辛苦，全心全意为我们老百姓服务，把我们每一位老百姓当亲人。在他的带领下，我们的生活发生了很大的变化。在我们心中他就是我们的贴心人，让我们看到了希望。我们需要他继续留下来，帮助我们一起脱贫致富。恳请各级领导能同意我们的请求。"

当然，张忠富也选择留下来继续为脱贫攻坚工作奉献自己的力量，他在写给妻子的信中提道："这里的老百姓待我就像家人一样，你记得家里有双千层底布鞋吗？那是一个大雪天，我步行 20 多公里走访到白竹山覃事善家，两老含泪送给我的。"他认为只有把老百姓当亲人，老百姓才会把他们当亲人，所以他坚持把他的每一次走访都当作走亲戚，与村民之间建立起了深厚的"亲情"。

"忠心扶贫未怕千般险，富民兴业何惧万重山。"这是湖南省石门县金河村的老百姓送给驻村帮扶工作队的锦旗。2019 年 1 月，全国扶贫宣教中心脱贫攻坚"石门样本"案例研究的专家们对金河村的脱贫攻坚工作给予了充分肯定。

驻村 3 年来，张忠富没有休过年假，把自己所有的时间精力都花在了金河村，在这期间，他曾在走访贫困户途中遭遇车祸当场休克，头疼半个多月也一直没有休息。他牺牲了自己的小家，以实际行动践行"我们是亲人"的承诺。他说："扶贫是一份责任、一份信仰、一份坚守，也是一件积德造福的善事，我是一名共产党员，老百姓就是我的亲人。”

（本文作者为湘潭大学公共管理学院2018级图书情报与档案管理专业硕士生）

绿水青山犹在，赤子之心不改

秦雨潇

现在的心灵鸡汤可谓无处不在：人生，没有走不过的经历，只有走不出的自己；感情，没有过不去的曾经，只有过不去的心情。话虽如此，却有人始终生活在热闹之外，点着煤油灯、住着砖瓦房、过着五十年前的生活，看似平淡自足却贫苦难挨。他们无甚经历，也没有太多复杂的感情，只能默默听从大自然的安排，咬牙接受生活给予的不幸。

曾经，天险不知吞噬了多少年轻邮差的生命，如今，索桥搭起，电缆在山间穿梭不息；曾经，成熟的瓜果蔬菜默默地烂在地里，如今，当天刚摘下的新鲜水果正躺在一辆辆运送快递的车上，飞往全国各地；曾经，无人问津的美景被无以维生的居民悉数破坏，如今，游客们慕名而来，居民们安居乐业；曾经，孩子们蜷缩在黑暗透风的教室里，那溢满了渴望的眼睛是教室中最亮的光，如今，教室宽敞明亮，新安装的多媒体设备承载着五彩斑斓的梦想。

那些山明水秀的地方，终于不用在现代社会之外孤独地徘徊。年轻的梦想和力量，终于有了可以安放的港湾。那一个个美丽的故事，正在绿水青山里生根发芽；那一颗颗美丽的心灵，正在让曾经的落后山村成为梦想开始的地方。

架设万米电线，点亮一盏心灯。桥联村是安徽省马鞍山市含山县环峰镇的15个贫困村之一，青壮年全部外出务工或经商，村中只剩下老人、妇女和儿童。为了摆脱贫困，制作“桥联锅巴”就成了脱贫工作中重要的一环。理想是丰满的，但现实却是：“20台电饼铛，每台机器6千瓦负荷，若今年把电商平台做好，使锅巴销量上去了，我们还要增加到50台机器，电够不够用?”了解情况后，含山供电公司利用两天时间对排灌站线路进行消缺整改，建设改造7台配变，新架10千伏线路1.285千米、低压线路13.675千米，整改表户数532户，他们在桥联村村民的心中点亮了一盏灯。

猕猴桃园绿意盎然，博山源泉生机弥漫。博山坐落在群山连绵之间，山明水秀却经济低迷。而这种状况，正在国家鼓励当地发展猕猴桃产业后悄然改变。源泉猕猴桃一经上市便因口感纯正、酸甜甜度、细嫩多汁、芳香浓郁的独特品质而闻名。2007年以来，山东省淄博市博山区源泉镇在沿淄河两岸、仲临路两侧形成了15公里的山东淄博猕猴桃苗木种植产业带，一跃成为山东省最大的猕猴桃苗木种植基地，博山猕猴桃产业也成了全镇有机农业的龙头。2013年，在博山区第一届猕猴桃采摘节上，博山猕猴桃销售一空，很多家庭一个月的收入堪比过去一年甚至数年的收入。2015年是第三届博山猕猴桃采摘节，沿途堵车30公里。猕猴桃产业蓬勃发展，源泉人民对生活的希望和憧憬也节节拔高。

绿水青山变成了金山银山。从前，太阳乡是安徽省六安市霍山县最偏远的山区乡镇，近百公里的崎岖山路将其与县城分割成两个天地，单程要 2 个多小时，山高路远，封闭落后。如今，随着大别山旅游扶贫快速通道的开通，大别山主峰旅游品牌知名度日益提升，来太阳乡旅游的游客逐年增多。金竹坪村立足景区脚下的区位优势，积极开发旅游农特产品，拓宽茶叶、中药材、山核桃等销售渠道，扩大基地种植面积，增高产量，为大别山主峰景区旅游开发服务，实现“农旅互赢”发展模式。如今每逢节假日，民宿基本爆满。15 万人已然脱贫，深秋的大湾村，景色宜人。

12 月的陕南山区，读书声在雪花飞舞中分外嘹亮。“保教费免了，孩子每天还能吃到营养可口的饭菜，天天吵着要去幼儿园哩！”就在几年前，这对于村里的百姓来说还是想都不敢想的事情。发展农村基础教育、实行物资援助、进行心理辅导，石佛寺九年制学校让贫困学子也吃得起饭，上得起学。送教上门、结对帮扶，探索落实农民工返乡创业就业政策，孩子们有了教育，也有了父母的关爱，使这个冬天很温暖。

扶贫过程经历过飘雪的寒冬，但也因人情的温度变得温暖可爱。绿水青山下掩盖不住的贫穷终于变成令人安心的富足和感动。而在这片温暖的土地上热情奋斗的人们，仍在以满腔热血、赤子之心，在为自己和国家拼搏一个更好的未来。

在这片土地上，故事仍在继续。

（本文作者为湘潭大学数学与计算科学学院 2019 级信息与计算科学专业本科生）

小树

舒　娜

清晨的空气冷得让人意外，但他得起了，必须起了，村里老李的孙子二娃不早点去逮他的话，那就是一天都见不到个人影了。他快步走出去，衣服都微湿了，但哪里有时间去管这些。

他是穷苦人出身，村里的老人都说他是村里飞出去的第一只凤凰，可他又飞回来了，来到了一个比村里更落后的一个乡村，村里的人不解了，父亲愠怒的神色和母亲湿润的眼眶，每每想起，他都几欲放弃，可回想起年少的温暖，他又坚定了。

他推开破旧的大门，“吱呀”的一声，“李叔。”他对着黑暗中喊道，屋子内的气味潮湿阴冷，带着股霉味，很不好闻，他不是第一次闻到这种味道了。

“是书记吧，我这身体不听话，难受啊，咳咳……二娃，二娃。”李叔的声音先是缓慢，后是急促，刺耳又惹他难受。他连忙上前扶住李叔，干瘦的手让他瞬间想起了枯树枝。

李叔借了他的力，很快又松开了，李叔走出房门去喊他的孙子，借着早晨的微光，老人露出了全貌，土黄色的脸上是一道道的沟壑，眼睛浑浊了，他想起了去世的爷爷，多么的像啊。

“爷爷，我在煮饭哩，干啥子?”二娃从旁边的小破屋走出来，身材瘦小，但那双眼睛，黑亮黑亮的，清澈的好似他初进村里见到的那股溪流。

二娃见到他，皱皱眉，又撇撇嘴，小小的人儿硬是有社会上的那种神色，很不耐烦地说道：“咋又是你，不是说我不去上学了吗?”“你别说啥九年义务教育了，我去上学也是逃课，我爸妈都管不了的，你管得了啥?”他沉默了，眼前的小人与记忆中的少年重合，李叔也沉默了，坐在旁边，掏出袋子，用烟纸卷起一小撮廉价烟草，烟雾模糊了他的脸。

村里的孩子，大多是留守儿童，和二娃一样的孩子很多，渴望社会，觉得打架很帅气，可是社会哪有这些孩子想的那样简单，村里个别大孩子长歪了，他不能让这些小苗跟着长歪。

他温和地笑了起来，连连摆手道：“不是不是的，二娃，今天叔要去城里，你有时间不，帮叔个忙呗。”小小的人儿眼睛咕噜噜地打转，他又加了一把火：“放心，有报酬的。”

二娃瞬间变了神色，喜色显现在他黄黑的脸上。早饭后，他带着二娃坐上了车，二娃第一次坐小汽车，他控制不住地瞟着，见有人看着他，坐直了身体，他看着，温和地笑了，还是个孩子。

他开着车，不经意地说道：“我和你一般大的时候，还没去过城里，可羡慕城里的人了，我的爷爷是个老村医，他跟我说，知识改变命运，的确啊。”二娃撇撇嘴，啥也没说，他沉思了一会，又说着：“乡里的教学差，走弯路容易得多，当一个人开始走弯路的时候，其他人也会受到一定的影响，我那时，就差点走上了歧途。”

二娃看着他，他知道二娃一直在听，他不说了，果然，二娃还是沉不住气的，“啥歧途?”他看着眼前笔直的路，比以前的好多了，他胡乱地想着。“差点跟着他们去外地做工了，当时觉得能自己赚钱是件很了不起的事。”

“难道不是吗?”二娃带着神气，通过后视镜，二娃的眼睛黑亮黑亮的。“有啥了不起的，你懂什么技术吗? 只能做苦力，小孩子又有多少力气。”二娃不说话了，一路沉默。

“到了。”他打开了车门，二娃和他一起看着眼前的建筑，是一所学校，来来往往的学生，衣着干净，一个个脸上带着笑容。二娃扯了扯自己皱巴巴的衣服，羡慕而又难堪。

“来这里干啥?”二娃的声音小了很多，他摸了摸二娃的头，“凭你的眼光，看看有没有好看的小姑娘。”他开着玩笑，带着二娃走了进去，从他的角度能看见二娃通红的耳朵。

他和二娃站在窗外，窗内的孩子神采飞扬，琅琅书声透过窗户，窗外的二娃看着，眼睛眨也不眨。他笑道：“二娃，有好看的不?”二娃没说，他也不要他回答，“这没有，那换个地方。”他带着二娃去了城里的游乐场、建筑地，欢快的场面与飞扬的尘土，二娃黑亮黑亮的眼睛很认真地看着，他心里有了底。

他和二娃吃完饭，又坐上了那辆车，他开着车，没有说话。要下车时，二娃说着：“我感觉没帮什么忙，还有报酬吗?”他从车里拿出一个小袋子，递给二娃。

“二娃，叔骗了你，叔让你帮的忙是别的，这里面是件新衣服。我们乡里的孩子们，成长环境与城里不同，但这不意味着我们没有读书的权利，我们也不比他们蠢笨，这个世界从未忘记每个有梦想的孩子，但前提是你得有能力。叔知道这些你还不懂，叔只希望你穿上新衣服，好好去上学。”

二娃脸红红的，看看他，小心翼翼地接过袋子，一溜烟跑了。耳边传来了什么声音，他恍惚了一下，是风声。

他得知自己被调到这完成脱贫任务，紧张又充满干劲，了解完村里的状况后，他深刻认识到教育才能从根本上拔除“穷根”，治贫先治愚，扶贫先扶智，教育好一个贫困孩子，才有可能为贫困家庭带来希望。他不期望二娃这棵小苗能立刻长直，这也是不可能的。十年树木，百年树人。年少的温暖，让他明白，这些孩子只是缺了一个拉他们一把的人。

他闭上双眼沉思，二娃黑亮的眼睛在他的脑海里眨呀眨，而这样的眼睛绝不止一双。

（本文作者为湘潭大学物理与光电工程学院2020级物理学专业本科生）

桃花源·记

吴灿蕾

村庄的周围，是平原。广袤的、一望无际的平原。在这里，你看不见公路，也寻不着汽车。结队的牛羊和成群的鸡鸭会在你眼里乱窜，隔着平原的呐喊会吵到你的耳朵。村里人早出晚归，沿袭着最原始的生活方式。在我看来，不亚于陶渊明笔下的桃花源。

我出生于这个村庄，在这个交通极度闭塞的农村生活了十来年。直到初中，才真正见到了车水马龙的街道和人头攒动的集市。可有些像我爷爷奶奶一样的那一辈人，却将自己的一生奉献给了村庄。倒也不是说这个“世外桃源”不好。的确，在当今这个生态环境恶化，雾霾盛行的时代，乡下成了很多城里人向往的地方。可贫穷到没有真正意义上的公路，也不是每家每户都有移动手机的村庄，根本不会让人像神往桃花源那般向往。村里的年轻劳动力大都选择去城里谋生，剩下的“黄发垂髫”，称不上“怡然自乐”。

我深切地感受到村里人生活的拮据：一对年至古稀的夫妻要

抚养自己儿女生下的孩子，同时还要下地劳作，解决温饱。于是他们都有了农村人所特有的标志——岁月风霜在他们黝黑脸庞上冲刷而成的条条沟壑。这是极为刺眼的。我见过太多这般老人的脸，以至于我开始害怕这个贫穷的地方。即便是未长全羽毛的鸟，也总想要飞离。

我曾坐在火堆旁，看着摇晃的火光打在奶奶脸上，我问她："为什么贫穷这么可怕却还是没有人来改变？"奶奶没有直接回答这个问题，只说："下雨的时候，村里唯一的路就会被雨水冲刷的泥泞不堪。有的人会摔一身泥，有的人会像滚雪球一样黏一鞋子泥巴回家。大家总在抱怨，抱怨修不好路，通不上网，却只是在抱怨。因为太阳一出来，地上的泥巴就会凝固。就好像没下过那场雨一样。"那一刻我才感受到农村老人的无奈，他们文化水平低，有的甚至还不识字。他们不甘贫穷，却只能被贫穷捆缚。谁不想改变？谁都想改变。

后来我上了初中，见识到了更广阔的世界，而村里的爷爷奶奶们依旧过着踏日而出，伴月而归的生活。值得一提的是，有一年村委书记自掏腰包，给村里修了一条水泥路。这也确实方便了不少，至少每家每户自种的大米里不会再混有泥沙和石子了。而我在县里生活了几年，也似乎全然忘记了在农村的贫苦生活。偶尔拨一通电话回去，听到对面断断续续的一句"一切都好"便心安理得地挂断电话。一根电话线，便隔开了我和农村。

直到那天，老师发下来一张表，标题为"家庭信息情况登记表"。当我填到爷爷奶奶的生活情况和月收入的那儿项时，我愣住了。在农村的生活一幕幕浮现在我脑海中：那是放牛的爷爷在田里捞田螺；那是喂鸡的奶奶在篓子里捡鸡蛋；是每年仲夏顶着大太阳的“双抢”；是冰冷床榻上缝了又补的花棉被。我最终在“备注”这一栏里填下了农村爷爷奶奶的生活情况。而那一年，正好是中共中央与国务院颁布《中共中央 国务院关于打赢脱贫攻坚战的决定》的第二年。

我的登记表递交给学校审查后，上报给了县级政府。不久之后的某天，一个小时通往村庄的车程、一整天的情况调查和实地考察后，政府决定拨款整改：给村里修信号塔，并且给仍旧住在土砖房的村民建造一层小平房。我们村通上了路、联上了网、村民们住上了新房，生活得到了极大的改善。

渐渐的，有很多青年才俊来村里任职。田地被征收，种上了一亩一亩的荷花，土房被征用，装修一番变成了民宿。路上的鸡鸭鹅少了，天上的风筝多了。如今，我的家乡正在极力发展旅游业，不少人会在炎热的夏天来这里赏荷花、摘莲蓬，顺便住上几晚，享受城市所没有的夜间的星空和少有的宁静。

而今年（2020年），是脱贫攻坚战的决胜之年，从前的我畏惧贫穷的村庄，而现在的我，为我曾贫穷的家乡能享受到国家如此伟大的政策而感到幸运。不论是一个大国的脱贫还是小至一个村庄的脱贫，其过程都需要无数双帮持的手和无数人的共同努力。作为一个新时代的青年学生，我能参与到我们村庄的脱贫攻坚战，我已经感到无比荣幸。因此我也明白，大国脱贫中有铿锵的青年声音，定会让我们的国早日步入全面小康！

现在的村庄，周围是无垠的花海，花海中架起别有雅致的木桥，桥的尽头，是我的家。

（本文作者为湘潭大学物理与光电工程学院2020级物理学专业本科生）

斗笠为帆扇作舟，乘风破浪攻坚路

蔡梦飞

今年暑假，我有幸得到了在家乡扶贫办的实习机会。从七月到九月，我跟随扶贫干部穿过田间地头，倾听群众的家长里短，核实近些年脱贫人口的收入与支出，惊喜地分享扶贫攻坚战的胜利果实。

经过为期一周的培训学习，在充分了解到党和国家的扶贫政策后，我们踏上了下乡之路。出发前一天，县扶贫办的詹主任与运输公司的负责人协商，要几辆柴油车。“明天上山的路会很陡，晕车的同学准备一下晕车药，其他人带上风油精以防中暑。”我的心里既激动又担心，自上学以来，已经很久没有踏入乡下的土地，不知道现在的农村还是不是儿时那个静谧而荒凉的小山沟。

此时虽是周末，但走访贫困户的工作依然不能放松。五十多号人驶离县城，分别踏上不同的乡道。今年的盛夏不似往年酷热，过多的降雨却浇弯了早熟的高粱。主任从车窗外凝视着倒伏的高粱，叹了口气。路越走越窄，村委会就修建在被树木遮住的路旁，我们顶着日头下了车。

经过简单的交接，我们走上了入户的小路。田野间的青草香和葱茏的绿叶让人眼前一亮，我们振奋精神，走过红砖绿瓦的农村住宅，穿过硕果飘香的果树，爬上陡坡，跨过田埂，终于来到了住户的家中。他的田间插着木棍支成的稻草人，屋檐下挂着蓑衣、斗笠，一位老人佝偻着背，手摇蒲扇，正在屋下歇息，旁边摆着劈开的竹条。老人见了我们，赶快起身迎接，脸上洋溢着笑容。

“老人家，还在忙哇！”李主任帮忙搬出来几把木椅子，招呼大家坐。

“忙点好哇，今年要的斗笠多，我赶着做几顶，等雨季过了，要的人就少啦。”老人家虽然动作缓慢，但还是坚持给我们泡茶，拿果子给我们吃。

“以前做了卖不出去，烂在地里没人要……现在一些年轻人，买去挂在家里开的餐馆里，还怪好看的哩！”老人笑呵呵地说，仿佛赶上了时髦，还有些许得意。

原来，几年前，当扶贫干部走进爷爷的偏僻的小屋子时，感受到了这一户脱贫的难度。回去后，他联系了当地农家乐的几个老板和县里的部分单位。后来，单位里有同事主动买竹刷子、竹席、竹扇子在家里用，打扫卫生用的竹扫帚也从老人手里买，就连近些年兴起的农家乐饭庄听说了老人的手艺，也纷纷主动出资购买斗笠、蓑衣等做装饰，更有民间文化爱好者在老人这里定制手工制品……老人穿上了新衣服，也总算有了些积蓄，虽然腿脚不利索，但慢工出细活，整天乐呵呵地编他的玩意儿。

“我以前，糟老头子一个，待在屋里，没人管，没人问……多亏了书记，还有领导们隔三岔五来看我，还帮我卖东西……我年轻的时候，不愿麻烦别人，但现在做不了体力活，没得收入……国家给我补贴，但是我不想做懒汉。感谢国家的政策啊……”老人说着说着，流下了激动的泪水。

在场的人无不感慨。

我原先只知道，去了食堂就有饭，却没想到，原来吃饱穿暖对有的人来讲，需要付出更多努力。老爷爷的斗笠，上尖下圆，敦厚中透露着一丝骨气。贫穷并非他造成的，而脱离贫穷却是可以改变的。千万中国农村人口用汗水书写着一项伟大实践：善始善终，善作善成，不获全胜决不收兵！

竹影婆娑，竹节挺立，脱贫路也有中国魂！

（本文作者为湘潭大学马克思主义学院2019级思想政治教育专业本科生）

护路人

陈焱龙

“老孙，现在农村里的老同志真是倔，上面组织了施工队给村里修路灯，峪田组有个老头嫌他门前的路灯太亮，就把那个路灯的灯泡砸了，他们组长正为这事头疼呢。”

“啊，峪田组？那位老同志是不是姓张，满头的白发？”

“是啊，你接触过？”

“嘿，又是这老顽童，老赵你放心，肯定是峪田组的组长误会了，这事你得好好去问问，这位老同志是一个负责任，讲道理的老前辈，你听我说说他的故事你就明白了。”

“那我可得听听，老孙你说。”

“前些年上面发了个文件，拨了笔预算给大田乡这一块的没有儿女赡养的老人修砖瓦房，当时我就是这个项目的负责人，我那时在农村建设这方面还只是纸上谈兵，拿了个名单，就火急火燎地安排工程车进村，查一户，修一户，工程车和工人师傅们工作了两个月，大部分组的老人的住房也就盖好了，可唯独到这峪田组这一块，工程车走不动了，就是这位老同志闹意见了。”

“这位老同志膝下没有儿女，我们盖的房也理应有他一份，但是他就是不准工程车进组，在路上拿水缸竹条设了路障，当时峪田组的老组长和我轮番上阵，软磨硬泡，他就是牛脾气，一点都不让，不准过，都不准过。”

“我和老组长私下合计了一下，老同志再拗，也应该有他的理由，这么拖下去，损失的都是国家的财产，咱们得私底下去问问。”

“于是当天晚上老组长从他们家拎了一只鸡，我去镇上自掏腰包买了两盒凉菜去他们家探探他的口风，老同志晚上态度就不一样了，把鸡杀好，备了点酒，打开凉菜就和我们聊，天南地北地扯，夸我们村主任工作做得好，村里跟着我们走得了很多实惠，老组长喝了点后也是打开了话匣子，他就问了，老张同志，你不让工程车进组是为什么啊，这车进组是给你们几个没儿女的盖新房啊。”

老张同志顿了顿，有些惆怅，他说：“别看我老人家老，该懂的都懂，这是国家为我们谋的福利，我们不珍惜，那也太不是人了，可是你看看政府拨钱给咱们村修的路，其他组的都没怎么去维护，路面是一段一段的裂开啊。大伙都是看在眼里的，当初党和政府是花了多大的决心和成本才把公路引进了咱们村，这里面带来的收益可是实实在在地进了大伙的腰包，你们任凭这种重车去压坏这来之不易的水泥路，我老人家真的不忍心啊。”

“还有建在咱们组的那个家具厂，每周都会排出大量的废水，咱下游有几个小水潭里的鱼都死了；小孙干部，你们这些大学生都有见识，懂的也多，大田乡这么多年的发展一直是你们在幕后默默努力，大伙很感激，白天的事你权当我疯老头胡闹，但是还是希望小孙干部考虑一下我反映的问题。”

“老赵啊，当时我的眼睛就有点湿润了，真是永远都不能小看人民群众的智慧啊，以前我们这些新来的大学生一心求成，忽视了很多农村建设方面的细节问题，但群众的眼睛是雪亮的，感谢这位老同志认真地给我们上了一课。”

“那晚我们便答应他会做好水泥路的后续维护工作，会在主干道上铺好沥青，并且告诉了他县里会调来一个学环境保护的大学生对峪田组的家具厂进行了整改，这是家具厂的领导早就做好决定的，那个大学生就是文韬同志，老赵之前你是见过的他的，巧的是，他是本村出去的，按辈分，他还是老张同志的侄子呢。”

那晚我们回去后，文韬同志第二天一早就来了，他围着大田乡跑了一上午，看着家具厂排出的废水很是揪心，他说“党和政府要扶贫，家乡要发展怎么能以牺牲环境为代价呢”，随后他瞅了一眼新修好的路，对我说：“怪了，为什么峪田组的马路比村里其他组的路要好上一些呢?”我告诉他：“多亏你二叔，没事就扫马路、泼水、补水泥，在峪田组，党和国家的扶贫精神，他是贯彻得最好的。”

文韬同志非常感动，这个看上去偏执的小老头内心深处的那份细腻善良与责任深深地打动了他，也打动了我，文韬同志告诉我，他的家庭条件不是很好，父母的身体都很差，能读完大学多亏了二叔的帮助，老人家也没有多少钱，又没人养老送终，理应要多存点钱养老，但他就是义无反顾地支持文韬同志，给他交学费，每个月还额外给他一笔生活费，那个时候文韬同志是落了泪的，他深情地告诉我，只要他还在大田乡，他就会细心的维护好这条路，他张文韬也是老张同志的儿子，他会把他二叔当作亲生父亲一样来赡养。

再后来路障除了，工程车把全村没有子女赡养的老人的房子都修好了，各组还找人来向老张同志学习护路经验，我们村的路，之后更是得到了上级领导的肯定，交通便利了，再加上家具厂的发展，整个大田乡的村民的日子可都是越过越好。

“听老孙你这么一说，我就大概了解了，这老张同志还真是一个深不可测的老前辈，反正咱们下午的工作已经基本结束了，不如去见见他，聊聊他为啥要打碎门前路灯的灯泡。”

“行啊，也很久没有见过老人家了。”

随后我和老赵就骑着摩托来到了老张同志家，只见张文韬正爬在梯子上给路灯换灯泡。

“老张同志，这是为什么啊？”

“别提了，整个村就我门口这路灯的灯泡质量有些问题，晚上一闪一闪的，大货车路过还行，他们那大车灯照得清，那些晚上骑三轮来我们峪田家具厂运家具的人就没那么好咯，一不小心眼睛就要被晃花，昨晚我就把这个路灯灯泡先破坏掉了，再把我家门的灯打开了，这不，今早叫文韬到县城买了个路灯灯泡，这小子在大学学过这一手，没问题。”

我看着踩着梯子忙碌的文韬同志不禁大笑，喊道：“文韬同志啊加油干，我们一起走向大田乡美好的未来。”

（本文作者为湘潭大学机械工程学院 2018 级机械设计与制造专业本科生）

阳光的味道

杨向玥

在一个夜晚烧毁所有的过往，从此梦就会变的明亮，在一个早晨扔掉所有的昨天，从此脚步就会变的轻盈。

于是，我们便决定要脱下这褴褛衣袍，带着沉重的梦想向远方走去，因为我们相信冬天过后会有暖阳，黑暗的尽头定是阳光。

“总要尝尝阳光的味道。”这不仅是我们的希望，也是番茄小镇的梦想。

“番茄小镇”位于十年九旱的太行山干石山区，历史上被称为“干壶”，当地县志中有“掘地三千尺犹不及泉”的记载。老人们讲，最干旱的时候，还流传着狼和羊围着拉水车争水吃的故事。但是，就在这样的一个小镇里，人们却用梦想种出了阳光。

“天下之治乱，不在一姓之兴亡，而在万民之忧乐。”2015年，脱贫攻坚的口号吹响，党的十八届五中全会从实现全面建成小康社会奋斗目标出发，把“扶贫攻坚”改成“脱贫攻坚”，明确了新时期脱贫攻坚的目标，要确保农村贫困人口实现脱贫，确保贫困县全部脱贫摘帽。在这样的局势下，小镇的人民也开始了向贫困的宣战。

店上镇有光照时间长、无霜期长、昼夜温差大等得天独厚的气候条件，几年前，便开始尝试大规模种植旱地西红柿。从一开始的种培条件不足，技术落后，到现在的抗旱良种出育，旱井加滴灌技术的普及，“番茄小镇”一步一个脚印，用汗水编织着自己的梦想。

我们会遭遇许多痛苦，但忧虑不能解决任何问题，我们只能往前走，尽力走下去。

犹记得那些堆砌在破烂砖瓦里的日子，用粗糙的双手守着一隅旱地，想抬头看看阳光，被生活压弯了的脊柱却是一阵刺痛，但在他们晶亮的眸子里，蕴藏的不是对艰辛生活的悲伤和自艾，而是对未来的期待，对现实的反抗。

在这个被美好政策包裹的时代，他们用自己的汗水走着脱贫之路，与有病找党、生活靠党的人相比，他们熠熠生辉的精神已经挣脱了贫穷的枷锁。脱贫的路不只有靠国家，更多的是在于贫穷的人是否愿意亲手摘下“贫穷”的标签。

68 岁的景交堂老人怎么也想不到，以前仅供自家吃的西红柿，如今成了抢手货。在那些无数个糟糕的日子中我们收集日落和星光，生活本就是温柔而美好的，只要我们肯挽起袖子，终会有明晃晃的光落下，要知道，风停之后的扬帆不会带来前进，“番茄小镇”的人们在逆境中培育属于自己的“阳光”，这些年已经成为壶关旱地西红柿种植的“龙头”，种植近万亩，占全县种植面积的五分之一。通过能人带动、政策推动、合作社联动等形式，店上镇旱地西红柿的种植让这个小镇慢慢富裕了起来。

番茄小镇用自己的故事告诉了我们：最好的东西不会白来，它会让人付出很多努力，最好的东西也不会独来，它会伴着所有美好的东西，一同前来。

咬一口这些红彤彤的番茄，在唇齿之间绽放的，便是“阳光的味道”。

习近平总书记指出：“从石库门到天安门，从兴业路到复兴路，我们党近百年来所付出的一切努力、进行的一切斗争、作出的一切牺牲，都是为了人民幸福和民族复兴。”新中国成立70多年特别是改革开放40多年来，我们党始终坚持在发展中保障和改善民生，全面推进幼有所育、学有所教、劳有所得、病有所医、老有所养、住有所居、弱有所扶，不断改善人民生活、增进人民福祉。

2020是全面建成小康社会的收官之年，贫困人口和贫困地区将同全国人民一道进入全面小康社会。如期实现脱贫攻坚目标任务本来就有许多硬骨头要啃，突如其来的新冠肺炎疫情又增加了难度。疫情阻挡不了中华民族伟大复兴的坚实脚步，动摇不了我们如期完成脱贫攻坚的目标任务和全面建成小康社会的必胜决心。

把所有的夜晚归还给山河，把所有的春光归还给疏疏篱落，把所有的慵懒沉迷和止步不前归还给过去，明日的我们，定会胸中有丘壑，立马振山河。

（本文作者为湘潭大学公共管理学院2018级行政管理专业本科生）

百香果

窦帅林

“谁呀？这么晚了还来干吗，还让不让人睡觉了？”

一阵阵剧烈的敲门声惊醒了熟睡中的老刘，他不耐烦地“嗯哼”了几声后，又倒头睡下了。他在地里忙到晚上八点才回家。

敲门声仍在继续。老刘嘴里念叨着些话，缓缓翻过身子起来了，透过窗子隐约看到外面百香果树旁有几个黑影。“为啥大黄这狗大晚上人来了都没叫？”他察觉到了啥。匆匆穿了穿鞋，披了件外套，手哆嗦着打开了大门。外面站着的不是别人，正是老李。

老李是青海省海东市打赢脱贫攻坚战驻雅高县督察大队的队长，自2019年青海省响应国家精准扶贫战略，成立省督察大队起，老李作为首任队长就在这个国家级贫困县带头指导和监督本县的扶贫工作。

老刘一看是老李，松了一口气，僵着的脸也一下子露出了笑容。

“我以为是谁呢？原来是老李你呀！来了也不提前告诉我一

下，快请进！”老刘激动地说。

“老刘呀，这么晚了还打扰你真是不好意思，我们原计划下午五点赶到咱们村，没想到路上下了点雨，山路湿滑，这才给耽误了。我们就不进去了，公事紧急，得赶紧去下一家，这次来主要是核实一下住房补贴金发放的事，怎么样，老刘，领到了吗？”

“哈哈，哪有打扰，这点小事你还亲自来，该享受的政策我家都享受着呢！那个补贴早就领到了。光顾着说了，快进来坐坐。”

老李满意地笑了笑，“那就好，我也就放心了，真的就不进去了，我们得走了。”

老刘刚要挽留，抬起来的手又慢慢收回了，叹了叹气。因为他明白一些事情。

院里的百香果树结出了好多饱满硕大的百香果，雨水冲刷过后显得格外诱人。近几年结的果也越来越多了，想想前几年，这树可是光溜儿的。

正准备上车，老李这“厚脸皮”对着老刘喊了下：“老刘呀，你家这百香果不错，回头给我留几个尝尝！”老李喜欢吃百香果，大家私下都叫他“百香果”。

“多大点事，尽管来，想吃多少吃多少！”老刘说着，那颗百香果树似乎也冲老刘笑了笑。

才上车，老李便传出好几声剧烈的咳嗽声，上车的动作也迟缓了些。

老刘住在花口村尾最偏远处的一个山腰上，家里其实就老刘一个人，妻子十多年前因为车祸离开了，也没给老刘留下一儿半女，唯独两人结婚那天，在院里栽了两颗百香果树。老刘家里田地少，一年到头也没啥收成，经济状况很差，是花口村重点扶贫对象。老李每次到村里督察，首先去的就是老刘家，给予老刘更多的关照，自己出力帮助老刘搞起了百香果小产业。这些年日子好起来了，老刘靠自家百香果园提高了收入，新房建起来了，现代化的家居环境整起来了。

前几年花口村地形崎岖，整个村子躲在大山深处，基本没有水泥路都是山路。村里一百多户人家祖祖辈辈都种地，有九十多户都是贫困户口。大多数都是小学以下教育水平甚至文盲，普遍思想落后，扶贫任务艰巨，困难重重。

老李带领的督察大队在县里驻扎后，立即联系各乡镇、村委会扶贫工作负责人召开会议了解整个县的情况，并让各个负责人陈述了自己责任范围内的特殊情况，商量扶贫工作如何开展。之后他都会不定时地亲自带队挨村挨户地实地访查，深入基层了解贫困户的实际状况，调研贫困村的自然环境特点，医师出身的他总是能因地制宜找到独特的脱贫路径，把手术刀划向贫困的根源。现在的花口村，水泥路四通八达，路灯随处可见，现代住房整齐有序。扶贫干部们的鞋子裤脚脏了，农户们的住房干净了。

有一次老李到海棠村督察扶贫工作，检查已脱贫户口情况。来到了老张家，资料显示他家达到了脱贫条件，正式列为脱贫户口，可老李清楚地记得老张家明明住房条件没有完全改善，他察觉到了端倪。老李在老张家仔细地检查了一遍，发现他家后墙因为土房漏水墙体已经开裂。“你们看看，他家的情况能算作脱贫户吗？这是错退户，赶紧给我改了，安排新建住房，下次再这样草率你这村委会主任就别想干了！”老李训斥着主任老杨，老杨头都不敢抬。

前一个月，老李组织了一次脱贫经验交流分享会，第一个上台发言，全程脱稿，对各个村镇的扶贫情况了如指掌，对各项扶贫政策滚瓜烂熟。雅高县县长老曹在台下直接瞪大了眼睛，“他真是个活机器!”老李督察之余就经常提醒手下干部学习政策，“不熟悉政策，就找不到脱贫的门路。”这是他常挂在嘴边的话。

今天下午，雅高县扶贫开发办公室召开新闻发布会，宣布全县脱贫摘帽。老李作完讲话后，摘下眼镜，声音哽咽着，眼睛湿润了，他知道，他等这一刻，已经等了三年了。

老李身后，这些年他的妻子小珊一直鼓励着他，也担心着他。每天晚上，她都会给老李打一个电话，问问老李的工作日常。今天晚上，小珊看到电视上雅高县摘帽这个激动人心的消息后，连忙拿起电话给老李打电话，可是，电话通了，迟迟没有人接。

几通电话打过去，小珊似乎意识到了什么，慌慌张张地找到了老杨的电话，“老杨，我给老李打了好几个电话了都没人接，你快去一下他办公室看看!”

老杨赶到办公室，敲了敲门，没人回应，他一想不对劲，破门而入。老李的电话还在响着，人已经倒下了，手里还拿着全县脱贫的成果报告和明天的行程安排。

老刘也听到摘帽这个好消息，赶紧找了个大袋子，特地挑了几十个又大又圆的百香果，准备送给老李尝尝。刚出门，给老李打电话，他还不知道，接电话的永远不会是老李了。

“是找老李吗?”老李的助理抽泣着说，“他因为肺病急剧发作倒在了办公室，杨主任赶到的时候他已经离开了，他一直跟我说自己身体没问题，每次劝他休息他都瞪我，说贫困户都休息不好，我怎么能休息？说完又赶紧投入工作。”

手机从老刘皲裂的掌心滑落，装百香果的袋子摔在地上，百香果滚了一地。老刘砸在地上，嘴巴许久未闭。

在老李的坟旁，有人给他种了一棵百香果树，从这颗百香果树往南看，是一片一片的百香果园，带着大家伙，准备出售果子的正是老刘。

百香果似乎更幸福更高兴了，结的越来越多，也越来越大了。

（本文作者为湘潭大学公共管理学院2019级行政管理专业本科生）

第五篇
百年正芳华
奋进新征程

2021年是中国共产党成立100周年。在庆祝中国共产党成立100周年大会上，习近平总书记向广大青年发出号召："新时代的中国青年要以实现中华民族伟大复兴为己任，增强做中国人的志气、骨气、底气，不负时代，不负韶华，不负党和人民的殷切期望！"青年学子当以青春之名建功新时代，用青年声音致敬百年新辉煌。

先　生

叶胜辉

一九二七年，我和友人去了北平，在一处深窄巷子里租了个院子。四月的北平还下着雨，我和友人披着雨衣，沿着窄巷，走进院子。一进门，两棵枣树在门口候着我们，像是两个忠诚的卫士。枣树下有一把破旧镰刀、一个铁锤，紧紧抱在一起。我们是知晓他的命运才来北平的。我们都明白他的命运同这雨一般冷。六日，友人猛烈地敲我的房门，“国。”友人唤我的名，“大钊先生被捕了!”我狠狠把门推开，眼见一个世界被雨水猛烈地击打，两颗枣树在雨里摇晃，枣枝在风雨中叫喊。我看着他，他攥着拳头，两条胳膊被雨水打击得不住颤抖。

“我们应该上街头，给他们几拳!”我也握着拳头，望着他说。友人说，“去街头罢，西交民巷。”我们走上了街头。街上发乱了，到处都是人，有穿长衫的，有穿着粗布短衫的，还有制服警察。那些制服警察在到处搜索革命者，他们拿着枪四处挥舞。街上没有什么商户还开着，大都闭着门，但角落里还有一家卖白粥的小铺开着，一个穿粗布短衣的汉子喝着白粥。他看着这街上的乱象，问老板发生了什么。“说是抓了二十个地下党。”老板说，“这下可有他们好受的！”老板将桌上没喝完的粥倒在一个大碗里，“这些人，也不知道是看客，凑个热闹。”再把粥装进一个袋子，“还是那些地下党的同伙嘞。”他提着那个装着残粥的袋子，把碗碟都放进柜子，把筷子摆好，放进一个大竹筒里。“不关我的事。”他走出来，看着那个汉子，“吃完没，赶紧走！”汉子两眼看着涌向一处的人群，大口喝下最后一口粥，拿粗布衫的袖口擦了下嘴，摸遍全身，只找到了一文钱，他把它交给老板，利索地跟他们去了。老板拿着这一文钱，把它塞进鞋里，“呸，真穷。”他又想把那个汉子叫回来，但看着发乱的人群，他赶紧关了铺子，跑了。

我和友人看着这一切，直到一支队伍出现，齐跑着向一处去了。“走，跟上去。”友人对我说。跟着他们，我们来到了北京西交民巷京师看守所，那是大钊先生命运的终点。它的高傲的拱形大门外站着一群人，有穿长衫的，穿短衫的和穿学生制服的。有的只是看看，有的则是悲恨地死死盯着门口的卫兵。但他们的枪可不是摆设。没过一会，大钊先生及另外被捕的十九位同志从一个大门里出来了，他们的双手被死死扼在背后。大钊先生走在前头。

“怎么办！”友人注视着二十名被捕的同志。我摇了摇头，我们是知晓他们的命运的，此刻我们什么也不能做。“联络他们罢。”我说。友人站得像一块钢铁，没有说话。我真想同他们搏斗，可他们的枪不是摆设。

革命又要流血了！

大钊先生走过一块绿坪，那绿坪东秃一块西缺一块。他走过一个铁栅栏做的门，就要走进监牢了。我的耳边一直响着钟声，是推着我走的钟声，是推送大钊先生命运的钟声。

突然，我们前面的人群紧紧向里一缩，一个汉子想冲出去，但是被人群死死地拦着。“不要命了！”有人说。那个汉子想把拦他的人群劈开，可人群缩得更紧了。我们想走过去把他拉出来，可刚没走两步，他就被麻木的看客给推了出去，栽倒在那两个卫兵前。他怒视着人群，想找出那几个看客，可卫兵已经把枪端在了肩头。他又望着黑漆漆的枪口，双手撑着地赶紧站了起来，愤怒地注视着举枪的卫兵，那卫兵被他吓得退了一步，但还是举着枪。他紧逼那个卫兵，挥动着双拳。此时，枪已经上了膛，这枪可不是摆设。革命不能再流血了。我和友人快步走向前去，拉走了他。他是那个吃粥的人。

“大钊先生。”

七日，我们和几个同志在院里讨论营救大钊先生的计划。

“大钊先生是文人学者，德高望重，我想‘张’并不敢对他施用军事法，置他于死地。”友人说，“但并不是说要我们什么也不做，我们要发声，为大钊先生和被捕学生发声，各界积极行动起来。”友人又看着我说：“国，你可以写几篇文章，以你的名义发表，他们一定不敢拿大钊先生怎么样。”我点了点头……

但我们是知道他的命运的。

接下来的日子，情况乐观了不少。

十日，包括北大在内的北京九所高校联合提出请求：李大钊系属文人，将大钊先生交给法庭审讯并释放大钊先生的妻女。

十二日，北京二十五所高校再次发表建议书，请求对大钊先生宽大处理。

十五日，北京《世界日报》刊登了北京公民李公侠的公开信，请求宽大处理大钊先生。

到了十六日，我以“国”的名义请求探望大钊先生。两个制服警察把我带到了关押着大钊先生的牢房。大钊先生艰难地站起来，拍了拍长衫，抓起了眼镜，朝我走来。我们隔着铁栅栏两两相望，他先开了口，对我说：“国，你不该来，看我的惨状。”他的胡子上沾着鲜血，两只手藏在袖子里，扶在铁栏下端，朝着我笑。“您受苦了，先生。”我望着他眉头的伤痕，想象他遭受的苦难。他是我的先生，是我的人民，是丈夫，是父亲，是先锋。“国，你先别管我，我这里写了一篇文章，里面有我对现在时局的看法，希望能对革命有所帮助。”他激动地把文章呈给我，那两张白纸上有着他的血迹。我凝望着他，他仓皇地将双手再次藏在了袖中，他的袖口在昏暗的灯光中闪烁，上面有斑驳的褐迹。“先生，这篇文章您自己带出去罢，工人联盟组织了劫狱队，很快就会来救你！”大钊先生听了，眼中闪着光，但不久这光就燃烧了。他紧紧抓着我的手，把我的手抓进了铁栏里。我清楚地看到，他的手上满是血污，指缝里留着鲜血，甚至几块指甲都被拔去了。“国，监狱里戒备重重，营救我会损失大量的革命力量。”他望着我，“我不容许，你们绝不能来救我！”“那您呢？您的妻女呢？”“我信任我的同志们！”他松了手，“纫兰、星华和炎华，他们是‘革命’的妻女，他们理解我。现在，国共合作的希望破裂了，十二日，我们已经痛失了数位同胞，绝不能再流失革命力量。我个人的力量绝没有群众的大！”我看着那篇沾着血迹的文章，“国，一定不要再耗费力量救我，革命的道路是灰暗的，一定要有人流血、牺牲，才能换来光明，而我是做先生的，自然要走在你们的前面……”

我走出牢狱，跨过看守所“高贵”的拱门。我虽然留着泪水，但我的土地在燃烧。

我看见那个吃白粥的汉子坐在街头，正盯着看守所的大门，盯着那两个卫兵。如果他有他的武器，有他的工友，有我的人民，也许惨案就不会发生。我走到他的面前，把大钊先生给我的文章交给了他，把革命者的“武器”交给了他，然后回了院子。

“大钊先生拒绝我们的营救，他要我们保留革命的力量……”我对友人说。

友人沉默了。大钊先生说的没错，现在正是革命紧要关头，怎么能耗费宝贵的革命力量去救他？可又怎么能不救他？友人把碗里的水一口气全都喝了，然后看着我。我也没再说话。

“大钊先生。”

那之后的许多天，关于从宽处理大钊先生及被捕学生的舆论从没停过。我想这是我们帮助他们的唯一方式。二十七日，大钊先生已经被捕了二十一天。早晨，我在院子里来回踱步。这天没有下雨，但刮着激烈的风。我们是知晓他的命运的。敌人用电椅、老虎凳，拿竹签插入他的指缝，最后竟拔去他的指甲，逼他招供。我越走越快，两株枣树在风里颤动不已。拔去他的指甲，就能让他露出柔软脆弱的心吗？我不忍再提到这些残忍的行为，可总不住地想到他们。“国，”友人忽地冲出房子，流着泪水，抓着我的手，紧紧抓着，摇晃他们。他的双眼像两个油灯，两团炬火，湿冷的季节燃烧着的湿冷的火焰。我也流着泪水，悲愤不已。

晚上，传出了次日处决大钊先生的消息。他们竟敢不顾各界的乞求，狂傲地处死大钊先生。我的眼里噙着泪水，但革命的火焰还在燃烧，这片土地必将换来新生。

二十八日，我们和友人坐在厅堂，久久望着枣树下的镰刀和铁锤。“国，大钊先生要上刑台了，我们给他送行罢。”这天也没有下雨，两棵枣树的枝头探出了几株新芽，破旧镰刀和铁锤躺在枣树下，镰刀等待着秋收，而铁锤等着敲铸出光明的铁道。我们走出深窄巷子，走出北平的“第一百个巷子”。我们是知晓他的命运的，我知道我的土地上发生的每一个磨难，他也知道。

刑台下有许多人，穿长衫的，穿粗布短衫的。我与友人死死凝视着绞刑架，眼见大钊先生徐徐走上前去。他的双手攥成拳头，拳心背对着我们，他是怕给我们看见他惨遭折磨的身躯，两个失去盔甲的铁拳。“大钊先生。”他把两个拳头藏进沾染鲜血的残破的袖口，从容地走向前去，眼睛用力地睁了睁，望着台下，还是那副先生模样。这时台下的人越来越多，有穿破旧长衫的，穿粗布短衫的，也有和我们一样，披着新时代衣装的。台上和台下像是两个世界，又像一个世界的两端，大钊先生那端照耀着光芒。

他向下望着我们，却昂起头。“觉醒，觉醒！”他对我们说。友人死死抓着我紧握的拳头，我们俩的左手和右手合成一个拳头，凝望着他。“钊感于国势之危迫，急思深研政理，求得挽救民族、振奋国群之良策……”

敌人绞了他三次，共二十八分钟，他在台上也足足讲了二十八分钟。

“我是先生，先生就要走在学生前面。”最后，他对我们说，对他身后的十九位革命者说。我感到我的皮肤在颤动，它的上面又多了一道伤痕，这是革命者的血印，是呼告真理的预言，是新生的土地。

这片土地上的一切开始生长，老树在发展它的根；稻子在结它的果实；革命者在播撒他们的种子。

某日，我在报上看见了大钊先生的那篇文章。那个汉子也出现在了报上，他举起鲜红的旗帜，拿着炽热的笔杆，用粗糙的双手抚平我的土地。

“铭记!”我说。

友人看着我，拉着我的手，触摸着我的伤痕，久久才开口。

他对我说：“国。”

（本文作者为湘潭大学公共管理学院2019级信息管理与信息系统专业本科生）

家书 初心 传承

刘方钰

尺素传深情，家书抵万金。家书，不仅是一个家庭的情感纽带，更是党百年发展壮大的见证。家书，是一种“温柔的庄重”。

大家好，欢迎来到“家书纪念馆”，我是纪念馆导游刘方钰。接下来，我将带领大家一起再次启封这些家书，走近家书背后的人，了解家书背后的初心和传承……

革命战争年代的家书

大家现在看到的这两页薄薄的、泛黄的信笺，却承载着一个红四路军战士坎坷、厚重而光荣的一生。这是一位红军母亲寄给她儿子的家书，而她儿子，就是我所讲述的第一封家书的主人公——牟正烈。

牟正烈本是一位四川籍普通农民，彼时四川军阀混战，捐税严重，官僚横征暴敛，地主兼并土地，土匪横行乡里，百姓没有活路。牟正烈的大哥参加了红军，其三弟被川匪抓了壮丁，然都下落不明。看到老乡和家人惨状，牟正烈决心要推翻腐败无能的国民政府，“即是战死，也要改变子孙后代的命运”。1932 年末，他成为一名光荣的红四方面军战士，次年入党，先后历经创建川陕革命根据地、长征过草地、兵败祁连山、流落河西走廊以及建国后重新参加工作等数十年坎坷的人生经历。在第三次长征过草地时，牟正烈所在军团陷入敌军重围，在倪家营子大血战中伤亡殆尽，他自己也在这场恶战中受伤严重，无法随军，被老乡收留。伤势略有好转，牟正烈就迫不及待地寻找大部队，历经坎坷，先是被人裹挟至金矿做工，外逃不成反被打成残疾，后来流落至高台县给地主做长工，这期间，他始终不忘自己初心，与一同流落的其他红军战士联系密切，做了很多革命工作。终于，国家解放，他也迎来了解放，他终于可以公开身份继续参加革命工作了，20 年来，也终于可以，给母亲写一封信了……

幸运的是，母亲收到了信，也回了信；不幸的是，母亲收到信一个月后便去世了。在回信中，牟母一声声“儿哟，儿哟”令人心里落泪：“养儿防老，这句话的意义何在？安居落（乐）业，娘母团圆才是道理。你若不回，我就哽到说不出来了……”

新中国成立的背后，是千千万万个牟正烈，是千千万万个牟母，他们不仅要克服环境恶劣、补给不足、装备落后等种种困难，他们更要忍受亲人相别、骨肉分离之苦。若问他们为什么？他们一定会回答：因为他们是共产党员，共产党员就是要拯救黎民于水火！

社会主义建设时期的家书

1949 年 10 月 1 日，新中国成立，海外游子终于可以回家了。“今已五年。无一日、一时、一刻不思归国参加伟大的建设高潮。”这段话出自钱学森给他的老师、他家世交陈叔通的家书，同时也是一封求救信。当他获知新中国成立的消息后，迫切希望归国，为社会主义建设添砖加瓦。可是，作为高级稀有人才，他的归国申请遭到美国政府的阻挠，甚至对他监视、传话、囚禁，美国海军次长如是说：“钱学森无论在哪里，都抵得上 5 个师的兵力，我宁可把他击毙在美国也不能让他离开。”此情此景下，他在香烟纸上写下这封短信，在信中可以看出他的急切、焦虑：“心如急火，唯恐错过机会。”这封信的寄出过程可谓惊心动魄、一波三折。钱学森在家中事先写好草稿，此后蒋英用左手抄写，模仿儿童笔迹。投递时，钱学森和蒋英来到一个离家比较远商场，那里有邮筒。钱学森在门口等待，蒋英进入商场，看到周围暂时无人注意她，就悄悄把信投进了商场里的邮筒中。蒋英的四妹蒋华当时侨居比利时，收到信后赶快将这封信寄给钱父。钱父又把信寄给陈叔通。

终于，这封信传到了周恩来手上。在周恩来的努力斡旋下，1955 年 8 月 4 日，钱学森收到了美国移民局允许他回国的通知。同年 9 月 17 日，他带着妻子蒋英和一双幼小的儿女，登上“克利夫兰总统号”轮船，踏上返回祖国的旅途。由于钱学森的回国效力，中国导弹、原子弹的研发至少向前推进了 20 年！

钱老 1959 年入党，他十分珍视党员荣誉。30 年后，他回忆说：“在建国十周年的时候，我被接纳为中国共产党的一员。那个时候我心情非常激动，我是一名中国共产党党员了！我简直激动得睡不着觉。”

钱学森，是20世纪50年代归国科学家这一群体的代表和缩影。正是因为有了他们，我国才能顺利研制出核武器，在事实上获得大国地位和大国影响力。

改革开放时期的家书

侃侃、秦岑：

接到侃侃信，知道秦岑马上去美国……这次你们两人出去读学位，免不了会有些拼搏，人的一生能有几次拼搏，这大概也算得上一次了……选择研究方向方面尽可能选国内比较需要、又有广阔发展前景的方向。四十年代末交大（上海交通大学）的电机是热门专业，但一到美国，搞电机的人很多都改成学新兴学科——计算机、半导体、激光……尽可能选新兴学科……

这是王选院士寄给侄女王侃的家书，秦岑是王侃的丈夫。

此信的落款日期是1983年6月1日——彼时的中国，刚刚走出“文革”的阴霾，实行改革开放，打开尘封许久的国门；彼时的中国，在科学技术等各个领域亟待重新振兴，追赶上世界的脚步。就是在这样的背景下，一批有识之士把目光投向世界，向世界求取真经。正是在此背景下，王选院士对即将出国深造的侄女夫妇谆谆叮嘱，一定要结合党和国家需要选择专业。他的心中始终装着党，装着国家，也正因此，他才能带领团队先后研制出八代激光照排系统产品，让中国印刷领域真正“告别铅与火、迎来光与电”。

2006年，王选院士在北京逝世，时任中共中央总书记胡锦涛评价王选院士的贡献：王选同志走了，他的名字将永远镌刻在中国科技发展史上，人民不会忘记他！

2008年，一颗天空中的小行星被命名为“王选星”，永远地在星空中闪烁，看着今天中国科技突飞猛进，看着今天中国国运欣欣向荣。

新时代的家书

“疫事一起，情形颇烈，武汉三镇，尽为病土。儿自领命，无一日不着白衣，无一日不在前线，施针药，救死伤，施我所学，冀有所得，不敢半点儿戏，不敢一丝懈怠，惟望不负二老所嘱，医院所托，国家所命……”这是抗疫医生赵春光的家书，一封《别父母书》。

庚子鼠年，纪年轮回，本应是新的开局之年，谁料一场疫情突袭华夏大地，抗疫警钟在全国各地敲响。作为新冠肺炎疫情重灾区，湖北告急，武汉告急。全国各地医护人员紧急驰援。其中，赵春光，就是援鄂医生中的优秀代表。赵春光是中共党员，疫情警报一拉起，他就响应党和国家号召，主动请缨，奔赴武汉。在家里，他是柔情满满的儿子、丈夫、父亲；在前线，他又化身成为铁骨铮铮、满腔热血的抗疫铁人。55个日夜连轴转，一个个病人被他从死亡线边缘拉回来，隔着防护服，病人们看不到他的模样，只能看到防护服上写的“共产党员”“精忠报国”！

家书最后，赵医生最坏的设想是自己会不幸殉国而安慰父母，字字恳诚，尤为令人动容，读来让人潸然泪下：

“赵家有死国之士，荣莫大焉。青山甚好，处处可埋忠骨，成忠冢，无需马革裹尸返长沙，便留武汉，看这大好城市，如何重整河山。日后我父饮酒，如有酒花成簇，聚而不散，正是顽劣孩儿，来看我父；我母针织，如有线绳成结，屡理不开，便是孩儿春光，来探我母。”国难面前，赵医生一封家书回答如何处理小家和大家关系，用实际行动描画共产党员的模样！这就是新时代的共产党员，这就是新时代共产党员不惧生死、勇往无前的家国情怀。

家书，就是一部编年史，红色家书，就是一部百年党史，里面蕴藏着巨大的精神宝藏。习近平总书记说：“只有不忘初心、牢记使命、永远奋斗，才能让中国共产党永远年轻。”重读这些家书，我们要从中汲取干事创业、开创未来的精神力量。家书中的初心坚守，家书中的百年党史，值得我们每一个人去学习、传承！

（本文作者为湘潭大学公共管理学院2020级行政管理专业本科生）

发芽的心情

向　铃

他们试图把你埋了，你要记得你是颗种子。

——题记

你经历了新雪寒冬，黑暗湿冷；尔后绿意盎然，万物生长。我知道，你会有一个灿烂的未来，我们也是。

（一）萌发·此时无声胜有声

一百多年前，一颗小小的种子，沉睡着，很安静也像是在积蓄力量。你的周遭一片漆黑，湿冷的雨珠一点点地浸满全身，耳边不时传来弹药的轰炸声和阵阵哀嚎。鸦片冲击国门麻痹人心，雄伟辉煌的圆明园一夜之间化为废墟，对外条约上的白纸黑字诉说着哽咽却又无可奈何。你在那里压抑着，颤抖着，无声无息却又撕心裂肺……

曾几何时，你忽然间苏醒了。在一只小船里，战略家们促膝而坐，那个铭刻着镰刀和铁锤的图案，是党，是国家，是人民的象征，是千千万万饱含泪水的人心所向。你目标明确，反帝反封建；你在实践中成长，政权反动后决定建立自己的军队；你实事求是，农村包围城市道路走出了党的风范与魄力；你不畏艰险，爬雪山过草地，二万五千里，一步一个脚印。黄河咆哮、卢沟桥烟火、南京大屠杀压得你喘不过气来，漫漫征途悠长无穷尽，浩浩长河汹涌腾巨浪；钟山风雨起苍黄，百万雄师过大江。当总统府升起五星红旗时，你知道，你胜利了。

你经历过枪林弹雨，感受过压迫愚昧，面对内外夹击，双重打压，你的力量渺小，希望也很是渺茫。但是你一直永葆初心，那颗为人民，为国家而咬定青山不放松的心。你在无声中慢慢成长，在有声中保持自己的坚定与热血，此时无声胜有声。

（二）生长·柳暗花明又一村

几经风雨，几多欢喜。当看到气势恢宏的天安门城楼下，人群熙熙攘攘挥舞着红色，义勇军进行曲响彻四方，五星红旗冉冉升起时，你笑了，灿烂地笑了……

正当此时，你依旧撸起袖子加油干。三大改造后经济复苏；小岗村按下红手印的那一刻，承包制的春风吹遍大江南北；改革开放，面向未来，走向世界，“三大件”、电灯电车走入寻常百姓的生活；面对市场和政府的矛盾时，你创造性地提出了社会主义市场经济体制，让市场和政府强强联合，走出一条具有中国特色的道路，而后经济腾飞，运筹帷幄。虽然如此，你也走过不少弯路，你心急过，冒进过，你沉迷过，你的判断也失误过。可能事物发展的道路本就是曲折的，但是前途是光明的。这个时代的巨轮缓缓驶进，漫向村庄，漫向世界，漫向熠熠生辉的地方……

阳光不燥，微风正好，一切都是向阳生长的样子。尘土里探出一抹绿色，正满足地吮吸着大地的甘露，放眼望去，归雁阵阵，杨柳依依；家家户户，灯火可亲。柳暗花明又一村，这大概会是你的大好河山。

（三）硕果·千树万树梨花开

日月不淹，春秋代序。你兢兢业业，勤勤恳恳，换得满树橙黄，花果飘香。在阵阵春风的吹拂下，千千万万株嫩苗欣欣然睁开了眼，他们定会坚守沃土，继往开来。

看今朝，祖国繁荣富强。“东风”招摇，“嫦娥”飞月，“辽宁号”航行边际，“蛟龙号”探寻海底，每一步都让人骄傲自豪；筑海上丝绸之路，共建人类命运共同体，博鳌论坛、亚太经合兼容并包，中外互动相得益彰。君可见，后世群英堂堂。“海啸后浪少年”曹原勇于探索永不止步，破解世界物理难题让世界惊叹；“北斗女神”徐颖耐得住寂寞，坐得住冷板凳，专心致志进行航天研究；“最美扶贫书记”黄诗燕围着山水做文章，探索出一条绿色生态之路。每一位青年都让人热泪盈眶，在千千万万开拓者的身上，有着石以砥焉，化钝为利的勇敢与蓬勃向上。他们向你看齐，不负国家，不负党，前赴后继，来日方长。

百年征程，青史可鉴。你从烽火硝烟中走来，但你依旧英姿挺拔；你在压迫排挤中挣扎，最后披荆斩棘重见曙光；你感受过饥寒交迫，也面对过风云突变，终于力挽狂澜震四方。这种萌发与蜕变，这种铁骨铮铮与砥砺前行，这种苦尽甘来后的繁荣昌盛，大概就是所谓的“发芽的心情”。

你是种子，我们也是……

（本文作者为湘潭大学公共管理学院2020级政治学与行政学专业本科生）

我爱你，亲爱的党

杨思羽

百年征程一挥间，党旗猎猎情难忘。

——题记

“没有共产党就没有新中国，没有共产党就没有新中国，共产党辛劳为民族，共产党他一心救中国，他指给了人民解放的道路，他领导中国走向光明，他坚持了抗战八年多，他改善了人民的生活，他建设了敌后根据地，他实行了民主好处多……”每当这首歌在耳旁响起，自豪之意油然而生。一百年漫漫求索，一百年风雨兼程，一百年卓越辉煌。一百年的时光，在中国共产党的带领下，中国实现了从站起来到富起来再到强起来的伟大飞跃。在这个特殊的时间节点，心中无限感慨，千言万语化为一句话：我爱你，亲爱的中国共产党！

我爱你，亲爱的党，爱你那往昔峥嵘的岁月。

“知史才能明道，明道方能定其行。”欲知大道，必先知史。从石库门到天安门，从兴业路到复兴路，从南湖红船到巍巍巨轮，从50余人到9000多万人。百年来，我们的党带领全国各族人民砥砺奋进、昂首前行。无论是废除封建剥削的土地制度，还是取消延续了2600多年的农业税；无论是建立人民当家作主的政治制度，还是竭尽全力把14亿人一个不落带入全面小康；无论是指明了实现中华民族伟大复兴的正确道路，还是从根本上改变了中国人民的历史命运……奋斗路上，中国共产党始终初心如磐，使命在肩，因为中国共产党是人民的政党，他永葆赤子之心，从未忘记“为了谁、依靠谁、我是谁”。因为中国共产党的使命是为中国人民谋幸福，为中华民族谋复兴。

亲爱的党，有你，甚幸！

我爱你，亲爱的党，爱你那今朝繁荣的盛景。

旧时已展千重锦，向前更进百尺竿。在党的领导下，从“家书抵万金”的音讯难传，到港珠澳大桥飞架三地，联通南北；从“一轮秋影转金波”的对月祈愿，到如今“嫦娥四号”的太空漫步。墨子升天、蛟龙深潜、粒子探微、北斗观寰宇、天眼映苍穹……山河为证，岁月为名，东方之珠璀璨依旧，盛世莲花更加娇艳。正如习近平总书记所讲：“中国的昨天已写在人类的史册上，中国的今天正在亿万人民手中创造，中国的明天必将更加美好！”你看那抗洪一线党旗飘飘，你看那防疫前线党徽闪耀。此时此刻，山河已无恙，四海升平，此时此刻，华夏换新颜，国泰民安，那一抹中国红也愈发动人心弦！正如孟晚舟女士所说：“正是那一抹绚丽的中国红，燃起我心中的信念之火，照亮我人生的至暗时刻，引领我回家的漫长路途。”我们生在红旗下，长在春风里，目光所至皆为华夏，五星闪耀皆为信仰。愿以青春之我，创建青春之国家，青春之民族，以吾辈之青春，护卫这锦绣山河。

亲爱的党，伴你，殊荣！

我爱你，亲爱的党，爱你那未来光明的前景。

中国共产党自成立以来经历了极不平凡的一百年，这是中国人民根本改变历史命运的一百年，是中华民族迎来伟大复兴的一百年，是中国为全人类发展作出卓越贡献的一百年。如今，中国共产党早已今非昔比。他已经在最大的社会主义国家执政70多年，他已经拥有了9100多万名党员，他成了世界上最大的马克思主义执政党，他得到了14亿中国人民最广泛的支持和拥护。从站起来、富起来到强起来，一部百年奋斗史告诉我们，中国发展的最大优势就是党的领导，办好中国事情，关键在党。新征程上，面对艰难险阻乃至惊涛骇浪，只要我党不断深化自我革命，始终站在时代潮流最前端、站在攻坚克难最前沿、站在最广大人民之中，定能永葆蓬勃朝气、昂扬斗志，始终成为中国人民最可靠的主心骨，永远立于不败之地。在未来的奋斗路上，中国共产党定将不忘初心，砥砺前行，用为民谋福的一腔热忱创造中华民族更加辉煌灿烂的明天！

亲爱的党，盼你，壮大！

于高山之巅，方见大河奔涌；于群峰之上，更觉长风浩荡。中国共产党，历尽无数沧桑，仍迎风翱翔。鲜红的党旗，风中飘扬，每一位党员先锋，皆是脊梁。浓浓的爱意，寥寥数言难表。万语千言不及一句：我爱你，亲爱的党！

（本文作者为湘潭大学公共管理学院2020级公共管理类韶峰班本科生）

初心不改，使命不怠

赵　瑶

多少年沧桑，多少年求索，多少年躬耕。看似波澜不惊的湖面，破败拥挤的小船，实则改写了中国的历史，开启了社会主义的传奇。中国共产党，于破旧小船中诞生，在艰难磨难中成长。忆往昔峥嵘岁月，观建党伟业之大成。

1921 年 7 月，烟雨南湖，一叶红船劈波斩浪，13 位共产党人高擎镰刀铁锤，中流击水，浪遏飞舟。浙江嘉兴，一个将被代代中国人铭记的地方。那里是党梦起航的地方。“事不避难，知难不难”就是中国共产党的最真实的写照。百年前的红船，躲过洋枪大炮，避过狂风暴雨，跨过如铁雄关。而百年之后，我们看到了海晏河清的盛世图景，而那如火的红色基因，代代相传，历久弥新。

曾记否？“雪皑皑，野茫茫，高原寒，炊断粮。”恶劣的自然环境，匮乏的物资，但党员的革命乐观精神让他们凝聚在一起，“牛皮腰带三尺长，草原荒地好干粮，开水煮来别有味，野火烧熟分外香。”十四个省、两万五千里的路程，红军在枪林弹雨与饥寒交迫中前行。先辈们以草充饥、煮地而食，高擎民族振兴的大旗，心中承载着祖国复兴的梦想，在长征路中走出一片蓝天。江山不负英雄泪，且把利剑破长空。还记得《永远的丰碑》中那个将棉衣分给战士们的老军，他自己却永远的定格在了冰天雪地；还记得红色巨著《长征》中那一幕幕惊心动魄的战争，两年时间里，各路红军以非凡的坚强意志，谱写了一首荡气回肠的英雄史诗。

曾记否？那批为信仰而战，为民族而战的勇士，抛头颅、洒热血。“我要多活几年，替他们看看祖国的强盛。”抗战老兵的话把我们拉回到那个战火纷飞的年代。1931 年 9 月 18 日柳条湖畔，夕阳浴血。“城下悬颅魂不死，刀前刻骨节尤烈。”昔日美丽的城市变成了人间炼狱，熙熙攘攘的街道也已炮火连天。我们挣扎着、企盼着，渴望能够早一点结束这样悲惨的生活。然而侵略者的野心昭然若揭。以战养战，以华制华，我们的土地被肆意践踏，我们的同胞被赶尽杀绝。面对日军的步步紧逼，面对民族危亡的严峻形势，中国共产党率先捐弃前嫌，主张停止内战，始终抗日。“一寸山河一寸血，十万青年十万兵。”十四年英勇抗战，先辈们宁为玉碎，不为瓦全，多少革命烈士宁鸣而死，不默而生。正是有了他们，才换来了我们今日的和平。一砖一瓦，筑起革命高楼；一丝一缕，牵起红色记忆。在抗战英雄身上，我们体会到“誓死不当亡国奴”的精神气节。血肉之躯怎能抵挡得住敌军的坚船利炮？一个落后的封建主义国家又怎能挑战以工业为基的资本主义经济强国？但先辈们做到了，他们守住了国家领土，一雪前耻，让世界重新认识了中国。

曾记否？新中国成立伊始，那个千疮百孔的中国。在国家安全受到威胁，领土主权受到侵犯和朝鲜人民处境危险的情况之下。“雄赳赳、气昂昂，跨过鸭绿江。”抗美援朝的英勇将士们身着整齐的军装，踏着昂扬的步伐，吹着嘹亮的冲锋号，那一幕幕在我的脑海中回放。三年浴血奋战，五次战役反攻。志愿军打破了美军不可战胜的神话、打破了美国控制东亚的构想，避免了唇亡齿寒的悲剧，朝鲜人民永远铭记，中国人民也将永远被尊敬。

曾记否？2020 年新冠肺炎疫情以洪水之势向全国蔓延，众惶恐、举国防，道无车舟、万巷空寂。“我是党员，我先上！”严寒中，党员坚守岗位，鼓士气，暖人心。明知艰险，却仍披荆斩棘。因为使命在肩，所以勇往直前，点点萤火，汇成人间星河。在这场防控疫情的阻击战中，无数党员继承先辈红色精神，前仆后继，前往抗疫一线，为我们守护健康。新冠肺炎疫情牵动着全国人民的心，在漫长又艰苦的抗疫过程中，那向死而生的逆行，那令人动容的脸庞。我们守望相助，众志成城；我们万众一心，共克时艰。我们在世界东方，谱写了浓墨重彩的一笔。

十年饮冰难凉热血，百年征程自请长缨。一切伟大成就，都是接续奋斗的结果；一切伟大的事业，都需要在继往开来中推进。时序交替中，始终不变的是奋斗者的身姿；历史坐标上，始终清晰的是奋斗者的步伐。“人既发扬踔厉矣，则邦国亦以兴起。”中国共产党终于迎来了百年华诞，我们作为新一代奋斗者必心有所信，初心不改，使命不息！

（本文作者为湘潭大学马克思主义学院 2020 级中国共产党历史专业本科生）

回首百年身，红船将行远

余可欣

“挽狂澜于既倒，扶大厦之将倾。”

一百年前，中国共产党自风雨飘摇中诞生，一批又一批革命烈士前仆后继，昔日星星之火终成燎原之势。一百年后，中国共产党于风云激荡中屹立，中华儿女紧紧相拥在党的胸怀里，这盛世有红星照耀中国。一条小小红船，自浙江嘉兴的南湖上启航，渡过泱泱秀水，驶过惊涛骇浪，如今已是行于汪洋之上的巍巍巨轮。这一路，筚路蓝缕，玉汝于成。

“为有牺牲多壮志，敢教日月换新天。”没有共产党，就没有新中国。黎明之前，静待破晓。在那个灰暗动荡的年代，我们党的诞生犹如刺破黑暗的一束光，从此中国这片热土迎来了光明和希望。神州大地上，国民革命闹军阀，南昌起义一声炮响，根据地建设如火如荼，万里长征不怕难。南湖水是党生命的摇篮，井冈山留下党奋斗的足迹。中国共产党的功勋，在历史上留下了浓墨重彩的篇章。红船在旧世界里航行，几度坎坷，几度波澜，然而共产党人从未屈服。我们党有“埋骨何须桑梓地，人生无处不青山”的志向，有“天若有情天亦老，人间正道是沧桑”的远谋。在打江山、守河山的无数风雨里，我们党始终是中流砥柱。

“一唱雄鸡天下白，唤来春天照人间。”新中国成立后，神州大地上发生了翻天覆地的变化。曾经贫瘠的土地，终于又焕发出新的光彩。土地改革，千年来饱受欺凌压迫的广大农民分得田地，人民真诚的笑脸，饱含着对党的深情和爱戴。抗美援朝，中国的小米加步枪也能战胜西方的洋枪加大炮。是党指挥若定，让中国人民扬眉吐气。改革开放，中国特色社会主义市场经济在时代的浪潮里闯得天地。党开展特区建设，各地纷纷响应首创精神，中国大地上生出无限的希望。沧海桑田般的巨变，是党的光辉一直在引领着我们前行。

习近平总书记说：“人民就是江山，共产党打江山、守江山，守的是人民的心，为的是让人民过上好日子。”进入21世纪，中华儿女众志成城，奔向全面小康。经过全党全国各族人民的共同努力，我国脱贫攻坚战取得了全面胜利。在为人民谋幸福，为民族谋复兴的大道上，我们党始终秉持“不落下一个人”的施恩情怀。党用无私的胸怀哺育了中华儿女，中华儿女便把党视作挚爱的母亲。我能懂得我的父辈对党的崇敬，也能感知中国日新月异的变化。生于斯，长于斯，我切实地感受到一个越来越强大的祖国给予我的安全感和幸福感。在党的百年华诞之际，我用真情赞美党，用真心歌颂党。

望千秋伟业，恰百年风华。建党百年来，我们见证了太多党的荣光。一代又一代人的努力，久久为功，初心不忘，这才有了我们今日的党，有了今日繁荣昌盛的中国。我们已经走过了千山万水，还要走过万水千山。展望未来，我们党坚持“五位一体”

的整体布局，怀着“两个一百年”的奋斗目标，将把我们国家建成富强民主文明和谐美丽的社会主义现代化强国。新的伟大征程，还需我们中华儿女携手共进。永远把伟大的党的精神传承下去，赓续共产党人的精神血脉，筑牢理想信念之基。

红日初升，其道大光。

如果说，历经沧桑苦难的旧中国，是一尊沉睡的雄狮。那么诞生于碧波南湖之上的中国共产党，恰是天边冉冉升起的朝阳。雄狮已醒，其声昂昂；朝阳东升，其辉熠熠。百年风雨兼程，百年岁月沧桑。如今，社会主义中国巍然屹立于世界东方，傲视寰宇。

梁启超先生曾言：“故今日之责任，不在他人，而全在我少年。”我辈青年，也应当担起新时代青年的责任。以不动如山，清湛如水的信念，争做新时代的弄潮儿。在党的坚强领导下，青年人当大有可为。

李大钊曾有先见：“试看将来的环球，必是赤旗的世界。”回首百年征程，红船已经驶离黑暗，迎来光明。放眼千年大计，红船仍将砥砺航行，去到更远。

（本文作者为湘潭大学文学与新闻学院2021级新闻专业本科生）

岂曰无衣？与党同袍

李佳欣

她在百年的历史长河里探寻摸索，从浙江嘉兴的湖水悠悠到大渡横桥的铁索寒寒，从卢沟桥的石狮巍巍到总统府的红旗飘飘，也从微弱的星星之火燃烧到了如今燎遍中国乃至世界的百年大党。也正是这样的中国共产党，从百年前山河破碎、举国飘零中一步步走出来，一代代传承，绵延至今。

中国共产党发展至今，离不开一辈辈党员的共同努力，离不开一代代人民坚定向党的奋力追寻。每个人，无论年龄多少、做着什么工作，都是党在前进路上的一个时代缩影。前人筚路蓝缕、含辛茹苦的故事与情感我们或许只能从历史课本和故居遗迹上窥见一二，今天我们就从一个家庭的三代人身上，看看人民与党一起分担风雨、共享阳光的成长历程。

1978 年的冬天，他刚满 20 岁，一切都是欣欣向荣、韶华正好的样子。村里的干部带来国家征兵的消息，掀起了他内心的滔天骇浪。他从小便喜欢听村里的老人讲那年新四军赶跑侵华日军的丰功伟业，喜欢看村里退伍老兵屋子里挂着的洗得有些发白的绿色军装，喜欢和父亲进城的时候去偷偷看一眼龙泉湖旁的张自忠塑像，摸一摸将军抗战时驻扎过的文明楼。为了他从小的那份热爱和梦想，他毅然投身参军入伍的浪潮，去往离家千里的成都，成了一名光荣的解放军。“那时候的训练可累了，每天天不亮就起床，扛着木头上山拉练，泥水雨水都爬过，闲下来的时候还帮助附近的村民干农活。”他那布满皱纹的脸上焕发出少年人才有的光彩，“不过想到我努力训练，能够保护人民和国家，那后面还有我的父母及亲人，我就觉得没有什么比这更好的事了。”三年的训练和驻守之后，他因为受伤不得不面临退伍的抉择时，家里人都说退伍军人十分体面，找工作不成问题，希望他能回来早日成家立业。他却瞒着家人向部队申请，转去装甲部队的二线学习修理坦克。“那时候我想着，我还没有把我的一身力气献给国家，就这么回来实在是对不起部队对我三年的培养。”年老时和孩子们谈起这件事，他眼神中满是坚定。2000 年 10 月 1 日，退伍十五年后他去天安门广场看升旗仪式，一身便装的他看到冉冉升起的五星红旗，又行起了久违的军礼。“我这一辈子，最骄傲的事就是去当过兵，虽然没什么很大的功绩，但也算真正跟党走了。你现在看到的陈列馆里报废的坦克，说不定有一辆就是我修过的呢。”老人的银白头发在风中飘舞，和四十年前一样意气风发。

1998 年的夏天，她刚满 18 岁，正是可以大展宏图的好年华。那个年代上大学太难，从高中毕业的她面临着踏入社会找工作或去大专学技术的抉择。家里人给她在超市安排了一份稳定而轻松的工作，她却不愿意就此在平平淡淡中浪费自己的大好年华，黑白电视机里播着《春天的故事》，她凭着一腔热血和肆意的青春，与几个朋友一起，拿上自以为很多的积蓄踏上了开往深圳的列车。在路人行色匆匆的深圳，她们挤过潮湿的地下室，吃过半个月的白菜，为了生活也曾当过临时工、沿街卖过水果。几个女孩在最艰难的时候相互鼓励、彼此帮扶，终于在一条步行街的角落开起了一家小小的服装店，最初的一年她们亏本到买不起回家的车票，但她们不愿向生活和家人认输，几个女孩到处找便宜且质量好的货源，为了省几角车费，拖着几十斤的货走了十几公里；为了完成顾客的订单，过年也不回家，在各批发市场中一钻就是一天。两年的努力终于换来了回报，几个女孩由入不敷出到赚下自己的第一桶金，千禧年到来的那天晚上，党领导人民踏入了一个新纪元，她们也在小小的出租屋内迎来了全新的人生。十载风雨人生路，十年奋斗进行曲，女孩们从小山村走到大城市，党和国家从亚太走向世界。那些光辉岁月，载满了憧憬与热烈，沐浴着经济发展的春风，成为党和人民永远珍藏的财富。

2021 年的夏天，经历过 2020 年疫情高考的女孩已经成了一名准大二学生，正享受着她的暑假生活。她本以为，这个暑假和其他暑假没什么两样，直到 8 月初，曾将中国笼罩在阴霾中数月的新冠病毒卷土重来，全城招募志愿者，女孩这才意识到这个暑假的不一样。她向父母提出了想要当志愿者的想法，出人意料的是，父母竟表示十分支持："经过去年的抗疫，党和国家都有经验了，我相信党一定会保证你的安全。你去年作为一名高考生，享受着志愿者冒着生命危险给你的服务，今年也到了你回报的时候了。更何况你想在大学期间向党靠拢，就需要做出一些行动来证明你的决心和能力。"女孩第二天便报名成了一名佩戴红袖章的光荣的防疫志愿者。防疫志愿者除了要时刻警惕来自外界病毒的威胁，更难的是处理与群众的内部关系：不理解封闭政策的居民前来闹事，要耐心与他们沟通；腿脚不便、不会用手机的老人要买菜，志愿者要上门询问他们的需求；不会说普通话的老人沟通不便，学会常用方言是最基本的要求；社区要求全员核酸检测，碰到不愿意配合的居民，即使吃了闭门羹也要死缠烂打，确保不落一户。炎炎夏日、全副武装，扛着大包小包的菜爬上爬下挨家挨户送达直到汗如雨下；繁星点点、月色微凉，驻守社区卡口登记进出人员信息直到万家灯火尽灭，这些都是女孩日常的工作。家里的老人曾心疼地责怪支持女孩当志愿者的父母，也曾一通通电话苦口婆心地劝女孩放弃，但女孩相信疫情不会肆虐太久，党终将领导抗疫胜利。更何况，她在志愿者活动中收获了更多：送菜到户时总有一声声“谢谢”能抚慰女孩的辛苦，被不讲理的居民怒吼时也总有更多的群众维护，卡口处物资短缺时还有居民送来酒精口罩。女孩真真切切体会到了人民对党的拥护和信任。9月初，在千千万万个像女孩一样的志愿者的努力下，疫情的阴霾终于散去，女孩收到了盖着共产主义青年团红章的感谢信，“这是我最有意义的一个暑假，因为我与党在一起。”女孩青春肆意的脸上满是对党的认同与向往。

这是一个家庭三代人的青春故事：那个跟随党的号召，在部队奉献青春的老人，是我的爷爷；那个跟随党的脚步，在深圳创业的女人，是我的母亲；那个与党并肩抗疫的志愿者，是我自己。党经历了百年的栉风沐雨，曾经为了新中国抛头颅洒热血的英雄故事我们或许无法亲身感受，几十年前投身军队报效国家、下海经商建设国家的少年也不再年少，没有人永远年轻，但永远有人年轻，党正是由一代一代的年轻人不断传承、共同努力才发展至今。总有人质疑当代年轻人是“垮掉的一代”，作为新时代的青年今天我却一定坚定地说出：“岂曰无衣？与党同袍！”

“让风将我吹回所来之处，但求相随，腾空而行。”党作为时代的领导者，永远是我们心中最深的眷恋。前路漫漫，我们和党一起走过；风雨兼程，我们和党绝不退缩。百年顶天立地，百年栉风沐雨，壮我华夏，振我中华！

（本文作者为湘潭大学公共管理学院2020级政治学与行政学专业本科生）

春风化雨百年路，风雨无惧新征程

钱　鑫

前段时间网上传有这么一句话：哪有什么岁月静好，不过是有人替你负重前行。

这句话一时间广为流传，人们想到了人民警察、道路清洁工、外卖小哥、自己的父母，等等。但在我看来，这句话不过是多年前一句话的翻版而已：中国人总是被他们之中最勇敢的人保护得很好。这句话则是出自基辛格于2011年发表的《论中国》。而当我读到这句话的时候，我立刻就想到了中国共产党。

不知道大家对于党是怎样的理解，但这曾经对我来说是一个十分模糊的概念。我从儿时虎头虎脑玩耍的时候就能听到父辈们对党赞不绝口，而“共产党好”这句话我也是从八岁听到十八岁。可是啊，党究竟在哪呢？它长什么样呢？

我来自祖国西南边疆的云贵高原，那里山高路远沟谷深邃，有成千上万的仁人志士埋骨于它辽远的土地，有数不胜数的烈士忠魂融化在这青山绿水。而今天，我想给大家分享两个共产党人的故事，两则波澜壮阔却又鲜为人知，催人泪下而又默默无闻的高原赞歌。

不知道大家是否有听过困牛山这个地方？困牛山坐落于贵州省铜仁市石阡县，山上树木茂密灌木丛生，据当地居民的说法这座山就像一头牛被困在了四面高山之中。它三面环河，前是悬崖后是陡坡，所谓天险之地，不过如此。1934 年 8 月，奉中央革命军事委员会命令，长征先遣队红六军团两个师六个团共计9700 余人从湘赣根据地突围西征，红六军团五个团进入贵州省铜仁市石阡县，遭遇桂敌，被截为几段，陷入重围。第二天困牛山战斗打响，红十八师师长龙云和五十二团团长田海清率 800 多名战士断后，拖住敌军和地方民团。可是当他们走上困牛山的时候，却遇到了埋伏已久的敌军。

红军本打算向死而生杀出一条活路，可哪想到敌人居然会如此的丧心病狂——他们将当地无辜的百姓抓至身前，用枪口抵住他们的身体逼迫他们向前，以百姓为墙步步紧逼。战士们无可奈何，因为红军中有一条不成文的规矩，再穷不抢百姓，再狠不打人民。于是，敌进他们退，敌退他们走，敌疲……也不敢打。渐渐的，敌人的枪口越来越近，身后的悬崖越来越险；渐渐的，伤口涌出的鲜血越来越多，剩下的战士越来越少，到了最后，800 人的队伍只剩下 174 人了。前有追兵后又天堑，打不了，跑不走。想活活不了，想打不能打，想走没法走，多想发狠杀几个敌人啊！可是你看那个被抓的少年，那大大的眼睛多可爱，那红红的脸颊多讨喜……你看那个老爷爷，那眼里的泪水，那脸上的血痕……真叫人心疼啊，如果我父亲还活着的话，可能也这么老了吧？

面对这样的一群人，你要我怎么下得去手？

当所有的愤怒与不甘一同爆发，当一切的悲伤与苦痛一起喷涌，我们就是死，也不要做你们的俘虏。我们从没输给你们，我们只是将生的希望，给了别人而已。

于是百余官兵将枪支扔下悬崖，毫不犹豫地全部纵身入谷，仅有一人生还。

后来据村民回忆，那天没有一个村民被红军伤到。而红军的尸体，因为有敌军的监控而无人敢去打理，一直曝尸荒野，直至彻底作灰。而他们的部队他们的故事，甚至没有一份完整的记载，没有人知道这几百人，到底去了哪里。

其实在此之前我已知晓了不少跳崖的故事，诸如，狼牙山五壮士，还有中共一大代表何叔衡，等等。但这个故事带给我的感动是无法用言语表达的，我无法想象在那样一个绝境里他们是怎样做出这样的选择的，明明他们只要扣下扳机，明明他们只要伤到几个百姓，明明他们可以不走得那么委屈，明明他们还可以……还可以活下去。可是没有，一个都没有，整整几百人的队伍没有一个人开枪没有一个人自私，他们就是牺牲，也不愿意当俘虏，也不愿意伤害百姓。因为他们是共产党人，他们有自己的信仰，有自己的底线。我曾想，他们得到了什么？他们牺牲的意义又在哪里？他们的牺牲甚至都没有被人所知，整整八十年，八十年，关于他们的记载都是一片空白。没有人知道他们临走前的心酸与不甘，也没有人知道他们纵身时的豪迈与释然，也没有人知道他们在牺牲之后甚至没有人能去将他们安葬。

值吗？值。

“我志愿加入中国共产党……为共产主义事业奋斗终身……”因为我们是中国共产党。

正是因为有千千万万这样的无私奉献，才有了长长久久来之不易的幸福。所有你看起来毫无意义的坚持与牺牲，都一定会在未来某一天证明它存在的意义。依稀别梦忆英魂，视死如归浩气存。

一代人有一代人的长征，一辈人有一辈人的奋斗。我们不能忘记革命先辈与改革先锋们的向死而生，但也请不要忘了那些为了当下与未来正奋不顾身的共产党人。

接下来我要为大家介绍的第二段故事，这是我所亲眼见证的故事。

首先我先要问大家一个问题，你们是否有曾听过吴国良这个名字呢？其实这也是我预料之内的答案。因为如果你愿意去搜索一下他的名字的话，你甚至要划很久很久才能看到他。我想介绍的，是云南省昆明市东川区汤丹镇扶贫办原常务副主任吴国良。为什么是原常务副主任呢？

吴国良的妻子是一名人民教师，他俩曾经有过一个小小的约定——等扶贫工作结束后，他俩一起要一个孩子。但他整日勤政务实、宵衣旰食，桌上堆着翻不完的文件，他的电话有着接不完的来电。体检时他被检查出患有慢性肾炎，可为了扶贫工作却一直没有去复查。他每天都大把吃药，但在扶贫遇到困难的时候，他为了不耽误工作强忍着病痛彻夜通宵赶文件，甚至当他疼得出汗把衣服浸湿了，手上的工作都没停。还有一次，他的调查对象就在他家的对面，母亲听说儿子回来，高高兴兴地做了一大桌饭菜等他过来，可等过了饭点好久好久也不见来，母亲这才知道，儿子早就已经去下一家了。想想，倒也不怪罪，只是有些莫名的心疼。

可是啊，再苦再累总有个盼头，一定要把扶贫做好，一定要和家人、村民过上开开心心的生活。每个人都这么想着，每个人都在为了未来而努力。

那一天，夫妻二人一起做饭，你炒菜我煮饭，你洗锅我淘米，其乐融融好不温馨。可当饭菜上桌的时候，丈夫却突然接到要去调研的电话，吴国良二话不说动身出发，妻子为他拿好平时常用的公文包，拍拍丈夫的肩膀“早点回来”，然后看着丈夫像之前无数次那样的和上房门离开。

可偏偏这一次和之前都不一样。2018 年 4 月 26 日，在检查危房改造的途中，吴国良的车子不慎坠入深沟，不幸因公殉职。32 岁的生命，永远定格在了扶贫的路上。

他的妻子说：“他每天早出晚归，奔波在不同的山头，他从来没让我担心过，我更不相信会出现这样的事情。就一下子天塌下来，他一句话我都得不到了。”

而吴国良的父亲，也是一名老共产党人，年近六旬仍奋战在脱贫一线，甚至在儿子出事后的第四天就继续上班。

之后老父亲曾对儿媳说：“你还年轻，可以另外再找。我们都会支持你。”而妻子只是答道：“我答应过他，会在一直在一起。我们永远是一家人。”从那以后，她接替了丈夫的遗愿，从一名人民教师，成了一名扶贫干部。奔波在丈夫奔波过的山头，去走丈夫走过的山路，去做丈夫没能做完的事情。而吴国良的弟弟，也加入了扶贫的队伍。

我无法想象他们的坚强，他养了几十年的儿子，她爱人的命，就是丢在这条路上的。可是这家人，全部都又回到了这条路上。

“我志愿加入中国共产党，为共产主义事业奋斗终身。”

他们说，我们一家都是共产党人，我们要把这份工作坚持下去。扶贫还没结束战斗还未停止，乡亲还在挣扎，逝者还在期盼。他们，没法让自己停下来。

这就是中国共产党人。

当武汉疫情危急时，金银潭医院 400 名医生护士收容了 57% 以上的病人，医护人员们累到整晚不睡觉都忙不过来。党说，我来。于是，天降神兵，3000 名解放军 12 小时内空降武汉金银潭，40000 名军务人员从五湖四海赶来构建防疫第一线。当在也门的华侨遭遇沙特等国的空袭牵连，面朝大海背对枪火无处可去无能为力，党说，我来。于是，临沂舰队不远万里踏海而来，将 613 名国民 279 名外国友人毫发无损地带回来。中国海军，为您护航。当贫困村庄被隔绝在大山之内无能为力，当渴望读书的孩子甚至穷到家徒四壁，当山里村民发热发烧却都因为贫穷无法可医，党说，我来。于是，扶贫工作真抓实干，山地高架拔地而起，异地搬迁轰轰烈烈，求学孩子有了学上，求工的青年有了工作，求医的病人也有了医治，1800 名共产党人基层干部却永远将自己的命，留在了扶贫的路上。

（本文作者为湘潭大学公共管理学院 2021 级行政管理专业本科生）

在很近的将来

钟业天

清明回老家的路上，特意去了东山公园看他。小路两旁的翠柏营造出庄重的气氛，草木在风中摇晃，是去往春天的样子。

在赣州，到处都有他的身影：一条路，一座公园，一所小学，还有一方红亭。我想，如果生在和平年代，他会成为什么样的人？他或许会成为一名老师，一位作家，也可能是清贫的、爱民如子的官员……

黑暗吞噬屋子仅存的光亮，模糊看见枪壳的闪光。听见冷笑，听见威逼，听见言语里金钱与高官的诱惑。那支笔在纸上滚出浅浅的弧线，“头可断，血可流，解散工会的字我不签！你们镇压民众，破坏革命，才是大罪弥天!”每一个字都掷地有声，振聋发聩，又让静默四溢，压迫窒息。

听不见枪声，也再看不见人。三十一岁的年轻身躯上留下了十八个弹孔。人倒下了，信仰却依然立着，立在初春的赣南大地上，会像这里的油菜花一样漫山遍野。

年轻的他，在回乡创办小学的时候，在用开水泡开冷饭的时候，在接过南康人民“德在民生”牌匾的时候，是否也期待畅想过将来的中国，是否也勾画过赣州的光明前途？他一定和方志敏一样，期待欢歌代替悲叹，期待笑脸代替哭脸，期待富裕代替贫穷，康健代替疾苦，期待明媚的花园代替凄凉的荒地。

短短二十二年后，如你所愿，一个崭新的中国诞生在世界的东方，人民真正成为国家的主人，中国人民站起来了。在第一个百年历史进程中，从积贫积弱到国富民强，如今的中国已是世界第二大经济体，“可上九天揽月，可下五洋捉鳖”的浪漫想象已成现实。江山破碎，国弊民穷也成了历史，中国早已不再任人宰割。

而在你的家乡，如你所愿，你想到的将来、没想到的将来，都在这片土地上演绎。古城墙、古浮桥、八境台、郁孤台……它们都没变；道路、桥梁、房屋……这些却都在发生巨变。你生活的城市，如今全面脱贫。你熟悉而陌生的赣州，已是全国文明城市、全国卫生城市、生态宜居城市。南康家具闻名世界，赣南脐橙享誉全球。新时代的赣州，是红色的，也是绿色的，是古老的，也是现代的。赣南苏区振兴发展让繁荣的脚步风驰电掣，广阔的舞台充满机遇。

你们一起构成了赣州的历史，而我们则将续写赣州强起来的未来。

你一定每天都能在赣州看到这些：牵着气球跑过的小孩，洋溢着幸福笑容的年轻人，跳着舞练着操的大爷大妈……章江贡水日夜不息，有人晨起练声，有人傍晚散步。福寿沟护佑赣州千年。许多美丽动人的片段，都在此刻的赣州发生。

是的，你曾经在这个城市想象过的一切，都不在很远的将来，而在很近很近的将来。你牺牲于长夜难眠之时，却化身明灯照亮天下。哪怕面临生死抉择，铁一般坚硬的信仰也不会熄灭倒下。你用生命保护的星星之火，早已燎原中国大地。

东山公园是寂静的，而想到这些的我难掩激动与感动。我曾向往你的时代，在党旗下立志，为人民奋斗，为光明奋斗，为信仰奋斗，直至牺牲。往岁峥嵘，你们摸着黑，用生命为这个国家，为这片土地的将来探好了路。因为你们的选择，许多人坦荡荡挺直腰杆，笑出了声。

而前路漫漫，新时代的赣州拥有更广阔的天地，也拥有你们留下的红色记忆。秉持着这些，我亦能学着你的样子，乘风破浪，披荆斩棘，让我的将来，再近一些。

那条路，叫赞贤路；那座公园，叫赞贤生态公园；那所小学，叫赞贤小学；那方红亭，叫赞贤亭。

你说的将来近在眼前，我的将来也将触手可及。

时代向你致敬，陈赞贤先生。

（本文作者为湘潭大学马克思主义学院2021级中国共产党历史专业本科生）

百年华章

徐昳琳

生逢盛世，恰同学少年；何幸瞩之，正百年风华。历遍磨难，尝尽风雨，才迎来九州同庆，山河长青，万家灯火，时和岁丰。

任时光倒流，让我们重温百年党史，回到这瑰丽华章的开端。是低沉的奏鸣曲，是无数人民的嘶吼，是血与泪的交织……

那是1921年7月，细雨濛濛的一天，在嘉兴南湖上，一只普普通通的船上，谁也不曾想过一个伟大的政党就此诞生。像一株小树苗，新芽绕晨雾；像一抹初升的朝阳，一道光芒划破东方漆黑的天幕。

于是，那群人，那群革命党人，奔走呼号，团结工农，凝聚力量，开展斗争，传播新思想，探索未来的道路，为我们的祖国不懈奋斗着。有如陈望道先生，为潜心翻译《共产党宣言》，他秘密返乡义乌，夜以继日，蘸着墨汁吃粽子，仍浑然不觉，只道："真理的味道非常甜。"有如施洋先生，褪下西装着长袍，是"劳工律师"，维护工人权益，领导京汉铁路工人大罢工，以切身行动向人民证明了“中国共产党是工人阶级自己的政党，是最保护工人阶级利益的”。

无数位先驱前仆后继，为了共产党，为了新中国，殊死拼搏，为有牺牲多壮志，敢教日月换新天。此后，他们面临的是更加艰难反抗的过程。是激昂的协奏曲，是挥舞着革命大旗的猎猎风声，是即将拉开天地新篇章的低吟。

遥想，在白色恐怖的笼罩下，面对反动派的血腥屠杀，中国共产党人和中国人民并没有被吓倒，被征服，被杀绝，他们从地上爬起来，擦干净身上的血迹，掩盖好同伴的尸首，又继续战斗了！他们开辟了农村包围城市，武装夺取政权的革命道路，他们在南昌起义的隆隆炮声中继续挺进。瞧啊，那井冈山上迎风飘扬的一面面红旗，点燃星星之火，燎原之势，无人可挡！

雄关漫道真如铁，长征路远，草地、沼泽被我们的战士用鲜血染红，苍山如海，残阳如血。然侵华战争，十四年抗战烽火闪烁着正义之光；三大战役，吹响英勇的号角，祖国从长长的冬眠中醒来，细嗅满是春天的花香。

高潮在继续被奏响，是热烈的交响乐，是胜利的呼喊，是开怀大笑。

1949 年 10 月，开国大典的紧张与激动我并不能体会，但祖国 70 周年华诞的喜悦与兴奋之情，让我无法忘怀。第一颗原子弹成功爆炸的喜讯我并不能听闻，但“东风 -41”的亮相让我内心澎湃。“东方红一号”在太空奏乐我未能聆听，但“神州十三号”载人飞船发射成功的喜讯传来，那航天事业的辉煌成就令人无比高歌。抗击非典时没有硝烟的战争我尚未经历，但新冠病毒防疫战的众志成城让我感受到了我们祖国强大的执行力、战斗力，感受到了团结和爱的力量。

艰苦岁月未曾经历，盛世繁华的自豪却让我无比激动。神舟飞天，航母下水，高铁飞驰，天眼探空，蛟龙探海，嫦娥奔月，青蒿治疟，一次次抗灾救险，一次次维和反战，一次次改革发展，我最亲爱的祖国已在伟大共产党的带领下壮丽辉煌。

那辉煌背后，是一个个工作人员的不懈奋斗，“我和我的祖国，一刻也不能分割”和“共产党员先上”是他们真实的写照，他们或许不为人知，但他们是将自己奉献给国家的最可爱的人。在此向他们致敬！祖国因他们而骄傲！

那辉煌背后，是无数中国共产党人，他们给中国的未来注入了新鲜的血液，让祖国走上了繁荣富强和民族复兴的伟大道路，让中国的未来充满着无限的动力和希冀。百年求索，这天地拉开大幕；百年追寻，这旗帜迎风飞舞，我们在党旗下茁壮成长，不断充实和完善自我，我想，我们当奏响下一篇优美的乐章！我想，我们当再创属于当代新青年的华章！

（本文作者为湘潭大学土木工程与力学学院2021级测绘工程专业本科生）

忆往昔，看今朝

马佳怡

风雨飘摇，山河动荡，大厦将倾，独木难支，独有一小舟飘荡于其中，负民族重任，担国家希望，汇四方，成大业。

与我并肩者，皆为华夏儿女。

少年风华正茂，或远渡重洋，习救国之道，或扎根大地，寻复兴之路。少年人因共同的梦想，汇聚于一起，不问前路如何，怀一颗报国之心，欲行不归之路。在暗淡的时空中，有红色巨人毅然前行，脚踏荆棘，手握火炬，一呼百应。当红色的巨人经过，留下的是希望的光芒，留下的是指引的星辉，留下的是万古长存的精神。为我国者，皆为中华儿女，救我国者，皆为华夏儿女，佑我国者，中华青年是也。

伴我前行者，何惧刀尖火海。

曾有这样一群人，面朝草地，背朝雪山；曾有这样一群人，雄赳赳，气昂昂，迈过国境；曾有这样一群人，以化名马革裹尸，随电波逝去；也曾有这样一群人，笑看生死，成为黎明前的提灯。我们当时的青年人，心怀热血，不惧黑暗，那时的他们，在国家存亡前，选择了华夏大地，那时的他们，如你我般稚嫩，为人儿女，却毅然提剑上马，剑指苍穹。成千上万的英雄，铭刻在我们百年的历史里，飘散在山河万里中，延续在我们的血脉下。

寄我明月者，遥盼万家灯火。

新生的中国是什么样的，是百废俱兴，是满目疮痍，也是不愿受人欺侮，与不甘落后的倔强。黄沙漫天，荒无人烟，又是那样一群人，接过任务，乘上西去的列车，去往祖国各地。没有房屋，那就从混泥开始，没有学校，那就从零建设，西迁的先辈所带来的，不仅是改革春风，更是火苗闪烁，点亮万家灯火。彼时的少年人已然步入花甲，生于他们庇护下的你我也已长大，而我们终将会乘上那列时代的火车，驶向青山江河。今日的西北大地，一轮孤月之下，是嘈杂的人世间，它像是一个暮年的老者，本以蹒跚前行，却被伸出的双手拉住，步履虽慢，却坚定前行。

固我山河者，青灯藏蕴清辉。

从大山而来，回大山而去，那一群人，从坎坷山路走出，领略过繁华都市，见证过辽阔世界，却仍归于故土，凿开山壁，让都市街巷的灯影与远山星空共辉映。他们站立在各地山河上，低头触碰，千年的土地在此时迸发出新生，他们中间的有些人，或已归于山海，但并不妨碍他们在时间长流中的熠熠生辉，前接先辈，后乘来者。

那样的一群人，究竟是何样的人，一百年前，他们是爱国青年，挽救国家与水火之中，五十年前，他们是下乡知青，给闭塞山村带去清风，而现在，他们就是你我，是生于红旗下，长于新中国的你我，是即将接过重任，让变成巨轮的孤舟驶向星辰大海的新任掌舵手。

前路漫漫，我们何其有幸，生于这个伟大的祖国，又何其有幸，得以与祖国的璀璨群星，一道并行。

（本文作者为湘潭大学物理与光电工程学院2020级光电信息科学与工程专业本科生）

奋斗正青春　青春献给党

汪星圆

青春是一个人最美好的年华，是生命之花绚烂绽放的时刻。当代中国青年是与新时代同向同行、共同前进的一代，我们生逢盛世，肩负重任。而“青年”一词，于个人，是一段朝阳初升万事可探寻的丰茂年华；于国家，青年是“敢教日月换新天”、奋勇驱前的机杼；于时代，青年更是致力于开拓创新、力撼世界的中流砥柱。

陈独秀先生曾说：“青年如初春，如朝日，如百卉之萌动，如利刃之新发于硎，人生最可宝贵之时期也。青年之于社会，犹新鲜活细胞之在人身。”

回望历史，一百年来，在中国共产党高高飘扬旗帜的引领下，一代代中华青年把青春奋斗融入党和人民事业，成为实现中华民族伟大复兴的先锋力量。

而此时此刻作为新时代中国青年的我们，更要以实现中华民族伟大复兴为己任，增强做中国人的志气、骨气、底气，不负时代，不负韶华，不负党和人民的殷切期望。

我的父亲是一名共产党员，也曾是一名扎根基层和群众的干部。他经常教育我，要成为一个对祖国和社会有价值的人。他也常说乡村建设是国家建设的重要一环。想要成为先进青年队伍中的一员，就要到祖国最需要的地方去，这样的人生理想也早早地在我的心里萌发了绿芽。而我也在不断地用责任和奉献去浇灌它，我期待也相信这颗绿芽终有一天会长成大树，开放一簇簇鲜艳的花朵。

今年暑假，我去到了邵阳市绥宁县唐家坊镇的乡村小学支教。我真切感受到了脱贫攻坚、乡村振兴的美好成果，见证了人民群众生活的美好。

一盏盏光亮生动的路灯照亮希望的田野，洒下人民群众对美好生活的向往。在亮光下，我仿佛看到无数青年奋勇前进的身影，也看到百姓脸上洋溢的灿烂笑容。这些笑容像是跳动的时代符号，也像是奔腾不息的时代缩影。而那一条条通向美丽乡村的公路，不仅铺满了人民群众的美好期待也推动了当地经济的发展。

我由衷感谢中国共产党的重要领导和英明决策，我也真切赞美扎根扶贫岗位的先进干部。这让我想到了那句话，“我们接受高等教育的目的不是为了摆脱贫困的家乡，而是为了帮助我们的家乡摆脱贫困。”此时此刻作为新时代青年的我，也渴望成为一名群众的干部，扎根基层、贴近群众，为百姓真真切切解决难题，帮助我们的祖国发展得更好。

当身边朋友问我为什么要去支教时，我给出了这样的答案。早在小学时期就接受乡村教育的我非常了解乡村教育的现状。中学时期我对教育公平就有过一些思考，但那时我无法去弥补有关它的缺口，我只是萌发了想要推动教育公平的念头。而现在我作为一名大学生，我有这个责任和义务去做这件事情。去践行我中学时期那个宏大的梦想，尽我所能去提升乡村教育的水平。

虽然只有短短的 20 天，但我深刻体会到了奉献和付出的意义，也在追求自我价值的过程中收获了成长和进步。我获得了从未有过的幸福和快乐，而这种珍贵的感受是奉献、付出、投入、热情给予我的。现在回想起来，以前我对于价值、奉献虽也有过思考，但这些浅显的思考仅仅停留在书本的笔记里、停留在政治问答题中、停留在许许多多的理论中。而支教活动就像是一场生动的实践教学，帮助我对社会和生活有了更深切的领悟。

那里的孩子们热情地称呼我为“小汪老师”，我能从他们清澈的眼睛中看到他们对外面一切新奇的东西充满了希望与渴求。在那段日子里，我感受到教育扶贫是一条非常漫长的路，在每个即将入睡的夜晚我都感到力不从心。但一想到作为时代的新青年，我又感觉责任在肩。我能带给他们什么呢？我想，或许激发了他们对外面世界的无限期待、或许是帮助他们学会了在苦难中依然保持乐观自信的秘诀、又或许是让他们感受到了世间的温暖与纯良，保持一生的正直。而这些也将激励我不断成长、不断提升，更好地投入教育扶贫的工作中去。

此次支教活动让我感受到，个人的力量虽然渺小，但教育扶贫却是一条漫长而艰苦的道路，需要许许多多的新青年坚定理想和使命在这条路上勇敢地走下去。只有不断地为乡村教育事业注入鲜活力量，乡村教育才能真正得到长久有力的发展。而我定会坚守初心、不断前进、肩负使命，在不断提升自我的过程中去践行我的理想。

青春向党，时代向上，九万里风鹏正举。青年朋友们，让我们一起，不忘初心、坚定信念、勇敢向前！

（本文作者为湘潭大学公共管理学院2020级图书馆学专业本科生）

如果听见了风的声音

王　琛

“孩子，你听，这秋风吹起了我们走过时碾碎的落叶声……簌簌——簌簌——”

小蔡看向身后被一阵小旋风吹起的落叶，在铺满了金色的大道上转了几个圈最后停在了一颗松果旁。

“如你年龄这般大的孩子们呐，和这宁静的秋风不无两样。”轮椅上这位满头花白的老奶奶满眼慈爱地看向小蔡，奶奶的手虽已干枯却依然有力地紧紧握着小蔡的手，手心里的老茧轻轻摩擦着小蔡稚嫩的手心，那是岁月消逝留下的印记，如同树的年轮。

“秋风？是因为秋风带来了成熟的果实吗？正如我们这一代年轻人的努力创造出了一个可以收获幸福的社会吗？”

“是呀，春天播种下的种子在秋风中摇曳，得以展现成熟的魅力，带给四季以平和，带给勤劳的人们以幸福。你们这些孩子们将老一辈人播种下的希望的种子，变成了一筐筐实实在在的大果子咯！你看看咱脚下踩的这平坦的柏油路，可是都伸到了咱中国的每一个村镇；你看看咱头顶上，这一定是刚刚的大飞机留下的‘云’啊；你再看看，看看能不能看见天空之外，那里有几天前出发的宇航员嘞……”老人语气里的那份轻松愉快感染着小蔡，她内心自豪地想：中华民族伟大复兴的发展，我见证了其变化。

“我们是秋风，带来幸福的果实，在这片有温度的土地上生活的人们就可以在这秋风带来的祥和之中满怀着对未来的期待！让我猜猜看，您说我们是秋风，您老人家那一代肯定是夏风！”

“你这丫头还挺聪明啊，没错，我们确实可以说是夏风。那个时候我听见最多的就是夏风带来的蝉鸣声和一阵又一阵热浪的低呼声，‘呲呲——呲——’每天睡前我听着那蝉为我奏一首来自大自然的曲而眠，好像一天的担忧与乏力都被那蝉鸣奏乐跑了，让我还能感知到自己的存在，还在生活……”老人陷入了一阵沉思，往事浮上心头，一幕幕一页页都是真实的。有一阵秋风轻柔地吹过，拂去泪水，在老人脸上仅留下了两道淡淡的泪痕。

“夏风也是那么热情那么干劲十足。”奶奶笑了起来，眼角的纹路展示着岁月的高傲，“我们用夏风般那活力和激情创造出了许多的大工程啊，还记得当第一颗原子弹成功爆发的那瞬间，咱所有人都激动地欢呼着，我们知道努力没有白费。”

远处走来一位西装革履的中年男性，手里提着一袋甜糯的糕点，朝着小蔡坐着的地方走来。

“妈，聊什么呢这么开心呀，这个小姑娘是？”

“叔叔好，我是西部报社的一名记者，今天和同事们一起趁着重阳节来敬老院陪一陪老人们，和他们聊聊天。”小蔡紧张地站了起来。

“你也来了呀，这小蔡丫头听我这老太婆絮叨呢，你也坐下，咱们刚好说说你们又是哪一种风……”奶奶将糕点拿出放到小蔡的手里，慢慢地说到：“你们是春风，不用我说你们也知道，这带来了希望。冰融化了‘咔啦——砰砰——’河水在撞击着，鸟儿喳喳叫着，柳叶拂过人们的面庞……春天春天，一切都复苏了。”老人喃喃着：“高考恢复了，我这儿子刚好赶得好啊，学习也还不错，之后又是改革开放，改革开放可给那些年轻人带去了不少的机遇，当时敢闯敢干的人啊，都因改革开放的大好政策过上了不错的好日子，如今这改革开放的成果依然可以看见。”

老人的儿子倚靠着椅子，回忆着当年的风声。“那是远方的声音，春风带来了远方的呼唤，我听见了远方的呼喊，于是我义无反顾地向着那里跑去。”平静而坚定的声音在小蔡耳边说道。

“如果听得到风的声音，我想生活在革命年代的人们听到的是凛冽的冬风，那一定是呼啸而过，刮得脸生疼。”小蔡望向远方，历史里的英烈们在风雨中为了和平在枪林弹雨中血战的身影在远方的天空上浮现。和平来之不易，历史更应铭记。

“嘉兴湖面上吹过的夏风渐渐扩大了范围，吹散了如冬风般冷峻的社会环境，吹跑了冬风之下人们的淡漠……”

在中国共产党成立的第一百年，西北的一个小城里，小蔡望着眼前的这条宽阔的观景路，思绪已在百年的党史中穿梭而过，历史不会忘却，人民不会忘记。

“簌簌——”

“灯火里的中国，胸怀辽阔；灯火漫卷的万里山河，初心换回了百年承诺……”少儿合唱团的孩子们在敬老院的大院里唱着这优美的歌声。这一代的小朋友们会听到什么风的声音呢？让我猜猜，是鸟儿振翅高飞的声音？是宇航员着陆外太空的脚步声？

或是一位位孩子们志气相投的击掌声……

如果你听到了风的声音……请用力地回应它。

（本文作者为湘潭大学碧泉书院·哲学与历史文化学院2020级文化产业管理专业本科生）

数风流人物，还看今朝

严文昌

1921年，13位来自五湖四海，平均年龄仅28岁的热血青年，从民族危亡的困境出发，将青春理想化作救国救民、寻求真理的信念。在嘉兴红船上，在外部环境岌岌可危的情况下，他们仍坚守着自己的理想与信念，召开第一届全国人民代表大会第一次会议，成立了中国共产党。

从建党之初的五十多名党员，逐步发展为如今这一个拥有九千多万名党员的执政党。中国共产党凭借着超然的决心与意志，抗击过他国的侵袭，履历过两万五千里的征途，经受过无数失败，也在无数次总结后愈勇，栉沐百年风雨，终成就今日之巍巍大山般的中国。

建国以后，中国共产党带领着全国人民迅速医治战争创伤，进行社会主义建设，在“一穷二白”的图纸上，绘出了最新最美的蓝图，提升了各方面综合国力。尤其是改革开放以来，党和国家始终坚持以人民为中心。发挥党的领导核心作用，带领全国各族人民发展社会经济，完善社会制度，繁荣社会主义文化。带领人民从站起来、富起来到强起来的伟大飞跃。

一百年的时光飞驰如梭，在这段时间长河中，涌现了一批又一批的“当代青年”，他们传承着红船精神，伟大亦平凡，他们或是有着崇高理想与昂扬斗志奋战在最前沿，或是有着宁静致远的心境与大爱无疆的仁心奔赴祖国最需要他们的地方。他们战斗在各条战线上，起着或大或小的作用，他们不在乎结局如何，只求为了祖国人民的未来倾尽全力。

君可见，“中国导弹之父”钱学森放弃优质生活矢志为国；“‘燃灯’校长”张桂梅以己之力助雏鹰翱翔；“敦煌女儿”樊锦诗舍半生，为大漠，因热爱坚守，开辟明天路。他们都曾是青年，在自己所选择的路上兢兢业业，踏实前行。从豆蔻枝头的春花成长为暮色斑斓的老者，但始终未变的是他们为自己所热爱的事业奋力时的喜悦与满足——那种不是为了达成何种成就的满足，而是干这件事本身就足以让他们满足。

亦可见，中国青年曹原以一篇《石墨烯魔角下的超导效应》名震物理学界，填补了常温超导材料领域的空白；清华“姚班”出身的印奇瞄准人脸识别市场，创立“旷视”公司，带来市场革命性的变动；还有“小马智行”的楼天城，“零壹空间”的创始人舒畅……他们是当代青年，如利刃之新发于砺，在他们澎湃着热血的心中，冷静沉思的大脑里，闪耀着的是无限的可能。

将可见，作为新时代的新青年，我们择其所爱，素履以往，扛起时代大旗，找寻长路归向，一步步成长为实现党的伟大事业的中坚力量。如今，外部国际局势风起云涌，内部反动势力时时涌动。但正如崔卫平所言：“你怎么样，中国便怎么样，你是什么，中国便是什么，你有光明，中国便不黑暗。”若是中国青年都有一份温度，发一分光，散一分热，未来的伟大征程便亦是可期。

在时间的转轴里，每一次指针的跳动都意味着年轻一代的使命与担当。回望那个风云激荡的1921，年轻一代真正需要对比思考的，或许已不是“我一定要干出一番大事业”的雄心壮志，而是“找到我愿为之奋斗一生”的人生选择，以及“找到我愿与之奋斗一生”的伙伴与朋友，从而“无畏足下尘与土，只为头顶云和月”。

人们都说，时代的洪流滚滚而来，远看虽是一片宏伟的浪潮，近看却是我们坚定的步伐！且视他人之疑目如盏盏鬼火，大胆地去走你的夜路。

数风流人物，还看今朝！

（本文作者为湘潭大学机械工程学院2021级材料成型及控制工程专业本科生）

守望信仰的焰火

邱梦婷

任凭大雪封山，鸟兽藏迹，只要火种尚存，严寒散尽，光明和温暖必将如约而至。

——题记

风雨纤纤，往事翩翩，时光奔流不止，拂去历史的尘埃，将那段觉醒的年代打磨得熠熠生辉。一本书，篆刻了中国共产党百年峥嵘岁月，一群人，以肩膀扛起民族复兴的重任。如今，我翻开党的简史，重温这一百年艰苦征程，而红色的信仰如不灭的火种，经过代代传承，终于在我们心中燃成一片绚烂夺目的焰火。

乱石穿空，惊涛拍岸，红旗掩映下江山如画。那一天，在庄严的宣告声中，中华儿女热泪满眶，欢呼声响彻天安门广场，在无数殷切目光的注视下，浸染革命先烈鲜血的五星红旗冉冉上升。国歌奏响，礼炮齐鸣，沉睡的巨龙被唤醒，龙吟阵阵传递中华民族浴火重生的喜悦，拥有五千年文明历史的中国终于翻开了崭新的一页。

今人皆知有志者事竟成，而在那段浮华醉梦，穷愁潦倒，任人欺侮的日子里，已然有先驱者、革命者，坚守着忠心爱国的信仰，奋力将中国前进的车轮推入正确的轨道。

有这样一个人，他忧国之所忧，哀民之所哀，为挽救神州陆沉，他四处奔走，不像一个文人，更像一个战士，他就是李大钊先生。在北洋军阀黑幕的笼罩下，他冲破重重困难险阻，将马克思主义的种子播撒在这片充满希望的土地上。先生自言“勇往奋进以赴之，瘅精瘁力以成之，断头流血以从之”，终是以一颗炽热的心，一腔沸腾的血投身革命，为传播和实践马克思主义英勇献身。无知是灾难之源，而在那个年代，并非所有人都麻木不仁，越来越多的志士开始为国家寻找新的出路，觉醒的灵魂正悄然相聚。1921 年 7 月，在烟雨朦胧的南湖之上，在一艘小小的红船之中，一个凝聚着所有爱国志士的坚定信仰，即将如一柄利刃披荆斩棘，带领中国走向新生的政党就此诞生了。

在战争年代，信仰成为浴血奋战、冲锋向前的力量；在和平时期，信仰化作攻坚克难、砥砺前行的决心。

新中国成立伊始，尚是百废待兴之时。面对复杂的内部环境，面对西方的孤立政策和核威胁，中国亟须建立起强大的政治、经济、军事力量，打破与世界的隔膜。“三大改造”“一五计划”助力经济复苏和社会生产关系的变革，黄铜号子声飘过鸭绿江，立国战争的壮心乐章奏响，万隆会议以“求同存异”彰显中国维护独立、反对侵略的精神，向亚非各国表明，中国始终热爱和平，中国人民始终热爱和平……从“两弹一星”的研发到改革开放政策的提出，从洛杉矶奥运会的第一枚金牌到港澳回归，从籼型杂交水稻的推广到疟疾克星青蒿素的诞生，中国在不到一个世纪的时间里取得惊人的成绩，这其中蕴含着千万人的心血，汇聚着千万人的信仰，如万川入海，最终凝聚成深深的爱国之情，于是，“玉兔”登月，“蛟龙”入海，“天眼巨目”直视苍穹，中国终以不容忽视的姿态屹立于世界民族之林。

大钊先生曾写道，“忆到万山无语句，只应共泛五湖舟”，今天，祖国繁荣昌盛，百姓安居乐业，五洲之景引人入胜，守常先生的心愿，万千革命者的心愿终于得以实现，而迈向前方的步伐依旧未曾减慢，中国共产党始终以“不忘初心、牢记使命”的坚定信念站在中国特色社会主义建设的前线，扬起鲜红的旗帜，为祖国建设的前赴后继者指明方向。与此同时，党深谙舟水之喻，坚守着全心全意为人民服务的宗旨，设身处地为人民着想。面对突如其来的灾害，无论是山火还是洪涝、地震还是瘟疫，都在党中央的有序指挥下，在人民群众的团结和努力中黯然退场。无不体现出党和国家对人民生命财产安全的重视和保护，党为国、为民的信仰再次与中国繁荣建设所需的坚定信念不谋而合。

习近平总书记说：“人民有信仰，民族有希望，国家有力量”，这句话无比深刻地诠释了信仰之于一个民族、一个国家的重要意义。而“青年如初春，如朝日，如百卉之萌动，如利刃之新发于硎”，在这段人生最宝贵的时刻，我们怎能不坚定自己的信仰呢？如今，我们已然从先辈们手中接过传承的火炬，推动着祖国前进的轮轴，迈向新的征程！

百年波澜壮阔，风雨兼程，百年初心不变，历久弥坚，夜空群星荟萃，山河壮美如画，信仰之光熠熠生辉，而我与党共同守望。

（本文作者为湘潭大学碧泉书院·哲学与历史文化学院2020级历史学专业本科生）

100 年，正年轻

黄雨鸥

“中国共产党是中国工人阶级的先锋队，同时是中国人民和中华民族的先锋队，是中国特色社会主义事业的领导核心。”在新闻频道和政治课本上，我们常听到或看到有那么一句话去定义中国共产党，这既是对党的定义，也是对党的要求。

回望历史，我们的党已经走过了整整一个世纪的历程。百年来，中国共产党与国家一起栉风沐雨、砥砺前行，为着中国人民的理想和目标努力奋斗，不畏艰难。2021 年热播的电影《我和我的父辈》，由四个单元的主题剧组成，正是我党奋斗百年的缩影。

开天辟地，救国大业。南陈北李，相约建党。1921 年 7 月，烟雨南湖，一叶红船劈波斩浪，缓缓驶出。13 名共产党人怀抱着信念，深谙“艰难困苦，玉汝于成”的道理，在一艘游船上终成建党伟业。红船精神也成为党和人民的精神动力，从和平到富强，它如天边的红星，照耀着中国大地。从国民大革命，国共合作领导抗日战争，到解放战争的胜利，一切只为 1949 年的那一天，那一天，是 10 月 1 日，天安门上传出的“中华人民共和国，成立了！”响彻祖国大江南北，举国欢庆。

改天换地，兴国大业。社会主义基本制度逐渐建立，社会主义革命和社会主义建设先后推进。此时的中国，科技基础薄弱，物质条件匮乏。但先辈航天人不懈努力，终成就：“东方红”大漠腾空起，星斗璀璨谱写传奇！如“卫星之父”孙家栋所说：“中国人，你是压不倒的！”

接着中国共产党带领人民先后完成翻天覆地的富国大业和惊天动地的强国大业！他们经历过“肥猪赛大象”的焦灼，也曾迷茫，纠结过“白猫黑猫”的困惑，但最终还是拨开云雾见青天，找到了适合中国的特色社会主义制度和道路！

党的十八大以来，以习近平同志为核心的党中央，用巨大的政治勇气、理论勇气和实践勇气，推动党和国家事业发生历史性变革。党的十九大，为我们描绘了全面建设社会主义现代化强国的宏伟蓝图，使中华民族伟大复兴的中国梦，展现出前所未有的光明前景。在党的十九大精神指引下，实现了第一个百年奋斗目标，取得了抗击新冠肺炎疫情的巨大胜利！

我们只道党的辉煌，却鲜少了解党背后那些惊心动魄、赤诚忠贞的故事。先辈们那写不完的故事，最终只化为历史书上那薄薄的几页。我们用笔划过的一页，就是他们的一生。

100 年，正年轻，我党还有漫漫长路要走，中国的青年人还要如鲁迅先生所说，“迎着冷气”向上走，发一分光，出一分热。

为伟大新征程扬帆起航，需铭记可歌可泣的过往，必须要让厚重的历史作我们前行的底气。习近平总书记说：“历史是最好的教科书，也是最好的清醒剂。”

知乎“五四”微电影《重逢》正是一个让历史“活过来”

的典例：个体与全局之间，繁华与战火之间，当下与过去之间——剧中老奶奶的儿子挂断电话、跳下战壕，将自己的坚守抛洒在了遥远的祖国边境；老奶奶内心一直知晓孙子早已牺牲，却几经奔波，去看望未来的孙媳妇。在兜兜转转的路上，我们也一同见证了沧海桑田的变化，过去的平地已是高楼大厦，鳞次栉比。上海的繁华和遥远边境的战火，其中意义自然不言而喻。没有战士们的坚守，哪来今天我们能够“贪恋人间烟火，殷实人家，守着小院，守着流年，幸福安康”?《左传》记载，“国之大事，在祀与戎。”在中国蓬勃发展的道路上，中国军人始终斗志昂扬地守着我们的岁月静好。正如一名网友留言说，“我吃着炸鸡，喝着快乐水，不明白他们年纪轻轻为何而死。突然我惊坐起来，他们是为我而死!”变化的是奋斗的地点，不变的是军人的责任，岁月痕迹增长，使命却一直定格。在伟大新征程中劈波斩浪，需躬身入局的实践。托克维尔曾言：“爱国心是通过实践而养成的一种眷恋故乡的感情。”

21 世纪，中国面临着更大的挑战与机遇，青年人在国家舞台上的身影开始越来越频繁地出现。过去，青年是“指点江山，激扬文字”的意气风发，是梁启超“少年强则国强”的责任担当。今天，青年是兴邦爱国的满腔热血，是渺小浮沉亦能增补山海的凝聚力！青年党员黄文秀驻村一年，汽车里程数正好增加了 25000 公里。她将这 25000 公里看作是她的扶贫长征路。她用实际行动，把自己变成了脱贫攻坚路上的一块铺路石。2019 年 6 月 17 日，为了赶回村参加脱贫会，黄文秀冒雨开车回村，却遇上了山洪，黄文秀被山洪卷走，英勇牺牲。黄文秀在扎根百坭村，投身扶贫工作时说：“我有信心在党中央的正确领导下，不获全胜，决不收兵。”

100 年，正年轻。

时代托举起青年，充满自信、富有生气的青年也定然不会辜负时代。我们将以更积极主动的“后浪”姿态，汇入时代奔涌的大潮，接过党的交接棒。今天的青年，智性勃发，血脉偾张；今天的青年，心里有火，眼里有光！

（本文作者为湘潭大学商学院 2021 级本科生）

后　记

“落其实者思其树，饮其流者怀其源。”在中国共产党成立100周年之际，回望波澜壮阔的历史长河，一代代青年人在风雨摇曳中始终赓续共产党人的精神血脉，初心如磐、使命负肩。

“惟楚有才，于斯为盛。”多年来，潇湘大地上孕育出一批批青年学子，他们心怀家国天下、关注社会民生，发出阵阵时代强音。这年年岁岁响彻在湖湘大地上的呐喊声，无不指向同一个方向——以爱国主义为核心的民族精神和以改革创新为核心的时代精神。

湘潭大学“青年说”主题活动就是在这样的红色文化氛围中应运而生的。该活动自创办以来，聚焦时政热点，以培养大学生爱国主义精神、增强社会责任感为目标，引导大学生树立正确的思想观念和价值取向，涌现出诸多优秀作品和演说能手。本书即是吸收了“青年说”活动中诞生的文采斐然、见解独到之作，并对应每年度主题分为五个篇章。

筑梦新时代，奋斗新青年。2017年，党的十九大胜利召开，湘潭大学的青年学生们迅速掀起学习党的十九大精神的热潮，争先向时代陈词、为信仰发声，热切表示要担当时代使命，勇做走在时代前列的奋进者、开拓者、奉献者。

湘逢甲子岁，笃志开新局。2018 年，习近平总书记对湘潭大学做出重要批示，意气风发的湘大学子深入学习贯彻批示精神，继续弘扬“牢记嘱托，艰苦创业，追求卓越”的湘大精神，校园里再次掀起一股“爱校、荣校、兴校”之风。

向祖国告白，展赤子情怀。2019 年是中华人民共和国成立 70 周年，从开启新纪元到跨入新时代，青年人始终与党和国家同频共振、同向而行。湘大学子为祖国激情喝彩，用青年声音讲述中国故事，以青春之名告白伟大祖国。

脱贫众志坚，续力谋新篇。2020 年是脱贫攻坚决战决胜之年，也是全面建成小康社会的收官之年。全党全社会勠力同心、真抓实干，脱贫攻坚取得全面胜利。湘大学子脚步不歇，寻觅脱贫路上好故事，讲述大国扶贫新伟业。

百年正芳华，奋进新征程。2021 年是中国共产党成立 100 周年，习近平总书记号召广大青年“以实现中华民族伟大复兴为己任，增强做中国人的志气、骨气、底气”！湘大青年站在百年巍巍巨轮之上，立志奏响时代新华章！

“时代青年说”，说的根本就是爱党、爱国、爱社会主义！

“两句三年得，一吟双泪流。”《时代青年说》凝聚了诸多心血，她见证了五年来湘大学子心系家国的拳拳之声，承载了近百位优秀青年胸怀大爱的赤诚之作，期待引发更多青年学子对生民立命之事、经国治世之道的关注与思考。

“青春由磨砺而出彩，人生因奋斗而升华。”朝气蓬勃的青年朋友们正迈着强劲有力的步伐，践行“做中得说，说中导做”的青春诺言。抗击疫情的“逆行者”中有湘大青年突击队的伟岸身影；脱贫攻坚战和乡村振兴团队里有湘大青年师生的磅礴助力；奥运赛场上有湘大学子的奋勇拼搏……他们用坚实的信仰、热切的情怀和踏实的脚步，续写着中国精神与中国力量。这，就是当代青年！心系民族家国事、力达艰难困苦事、言传时代先进事。这，才是真正的青春！

在本书的结集出版过程中，许多领导和同事给予了大力支持，各位作者和工作人员付出了大量心血，在此一并致以衷心的感谢！

由于水平有限，不当之处敬请批评指正！

编者

2021 年 11 月

图书在版编目（CIP）数据

时代青年说 / 胡徽主编. -- 湘潭 : 湘潭大学出版社，2021.12
（大学生讲党史丛书）
ISBN 978-7-5687-0685-8

Ⅰ. ①时… Ⅱ. ①胡… Ⅲ. ①高等学校—思想政治教育—中国—文集 Ⅳ. ① G641-53

中国版本图书馆 CIP 数据核字（2021）第 262345 号

时代青年说
SHIDAI QINGNIAN SHUO
胡徽 主编

责任编辑：张宝香
封面设计：李 平
出版发行：湘潭大学出版社
社 址：湖南省湘潭大学工程训练大楼
电 话：0731-58298960 0731-58298966（传真）
邮 编：411105
网 址：http://press.xtu.edu.cn/
印 刷：长沙鸿和印务有限公司
经 销：湖南省新华书店
开 本：880 mm×1230 mm 1/32
印 张：10.5
字 数：245 千字
版 次：2021 年 12 月第 1 版
印 次：2021 年 12 月第 1 次印刷
书 号：ISBN 978-7-5687-0685-8
定 价：49.00 元